中国式管理

十周年纪念珍藏版

曾仕强 ◎ 著

北京联合出版公司
Beijing United Publishing Co.,Ltd.

图书在版编目（CIP）数据

中国式管理：十周年纪念珍藏版 / 曾仕强著 . —北京：北京联合出版公司，2015.8（2024.12重印）

ISBN 978-7-5502-5441-1

Ⅰ. ①中… Ⅱ. ①曾… Ⅲ. ①企业管理—中国 Ⅳ. ① F279.23

中国版本图书馆 CIP 数据核字（2015）第 113475 号

中国式管理（十周年纪念珍藏版）

作　　者：曾仕强
出 品 人：赵红仕
选题策划：北京时代光华图书有限公司
责任编辑：崔保华
特约编辑：王晓旭
封面设计：水玉银文化

北京联合出版公司出版
（北京市西城区德外大街83号楼9层　　100088）
北京时代光华图书有限公司发行
文畅阁印刷有限公司印刷　　新华书店经销
字数 276 千字　　787毫米 × 1092毫米　　1/16　　22.25印张
2015 年 8 月第 1 版　　2024 年 12 月第 13 次印刷
ISBN 978-7-5502-5441-1
定价：58.00元

版权所有，侵权必究
未经书面许可，不得以任何方式转载、复制、翻印本书部分或全部内容。
本书若有质量问题，请与本社图书销售中心联系调换。电话：010-82894445

目录

自序 /01
前言 /03

第一章
管理的基本概念

第一节　管理是修己安人的历程 /004

第二节　修己的要旨在自觉、自律与自主 /010

第三节　安人的目的在于人安己安 /014

第四节　以明哲保身为根本理念 /018

第五节　用推、拖、拉来化解问题 /023

第六节　寓人治于法治 /028

|| 第二章 ||
管理的思想形态

  第一节 太极是一种自然流行的状态 /037

  第二节 把二看成三才能跳出二分法的陷阱 /046

  第三节 有法中无法而无法中却有法 /055

  第四节 以交互主义为哲学基础 /061

  第五节 合理追求圆满 /066

  第六节 用化解代替解决 /070

|| 第三章 ||
管理的三大主轴

  第一节 以人为主、因道结合并且依理而变 /082

  第二节 人伦关系十分重要 /086

  第三节 多元化社会更需要共识 /090

  第四节 依理应变以求时刻都合理 /094

  第五节 志同道合才能合理应变 /098

  第六节 人人都合理地阳奉阴违 /102

第四章
树状的组织精神

第一节　树状有机系统 /111

第二节　避免上侵下职 /117

第三节　员工要安上级的心 /121

第四节　职位越高弹性就应越大 /125

第五节　委曲求全的策略联盟 /130

第六节　因人设事的组织原则 /134

第五章
随时调整的计划方式

第一节　边做边修改 /143

第二节　大智大慧做决策 /147

第三节　以止、定、静、安、虑、得为过程 /151

第四节　必须治标和治本并重 /155

第五节　至诚可以前知 /159

第六节　提出计划应该合理坚持 /163

|| 第六章 ||
无为的执行过程

第一节　站在落实计划的立场来执行 /172

第二节　认清计划的可变与不可变原则 /176

第三节　发挥无为的领导精神 /180

第四节　以团队精神来突破难关 /184

第五节　检讨执行的缺失作为下次计划的参考 /188

第六节　采取全面无形的控制 /192

|| 第七章 ||
有效的考核要领

第一节　先建立"对并没有用"的考核标准 /200

第二节　要求大家"在圆满中分是非" /204

第三节　抱持"救人而非杀人"的心态 /208

第四节　采取"综合考虑"的原则 /212

第五节　鼓励大家"反求诸己" /216

第六节　要诀在"明暗、大小兼顾并重" /220

第八章
圆满的沟通艺术

第一节　妥当性大于真实性 /228

第二节　以不明言为基础 /233

第三节　采取不同的申诉方式 /237

第四节　最好做到会而不议 /241

第五节　用"议而不决"来达成一致 /245

第六节　"决而不行"才能及时应变 /249

第九章
圆通的领导风格

第一节　领导比管理更重要 /258

第二节　通过核心班子好办事 /262

第三节　凝聚员工的共识 /266

第四节　防止小人当道 /273

第五节　用情、理、法来领导最为合理 /280

第六节　最高境界在于促使部属自动自发 /285

‖ 第十章 ‖
合理的激励方式

第一节　随时随地都应该激励 /296

第二节　先求忠诚再求能力 /300

第三节　逐渐提升安、和、乐、利的层次 /305

第四节　由安员工而安顾客 /311

第五节　激励大家重视兼顾 /316

第六节　情境配合激励大家随机应变 /321

结语 /327

后记 /331

自序 Foreword

到底有没有中国式管理，一直是大家关心的课题。依中国人的观点，有没有其实并不重要，能不能产生功效比较要紧。

促成台湾省经济奇迹的原因固然很多，而中国式管理的贡献，平心而论，也是十分重要的因素。尽管有些人嘴上不承认，心里却有数，说起来也是一种中国式的表现。

科学无国界，从管理科学的层面来看，无所谓中国式管理，当然也就没有什么美国式、日本式的区分。大家都一样，在不同的地区，应用相同的管理科学。

哲学就不一样，各地区具有不同的风土人情，表示各地区的哲学并不相同。管理必须与当地的风土人情结合在一起，才能够增强效果，所以各地区的管理哲学不太一样。从管理哲学的层面来考察，大概谁也不会否定中国式管理的真实存在。

中国式管理原来只不过是中国式管理哲学，并没有发展出一套不同于西方现代化管理的管理科学。呈现在大家面前的这本书，当然不能够凭空捏造出中国式的管理科学，却不得不用心探讨中国式管理哲学。

以中国式管理哲学来妥善运用现代管理科学，就是我们心目中真正的中国式管理，目的只有一个，在于用得有效。

中国式管理哲学从来不把自己关在象牙塔里。它不但具有实用性，而且早已将艰深的哲理化为通俗的俚语，流传得相当普遍。笔者自从20世纪80年代开始整理及推广中国式管理，这三十多年来，凡是有中国人的地方，愈具管理实务经验的人士，愈是产生热烈的回响，大家纷纷表示一向是这个样子，只是平日知其然，而不知其所以然，心中缺乏自信，以致敢做而不敢言。有时候还以为是错误的，在言辞中美言自己，反而觉得口是心非，言行不一致，难免自觉羞愧。

21世纪是中国式管理哲学与西方管理科学相结合并获得发扬的时代，两者缺一都将跛脚难行。学过西方现代管理的人士，若能平心静气地看看中国式管理，必能百尺竿头，更进一步，将现代化管理活用得更加有声有色。不谈西方管理科学，先看看中国式管理，必能对现况的演变以及未来的变化更为一目了然，对于掌握未来、安身立命有很大助益。

研究中国式管理哲学，必须对历代先圣先贤抱持崇高的敬意，没有他们的辛勤耕耘，便没有今日丰硕的成果；也要对列祖列宗表示虔诚的谢忱，没有他们的用心传承，就不可能有今日的宝贵经验。

经济振兴，当然是好事情，而预先消灭经济振兴之后的种种弊端，则有待于及早认识中国管理哲学，这是我们用心推出这本著作的真正用意。尚祈各界贤达，不吝赐教为幸。

序于兴国管理学院

前言 Preface

一、研究具有华人特性管理学的必要性

一方面追求全球化，一方面重视本土化，似乎是一种矛盾，却显然成为当代不可抵挡的趋势。

西方的科技，已经将全世界统一起来。知名的世界品牌，行销全球。全世界在政治以外的各个领域，正如英国历史学家汤因比（Arnold Toynbee，1889—1975）生前所预言的，都按照西方的意图，越来越相像，出现了全球一致的生活形态。

汤因比指出：将来统一世界的，大概不是西欧国家，也不是西欧化的国家，而是中国。因为在政治方面，两千多年来，除了极为短暂的时期外，中国政府一直维持整体的统一局面。事实上自公元前221年迄今，中国始终是影响半个世界的中心。他认为，尽管西方在全球化方面具有重大而明显的成就，但是中国仍然将在政治上统一世界，并且带来共同

的和平。

自古以来，中国式管理便以安人为最终目的。历史可以证明，如果别人不首先侵犯中国，中国从来不先发制人。近代以来所发生的鸦片战争、中日甲午战争等，没有一次例外。中国人的战争概念，是以战止战，目的在于带来和平。中国人所认定的政治成就，也就是和平共处。

怎么能够安人呢？加拿大人住在美国的北边，十分担心遭到美国文化的兼并；伊斯兰教的原教旨主义，一直努力反击来自西方的影响；世界各地，纷纷重视本土化。这种种现象，都是不安的表现。亚洲金融风暴，美国再三以超级强国的强势干涉，阻碍亚洲经济亚洲化（Asianization）的发展与整合，已经使许多亚洲人对美国由直觉的怀疑，转变为相当强烈的反感。长期的历史说明西方管理在政治统一方面，由于缺乏安人的理念，较难维持长期统一的状态。

中国人知道，安人来自更宽容的包容性。历史上的皇帝，除了绝对禁止造反和不缴纳粮食之外，对于宗教、语言、风俗、习惯，都采取十分宽容的态度。也就是说，要充分尊重本土化，使不同的族群在中国境内得以相安无事，和平共处。在大一统的局面内，允许不同的本土或本族差异，形成"同中有异，异中有同"，并且进一步求同存异，不严苛地要求大家共同一致，非要做到同一标准不可。

从管理的角度来观察，早期的美国式管理要求"不变"，一切依照规定，不能够自行变更。权变理论出现以后，又要求"变"，一切求新求变，好像不变就会落伍，会被淘汰。这种"变就要变得彻底"而"不变就应该坚持不变"的两极化作风，缺乏包容性，因而不能达到安人的目的。

特别是在政治方面，尽管世界各地在看得见的生活形态上逐渐趋于一致，但是在看不见的意识形态上仍然保持各自的文化特色。魁北克的街道，禁用英文标志。新加坡人民讲了二十多年英语，现在又开始推行华语。贸易、旅游、电影、电视越普及，各地区就越执着于传统的语言、宗教、文学和艺术。越大同越重视小异，必须具有更宽广的包容性，才能满足这种矛盾的需求。

中国式管理，应用《易经》的道理，充分掌握"阴中有阳，阳中有阴"的自然规律，来合理因应"同中有异，异中有同"的人事现象，对于世界大同的远景最为合适。如果从这个观点来评估"21世纪是中国人的世纪"，应该相当有根据，而且也十分符合人类的福祉。

在儒家思想的主导下，中国式管理主张从个人的修身做起。每个人都要先把自己管好，成为组织中有用的一分子，然后才有资格来从事管理。个人修治好后，下一步是家庭。必须将自己所属的家庭安顿好，才能够进一步治理国家。一个人如果连自己的家庭都管不好，哪里有资格、有能力去治理国家大事？官员的家庭出问题，常常连累到官员本身，甚至要辞职。这就是先齐家后治国道理的体现。

中国人把事业当作修身、齐家、治国的实际演练。在中国人心目当中，一个人的社会地位和经济成就，完全看他在政府中所担任的职位而定。学而优则仕，努力求取学问，目的在于获得一份具有相当权力的职位。中国人认为政治是社会、经济、法律甚至宗教的基础，政治权力足以解决各种问题。这种观念一直到今天，并没有太大的改变。从事经营管理事业的人，一旦稍有成就，便希望能够打进政治圈，好像唯有如此，才够神气，也才能够证明自己真正有实力。

"成家立业"的意思是结婚成家的人应该建立事业，而建立事业的首要目的则是养家。一个人在结婚之前，尚在修身阶段，难免知识不足、性情不定、行动不稳，最要紧的是找一位好老板，跟着他学习。结婚之后，必须为尽丈夫及父亲的责任，一方面齐家，一方面立业，使自己的小家庭经济稳固。现代社会男女平等，一般双方会一起来努力。

中国人把治国的目的，定为平天下。天下的国家很多，不可能完全用一致的标准来加以要求。只有求大同存小异才能够平天下，这是中国长久以来能够维持统一的根本原因。中国人一直以平天下为己任，又把正确良好的公民道德教育当作政府的一项基本责任，这是世界上其他传统文化所欠缺的。近现代中国的没落，可以说是没有做好修身、齐家、治国、平天下的教育和实际工作，而不是这一套中国式管理思想本身出了差错。

当中国只局限在黄河谷地时，传统的中国式管理便已经充分发挥了它的功效。后来中国逐渐扩大，成为世界的大国之一，这一套中国式管理仍然表现得十分优异。特别是在一片以西化为现代化的潮流中，这一套中国式管理，发挥着更强大的力量，使中国保持独特的风格。

西方人对中国人很有兴趣，也十分热心研究儒家的思想。不幸的是，大多数研究者都以西方的观点来论断，无法真正了解中国人的本意。就算中国人自己提出来的论说，也很难摆脱这种偏颇的标准。很多"中国通"实际上对中国并没有深入的了解，形成了中西文化交流中的重大障碍。

全球化必须兼顾本土化，何况中国大到不容许任何国家加以忽视，而中国式管理的历史，又长到不容许任何人加以否定。对于中国式管理的研究，在全球化的进程中，应该是一种刻不容缓而且十分重要的事情。特别是中国大陆市场广大、经济快速发展，如何与中国人做生意，更是企业界非常重视的课题，非用心探讨不可。

为什么要研究具有华人特性的管理学?

1. 化解全球化与本土化的必然矛盾

中国式管理具有更宽广的包容性,越大同越重视小异,以"阴中有阳,阳中有阴"的自然规律来合理因应"同中有异,异中求同"的管理现象。

2. 以"修、齐、治、平"的次序来促成世界大同

人人重视修己,并且站在齐家的立场来修炼自己。然后站在治国的立场来齐家,再以平天下的立场来治国,务使小团体不违反大团体的目标,自然大同。

3. 以事业作为"修、齐、治、平"的实际演练

大家在职场中修己,并且循着修、齐、治、平的历程向前迈进,不论达到哪一阶段,皆以修身为本,务求在不忘本的大前提下,提高管理的功效。

二、西方学者对中国式管理的误解

尽管西方学者热心研究中华文化,对中国的政治、社会、经济有一定的了解,但是,站在中国式管理的立场,我们可以举出若干明显的误解,现说明如下:

(一)认为中国的政治过于一元化,具有独裁倾向。

不错,《易经》系统一切归于太极,影响到中国人的大一统观念。

天无二日，人不事二主，好像所有的事物，都应该"定于一"。事实上，《易经》系统主张"阴中有阳，阳中有阴"，任何事物都是动态的"一分为二"（太极生两仪）、"二合为一"（阴阳合为太极），而不是静态的一元论。我们可以把《易经》系统看成"一之多元化"，看起来像一元化，实际上包含多元。

中国有史以来，真正独裁的皇帝极为少数，而且很快就被推翻。大家所爱戴的皇帝，没有一个是独裁的。

（二）认为中国人没有原则，几乎每件事情都采取个案处理的方式，有不同的答案，令人难以预料。

的确，在中国社会，同样一件事情，往往因时、因人、因地而产生不一样的结果。但是，这并不表示中国人没有原则。相反地，中国人一直十分重视原则，而且相当坚持原则。于是，有人说"没有原则就是最好的原则"。这种话似是而非，不足以说明中国人的原则。

中国人有原则，却重视因时、因人、因地、因事而做出合理的调整，既不是一成不变地死守原则，也不是随意乱变地没有原则。中国人有一套"持经达变"的法宝，能够以不变应万变，做到有原则地应变。可惜现代中国人大多行而不知，却说出许多相反的道理，为西方人徒然提供许多不正确的资讯，使西方人更难了解中国人；也使新一代的中国人，因受到误导而越来越不明白自己的做法，盲目地跟着曲解自己的原则。

（三）认为中国人一味怀念过去的光荣，因此无法积极地求新求变，达成现代化的目标。

事实上，中国人把时间划分为过去、现在、未来三个阶段，在这三者之中，最重视现在。好汉不提当年勇，意思是过去的光荣事迹已经成为过去，实在没有必要再提起。中国人只有在谈论祖先的事迹时，才会加以金装，说得十分光荣，目的不在夸耀过去，而在激励子孙，不要丢祖先的脸，要好好奋发图强，力争上游。

中国人从小就被父母的善变教养得喜欢变来变去，根本用不着父母再告诉子女求新求变。中国人不明着说求新求变，实际上却不断地求新求变。至于现代化，中国人的现代化和西方人的现代化毕竟有所不同，不能够以西方的标准来衡量中国的现代化。

（四）认为中国人没有制衡的观念。

不错，中国人不喜欢公开地被制衡。因为那样对领导者是一种不信任的表示，一方面使领导者没有面子，一方面也使得制衡的力量用来趁机勒索，变成一种分赃。中国人讲求不公开的制衡，领导者在人事安排、资源分配上，必须将各种势力做妥善的平衡，以免引起不平之鸣，影响到整体的和谐与稳定。但是，由领导者主动考虑这些事情，领导者显得很有面子；被摆平的人士，知道自己和其他势力之间的微妙关系，必须谨慎守分，才能有效互动。若是趁机勒索，可能一下子被削弱。因此在比较合理的情况下，彼此合纵、连横，以求增强自己的势力，在下一次被摆平时获得更大的优势。

一般民众，依附在各种势力之间，以西瓜偎大边（随大流）的方式，找到对自己最为有利的靠山，来维护自己的权益。中国社会，以家庭为中心，各种势力牵来扯去，自然获得制衡的功效。用不着公开的制衡，弄得十分难看。

（五）认为中国式的权威是无条件地服从。

这实在是天大的误解，因为中国人的服从性，无论如何都不能够和日本人相比。中国人讲求彼此彼此、互相互相，几乎都是互相对待的关系，根本不可能做到无条件地服从。

但是，从表现上看，中国人相当服从，举凡上级的指示，一律说好。实际上说好的同时，心里非常不以为然，只是中国人不喜欢也不习惯于当时就把心里的感觉说出来。默默地不一定按照上级的指示去做，对中国人而言，并不是欺骗上级，反而是尊敬上级的表示。

不当面顶撞，却暗地里自己去调整，看起来十分服从，实际上有自己的主见，这才是中国人的实际情况。中国人害怕权威，但并不敬重权威，当然不可能绝对服从。

（六）认为中国人非常重视形式和礼节。

事实上，中国人相当实际，厌恶繁文缛节。从某些角度来看，中国人显得很没有礼貌，因为他们讲求实际的效益，不在乎这些表面上的东西。中国人的形式和礼节，深究起来，都有相当大的用意。例如婚礼，主要目的在于加重这一对新人的责任感，如此隆重，一生只能一次，多了大家都痛苦不堪。对中国人而言，礼仪的实际意义应该重于形式，可惜大部分现代中国人行而不知，弄得外国人也跟着有所误解。

西方学者大多认为西方的父亲用爱来对待子女，中国父亲则以严厉的态度来对待子女，使子女不能感受到父爱。这正可以证明中国人的爱，表现在实际上的关心而不在表面上。

（七）认为中国人永远都是在寻求团体的归属感。

如果这种看法是真的，那么中国人十分团结，怎么可能是一片散沙呢？中国这么大，中国人又有强烈的归属感，恐怕已经成为世界各国畏惧的强国。国家这么大，又十分重视家庭，不可能产生归属感，事实上这也是中国人时常自责的地方。中国人只有前面所说的依附感，没有普遍性的归属感。从依附感产生归属感，是善于领导的成果，但是一旦时过境迁，彼此的互信互赖稍有变化，立即由归属感退回到依附感，这才是中国人随机应变、因时制宜的表现。

（八）认为中国人不容许有不同的意见，不喜欢接纳不同的声音。

许多在台湾地区居住很久、对中国人相当熟悉的西方人，都指出中国人缺乏讨论的习惯，不可以彼此说出不同的意见，几乎一讨论就吵架，弄得不欢而散。

实际上，中国人很希望听取不同的意见，认为忠言必然逆耳，不同的意见才能够集思广益，找到更好的方案。只不过中国人不喜欢公开的辩论，或者在讨论的时候出现不一样的主张。中国人比较喜欢在私下单独说出不同的意见，而且还要讲究沟通的技巧，说得让对方听得进去，乐于接受。会前、会后比较容易沟通，开会的时候反而很不容易沟通。

（九）认为中国式管理只能适用于秩序井然、高度稳定的社会，不适用于快速变迁的情境。

事实上中国式管理的源头是《易经》，而《易经》原本叫作《变经》，完全在探讨掌握变化的道理。后来由于"变有百分之八十是不好的，只有百分之二十才是良好的"，才把《变经》改名为《易经》，希望大家不要为变而变、一心求变，以免越变越糟。中国人在求新求变之外，找出不易的道理，发展出一套"以不变应万变"的理论。不幸的是，近代中国人大多搞不懂，因而导致了西方人的误解。中国式管理的应变能力，实在不容置疑。

（十）认为中国人把过错推给别人，不喜欢由自己来负责。

不错，从表现上看，中国人确实如此。实际上中国人把责任推给别人，只不过是保住自己的面子，表面上抵挡一下。暗地里、私底下自己检讨、好好改进，才是实质上的自我反省。

真正的责任，到最后应该谁负责就由谁负责，谁也推不掉。先在表面上推一下，对自己人也比较好交代，至少不公开连累家人，结果如何是以后的事情。这种虚推实反省的做法，也是阴阳互动的《易经》道理。

怎样帮助西方人明白中国式管理？

1. 自己先做比较深入的了解以避免误导

西方人常常通过中国人来了解中国式管理，这原本是正常有效的途径。事实上能够和西方人沟通的中国人，经常以西方人的观点来看中国式管理，形成十分严重的误导。

2. 中西双方的思维方式不一样，必须慎为明辨并妥为运用

西方人常以二分法来思考，习惯二选一的应用。中国人常以三分法来把二看成三，用二合一来代替二选一。最好先搞清楚，再来说明中国式管理。

3. 深一层思索中国人的道理才能明白其原本的用意

中国人的道理，必须经过深一层的思虑，才有办法知其所以然。一般人只看表面，便直接下断语，实在十分危险，不但害了自己，而且误导他人。

三、研究具有华人特性管理学的时代意义

中国自周朝以来到现在，每一波的兴盛，都是依据同一的和平精神和一致的管理大道。

周朝由一个中央的周室制定制度，然后向全国各地的诸侯推行。如果不能获得诸侯共同的拥戴，哪里能够达成统一？后来西周式微，诸侯不听话，周朝解体。秦朝起而统一，由于偏离了和平精神与修、齐、

治、平的管理大道，并没有造成太平盛世。汉朝继起，重振和平精神与修平大道，这才大为兴盛。唐朝也同样重视和平与修、齐、治、平的管理，振衰为盛。

可见，中国式管理是造成中国兴盛与衰落的主要原因。应用得合理有效，即造成诸如汉朝和唐朝的兴盛；应用得有所偏差或效果不佳，也带来许多时期的衰落。

21世纪的主要趋势，已经明显地表现出快速的全球化。而且无可置疑地以西方的硬件作为全球化的表征，凡是看得见的部分，几乎已经按照西方的意图来加以统一。但是，21世纪的另一种主要趋势，则是纷纷兴起的本土化意识，造成一方面要求全球化，另一方面却重视本土化的分歧与矛盾。换句话说，当前全球化的最大阻碍，乃是西方的软件设计，不像硬件部分那样容易为全球所接受。问题出在看不见的部分，使得西方的意图难以统一全世界。

中国人的阴阳文化，认为有阴即有阳，两者虽属矛盾，却可以化解而不必冲突、对立、分裂。中国人一向明白：没有矛盾，不可能起变化；而没有变化，根本不能进步。全球化和本土化看似矛盾，却可以同时兼顾并重。全球化是大同，而本土化则是小异。中国式管理以世界大同为目标，实际上尊重各地区的小异。世界大同即为世界大同小异，而非世界完全一同。中国5000年历史，可以说没有百分之百地统一过，因为中国人的包容性表现在尊重并包容少数的小异。

西方人崇拜英雄，采取强势的英雄式领导，却号称为民主。中国人并不崇拜英雄，任何强势的英雄式领导，不久就被推翻而宣告失败，却被界定为不民主的专制。

中国人倡导圣贤式的领导，大家钦仰圣贤的高明、博厚和仁爱，才自动自发地拥戴他。表面上看起来，圣贤高高在上，好像十分具有权威性；实际上圣贤若是不能亲民爱物，群众就会唾弃他，再也得不到大家的拥护。5000年的历史，已经证明了中国人用不着西方式的制衡，照样可以改朝换代，把不满意的人推下去。各有不同的生存方式，不必刻意求同。

现代西方人看见中国科技落后，便以为中国样样不如西方，应该全盘西化才能实现现代化。但是回想历史，中国有一段相当久远的时期科技领先于欧洲。难道中国人首先发明火药，只把它做爆竹供人玩乐是不对的，而欧洲人把它制成杀人的枪弹反而是正确的吗？中国人认为，科技应该用在对人类有利的地方才能造福人类，不能够用科技来发展对人类有害的武器伤天害理。到今天为止，这仍然是科技界应该重视的人道精神。

不过，现在中国人由于饱受科技落后的痛苦，已经认真地学习，加强科技研究。据估计，到2050年左右，中国人的科技又将领先全世界。到时候全球科技更为发达，如果不能发挥中国式管理修己安人的王道精神，恐怕人类死于科技、被高度发达的科技毁灭的可能性越来越高。人类发展科技，却又死于科技，果真自作自受。科技持续发展，已然是不可避免的趋势。如果继续采取西方的作风，认为科技的研究是中性的，不涉及道德的善恶，为了追求利润，只要合法就不必受到什么限制，那么科技的发展，一方面造福人类，另一方面势必威胁人类的生存。更加可怕的，则是竞争的剧烈，使得人类的思考充满"一时性"，只要能有短暂的领先即马上投入市场，以求先把钱赚到手，不理会将来可能产生的后遗症。这种急功近利的做法，使得许多未经细心验证、缺乏长期测试的言论和产品大量出现，不但造成身心的危害，而且严重地动摇了原有的价值观和生活方式，对社会的安定和谐极为不利。这时候只有中国式管理，把管理和伦理结合在一起，才能够拯救人类，造成世界的繁荣美景，请大家拭目以待。

21世纪的主流价值，不应该放在精良的武器上，否则人类即将毁灭；也不可能寄望于科技的发达，不然的话，人类也同样面临毁灭的厄运。

21世纪应该以文化为重点，把全球化和本土化的文化兼容并蓄，彼此兼顾并重，而中国式管理，足以承担这样的重大责任。

第一章
管理的基本概念

管理是修己安人的历程，修己的具体表现，在于促进组织成员的自觉、自律与自主。

推、拖、拉只是做事的一种方式，本身并没有好坏。完全看运用的人，动机是不是良好、方式是不是合理，才能决定效果是不是理想。

中国式管理主张人治大于法治，寓人治于法治中，人人自然地、自发地也是自动地守法重纪。

什么是管理？不应该也不可能有固定的答案，因为每一个人对管理的认知和体会各不相同。但是，一个人对管理的看法代表了这个人的价值观。我们提供的概念，列举如下：

管理是修己安人的历程。

一个人要管人之前，必须先把自己管好。

修己的要旨在自觉、自律与自主。

安人的诉求为：己安人也安。

以明哲保身为根本理念，事业顺适、家庭美满、身体健康、心情愉快、信誉良好，要兼顾并重。

采用合理的推、拖、拉来把问题化解掉，大化小，小化了，轻松愉快。

寓人治于法治，把人治和法治合起来想，而不分开来看。

很多人以为中国人只重做人不重做事，或者先把人做好再谈把工作做好。其实不然，我们应该通过好好做人来把工作做好，必须做人做事兼顾并重，这才是良好的管理。

做好人本身的价值不高，能够把好事做出来，才有真正的贡献。有人才有事，有好人才能做好事，这是修己安人的深一层用意。

第一节
管理是修己安人的历程

管理是一种历程,起点是修己,而终点则是安人。

任何一个人都应该从自己做起,把自己修治好,再通过做人做事的具体表现来促进大家的安宁。

管理一方面讲求伦理道德,一方面追求管理效益。因为管理是外在的伦理,而伦理却是内在的管理,两者密不可分。

在管理的历程中,通过好好做人把工作做好。在职场中修炼自己,逐渐提高层次,完成修、齐、治、平的人生任务。

要了解这种具有华人特性的管理学,最好从中国、美国、日本管理的比较当中,深切地体会。

由于现代化管理是由美国所引起,我们先从美国式管理说起。

美国式管理,再怎么讲,都脱离不了"我要、我成的历程"(见图1-1)。"我要"代表"目标管理"(management by objectives,MBO),"我成"代表"成果管理"(management by results,MBR)。由我订立目标,由

第一章　管理的基本概念

我去执行，最后拿出成果来。若是成果和目标十分接近，甚至百分之百达成或超越目标，就会受到奖励，否则就要接受惩罚，有时还会被裁换。整个管理历程，充满了"优胜劣汰，适者生存"的进化精神，以"竞争"为手段，拿"数据"做标准，来分出胜负，而判定死活。

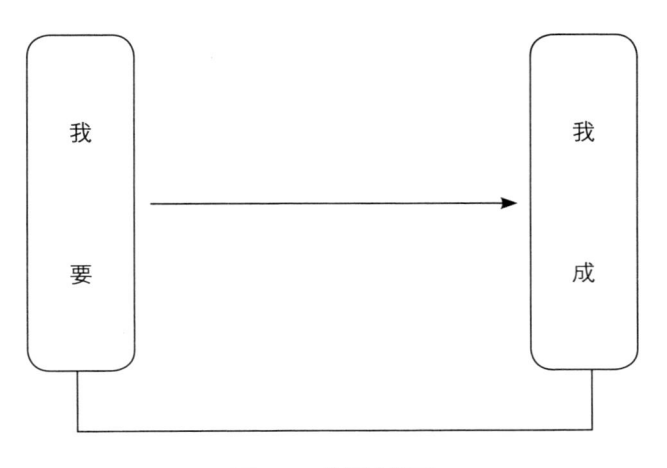

图 1-1　美国式管理

日本式管理和美国式管理刚好相反，他们所构成的，是一种"同生、共荣的历程"（见图 1-2）。"同生"表示"一起进入公司的辈分"，"共荣"表示"大家共同分享的荣誉"。同生要有同死的觉悟，培养出一生一死的交情，准备共同奋斗，绝不临阵脱逃。共荣也要有共辱的打算，因此合力追求团体的荣誉，却不计较个人的荣辱。整个管理历程，充满了"大和魂"的"爱团体精神"，以"一家人"为号召，"互助"为手段，拿"不事二主"做标准来一致对外，奋战到底。

中国人呢？"目标"可达成也可能不敢达成。因为我们心里最清楚：一旦达到目标，下一次目标就会提高，结果必然逼死自己，何苦来哉！

而且，达到目标不一定受到奖励；未达成目标，也不一定接受惩罚。同样接受奖励，内容并不一样，有时高有时低，经常弄得一肚子火

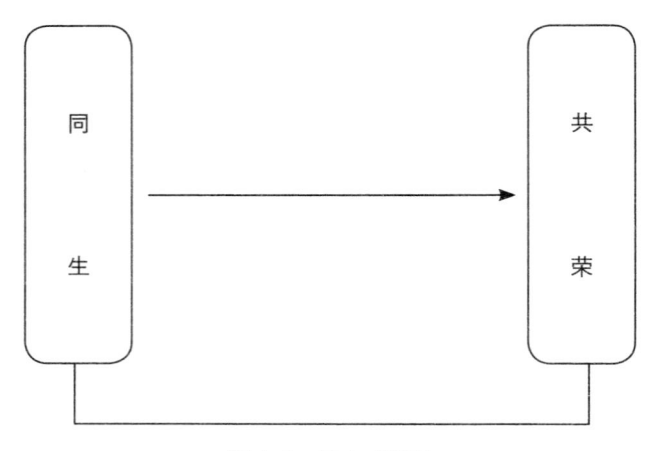

图 1-2　日本式管理

气。同等受到惩罚，标准也不一致，有时严苛有时宽松，好像大家都在碰运气。

成果的评量，其实也不可靠。生意好做的时候，闭着眼睛业绩也很高，这样的成果，得来不费吹灰之力，有什么稀奇？生意不好做的时候，竭尽全力业绩依然不高，评量得再正确，又有何用？

同样卖土地，有人卖掉一笔，轻轻松松就赚了大钱；有人费尽苦心，疲于奔命，卖掉十几笔，结果赚到的钱并不多。这种种事实，都充分证明成果评量，实在算不了什么，至少不足以代表一个人的努力程度。

依中国人观点，目标和成果固然很重要，却不能呈现管理的全部，充其量只能表示管理的一部分。中国人不致否认目标和成果的重要性，但是不能够承受以目标和成果来显示管理的重点。

我们也不接受同生共死的观念。同生只是一种机缘，有幸一道进来。然而进来之后，就应该各凭本事，自创前程才对。怎么可以大家拉扯在一起，好像要绑在一块儿，准备同归于尽呢？一个人的成就，在于"同年之中我最行"，哪里肯同年同倒霉呢？

共荣当然很好，不过有一个先决条件，就是"让我沾一点光"。中国人讲求"合理"，沾太多光大概没有人愿意，因为相差太远，迟早会被揭穿、出洋相，不如及早放弃，以求藏拙。沾一点光，表示相去不远，稍微踮起脚跟，便能一般高，当然不能也不必过分辞让。

若是别人依样画葫芦，也来沾我的光。标准依然如此，只是稍微严苛一些。差不了多少，让他沾光，说是有福同享；差得太多，不让他得利，反骂他自己要称一称，到底有几两重？

同生共荣，中国人并不是不赞成，而是应该有一些弹性，让各人自行斟酌决定。究竟要同生共荣到什么程度，才是最重要的课题。

美国式或日本式管理并没有什么不对，中国人也大多能够接受。中国人的包容性，使得我们不致也不应该排斥任何主张。我们的基本态度是既不赞成也不反对，反正说归说，做归做，你如此主张，未必就真的这样做，急什么呢？中国人在美国公司做事，说的都是美国式管理的话；在日本公司工作，说的也都是日本式管理的话。一方面是入乡随俗，另一方面则是唯有如此才不会吃亏。而实际运作起来，调整来、调整去的结果，大多都调整得很富有中国人的气氛。这种情况，在台湾地区的美商和日商，都可以找到充分的证据。

中国人可以实施目标管理，也可以搞得它名存实亡。对于成果管理，中国人同样具有这样的本领。

我们能够同生共荣，也能够各扫自家门前雪、休管他人瓦上霜。怎么说都可以，同样的怎么做都行。反过来说，怎么说都没有用，也怎么做都不行。

那么，中国式管理的意义是什么呢？我们要不要对准目标全力以赴？能不能接受成果的评量？愿不愿意同生共荣，完全取决于我们"安"和"不安"。"安"的结果是正面的，而"不安"所带来的则是负面的影响。"安"的时候,中国人积极而奋发,对准目标全力以赴,高高兴兴地接受成果评量,既照顾同年,礼待资深,也共享荣誉,大家乐在一起。"不安"的时候,对目标阳奉阴违,视成果评量为官样文章,同年不同年又有什么关系?怨自己都来不及,哪还分享、共享什么荣誉?

"安"的观念,长久以来影响着中国人。这个单字词含意甚深,必须用心体会才能够明白它的用意。如果采用复字词来表示,名词多用"安宁"、动词可用"安顿",而对管理来说,以"安人"为妥。

要"安人"必先"修己",不修己则无以安人。所以中国式管理,简单说,就是"修己安人的历程"(见图1-3)。修己代表个人的修治,做好自律的工作。因为中国人一方面不喜欢被管,另一方面不喜欢被连自己都管不好的人管。不喜欢被管就应该自己管好自己,便是自律,也就是修己。不接受连自己都管不好的人的管,常常抱怨这种人管不好自己,还想来管人?表示每一个人在管人之前,必须先把自己管好,也就是需要自律。可见管理者和被管理者,通通应该修己。

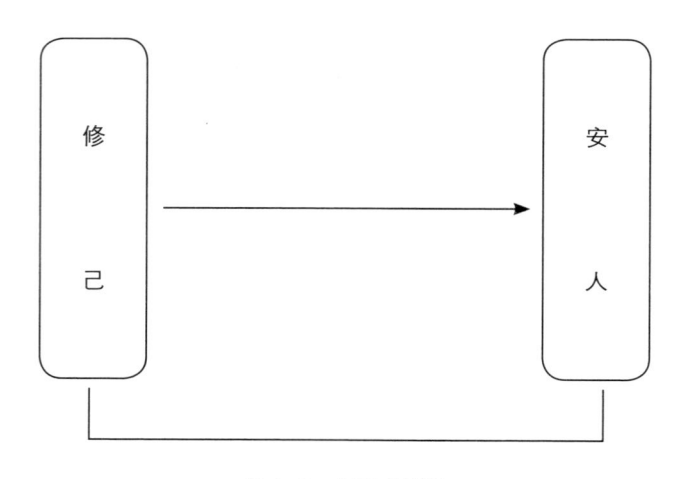

图 1-3 中国式管理

修己安人看起来是伦理,同时也是管理。中国式管理的整个历程,充满了"伦理道德"的精神,以"彼此彼此"为原则,拿"圆满、圆融、圆通"做标准,各人立于不败之地,发挥推己及人的力量,分中有合,而合中又有分,谋求安居乐业,互敬、互惠,各得其安。

"修己"的意思是修造自己,而不是改变他人。有人花费太多的时间和精力去改变别人。这种错误的方向,浪费了很多管理成本。管理者若是一心一意想要改变员工,员工就会保持高度警觉,不是全力抗拒,便是表面伪装接受,实际上各有自己的看法。不如管理者先修己,用心改变自己,让员工受到良好的感应,自动地改变他们,更为快速有效。

用高压的政策要求员工改变,并不符合安人的要求,也就是不符合人性化管理,大家就会以不合理为理由加以抗拒。

管理者先求修己,感应被管理者也自动修己。双方面都修己,互动起来自然更加合理。人人自求合理,才是最有效的管理。

第二节
修己的要旨在自觉、自律与自主

修身、齐家、治国、平天下的一贯大道，为什么没有立业这一个重要的项目？这并不是古圣先贤的疏忽，更不是往昔经济不繁荣、各行各业不发达的缘故，而是透露出一种非常重要的信息。

发展事业，本身没有什么目的，必须在经营事业的过程中，完成修身、齐家、治国、平天下的人生使命，否则事业再发展，经营再有利，又有何用？管理既然是"修己安人的历程"，一切以修己为起点，那么修己就成为管理者的必备修养，不但不可等闲视之，而且不能够只是口头上说说，实际上不重视。

修己、修己，修些什么呢？最主要的，莫过于下述三点。看似十分简单，却委实不容易做到。

第一，自觉。当别人对我们客气时，我们必须提高警觉，自动讲理。不管对方怎么说，我们自己要赶快衡情论理，表现出合理的态度和行为，以求合情合理。

做人最要紧的，固然是讲道理。但是理不易明，道理往往很难讲。有时候我们认为相当合理，而对方却不以为然，认为我们并不讲理。这时候，对方会客气地提醒我们，希望用点到为止的方式来促使我们自行调整。

　　"没有关系"，中国人说这句话的时候，多半含有"有关系"的意思在内。我们听到这一句客气话，马上要充分自觉，千万不要以为真的没有关系，而应该依据一定有关系的标准来调整自己的态度和行为，对方才能够以没有关系开始，也愉快地以没有关系来收场。

　　若是听到"没有关系"这一类的客气话，便以为自己真的十分有福气，碰到一位没有关系的仁兄，那就是不够自觉，错将客气当作福气。结果呢？对方以没有关系开始，却以有关系结束，弄得彼此都不愉快。对方所持的道理，其实相当明显："为什么我对你这么客气，你竟然那么不讲道理？遇到这种不知自觉的人，我真不知道应该采用什么方式来和你互动。"

　　中国人讲求"由情入理"，便是喜欢采取"给足面子让他自动讲理"的途径，借由客气的口吻来点醒对方："最好赶快清醒过来，自觉地讲理，以免闹得彼此都下不了台。"有了面子，赶快自动按照道理去做，叫作自觉；有了面子，误认为对方一点也不介意，不知道赶快调整自己，甚至得寸进尺，便是不自觉。

　　第二，自律。当我们不满意别人的表现时，不可以直接指责他，也不能够立刻和他讲道理。最好先给他面子，用情来点醒他，使其自动讲理，合理地调整他的言行。

　　任何人都有糊涂的时候，不知不觉地表现出不合理的行为。对于这种无心的过失，如果马上加以指责，对方就会认为我们对他存有成见，明明是无意的，也要曲解成为有意，可见已经有了偏见。居于彼此、彼此的交互法则，反正你已经把我当作有心犯错的人，我就索性错到底，看你能够把我怎么样。这种态度，虽然是一种恼羞成怒的不正常反应，但是人就是人，往往克制不了自己。我们反省一下，毕竟是我们不够理智，一下子就把他看成恶意的人，这才引起他的恶意，我们自己其实也有相当的不是。

当一个人不够清醒、做出不正当的行为时，立即和他讲理，很容易引起他的自我防卫心理，居于"公说公有理，婆说婆有理"的"理不易明"说出一些歪理。然后又因为话已经说出口，不得不坚持以维持自己的面子，变得更加强词夺理。他这种反应，固然并不合理。但是我们在他心理上尚未准备好的时候，急着去和他讲道理，也应该负起相当的责任，因为是我们把他害成这个样子的。

我们希望别人由情入理，先给我们面子，再来诱导我们自动讲理。我们将心比心，必须了解别人也具有同样的期待，以满足顾全面子的需求。于是骂人之前，先把想要骂出来的话吞下去，改换一个方式，用"同情心"（现代有人害怕"情"字，改称为同理心，其实对中国人而言，两者是一样的。中华文化是世上少有的有情文化，中国人不应该怕情，不妨仍然称为同情心，更富有人情味）来化解对方的敌意，比较容易获得合理的结果。要和对方讲道理，不忘先给足面子，这是中国人有情的表现，至为珍贵，不要轻易忘掉。

处处克制自己，时时提醒自己，任何人都可能有糊涂的时候，不可以一下子就把他逼到死胡同里，使他没有自动改善的机会。这种态度称为自律，自己管制得恰到好处，可以减少许多无谓的麻烦，节省许多时间和精力。

第三，自主。随时提醒自己，必须以自动自发的精神，来维护自己的自主；一旦被动，处处依赖他人的指示，就会丧失自主的权利，成为一个不够资格自立的人。

人有自主性，可以自行决定要自动还是被动。但是有心自动的人，仍然保有其自主性；若是选择被动，便要接受他人的支配和指使，逐渐丧失自主性。

我们所向往的，是自由自在的生活。如果不能自动自发，怎么谈得上自由自在？我们所盼望的，是安宁愉快的生活，若是不能自主，怎么获得安宁？愉快从何而生？人的尊严，寓于自主自立，假如丧失自主，不能自立，这个人的尊严不复存在，也是一种自作自受。

人都喜欢自动自发，只是不敢、不能或不愿意自动。不敢的原因，是每次自动都动得不够令人满意，惹来许多困扰；不能的原因，在于实力不足，自动起来，实在没有把握；而不愿意自动的原因，则在心有不平，认为自己受委屈，已经够倒霉了，为什么还要自动自发？

无论不敢、不能或不愿意自动，结果都是自己蒙受其害。因为不自动的结果，必然引发别人的他动。外来的压力越大，对自己越不利。

自动改变不敢自动的原因，也就是磨炼自己的功夫，使自己每自动必圆满，岂有不敢之理？自动消除不能自动的障碍，修炼自己的本事，使自己有足够的把握随时随地都能够恰到好处地自动，哪里有不能的道理？自动提升自己的自动意愿，看清楚"天底下哪里有什么公平的事情"，如果已经十分公平，有关"公平"的字眼早就应该消失。大家一天到晚喊公平，要求公平，证明公平仍然离我们相当遥远。中国人所讲求的，不应该是公平不公平的问题，而是"有本事的人，自然会得到他想获得的东西"。自己没有本事，要检讨改进，怎么可以一味责怪别人呢？

自动自发才能够自主，依赖他人，势必接受他人的指使，越来越不能自主，也就越来越对自己失去信心。中国人的自主性特别强，喜欢自作主张，更应该自动自发，以维护自己所重视的高度自主性。

自觉受人敬重必须自动讲理，自律并敬重他人应该给足面子，自主地提高自动自发的精神，便是修己的三大要领。

第三节
安人的目的在于人安己安

人生的最高目标在求得安宁,不得安宁的人生已经失去做人的价值。

修、齐、治、平的目的,无非为了个人、家庭、国家与世界的安宁。

站在修己安人的立场,计划是肯定今后几年如何安人,组织是聚合安人的力量,领导是发挥安人的潜力,而控制则是保证今后几年如何安人。所有管理措施,无一不与安人有关。

如果不能安人,修己不过是独善其身,谈不上管理。

管理是修己安人的历程,修己的具体表现,在于促进组织成员的自觉、自律与自主。通过员工的自主,企求人安己安,发挥管理的最大效能。

安或不安,有"生存"与"生活"两大层面。生存受到威胁的时候,谈不上生活的需求;而生活不安,也得不到生存的乐趣。必须两个层面都获得相当程度的安宁,大家才会安居乐业,安心愉快地把工作做好。

安人的目的,在于"同心协力",把组织成员的力量汇集起来,产生"和"的品质,达到"万事成"的效果。从"和"当中所发出的"合力",才是真正的"同心",组织成员好像一家人那样,自然"家和万事成"。

"和"是中国人的"整体"概念,就"量"的方面来看,把"部分"加起来,就成为"整体";而从"质"的方面来考察,便发现"整体大于部分的总和"。

人与人之间,难免会有彼此不同的"差异性",我们把它叫作"个别差异"。"差异"就是"不同",君子"和"而"不同",善于管理的人,能够把"不同"的心和力结合在一起,产生"和"的力量。小人"同"而"不和",不善于管理的人,只在表面上要求大家服从,似乎"同"到没有意见上的差异,却始终发挥不出"和"的实力,应该视为"不和"。

烹调的时候,用水来煮水,煮来煮去,还是"开水";弹琴的时候,总是重复一个音调,听起来必然单调乏味;同样的"人"群集在一起,如果大家一模一样,丝毫没有差异,我们辨识起来,势必十分困难。

用水煮蛋,可能煮出可口的蛋花汤;配合各种不同的音调,可能弹奏出动听的乐曲;不同的人聚集在一起,才有可能"和"成一个整体。

《荀子·王制篇》指出:"人何以能群?曰:分。"人的力量没有牛那么大,行走起来不像马那样快,而牛马反为人所用,主要是因为人能够合群,有"组织"的概念,而牛马则无。但是人为什么能够合群呢?答案是人有"分"的念头,知道彼此"不同",而非完全相同。

安人的基础,在人人自觉,各有其分,并且各守其分。只有"人人各守其分",才可能"大家和合为一"。

有"组织",便应该"分工"。分工事实上是一种"分",把每一个人的本分工作,翔实而明确地列举出来。这种"数量"上的分工,经常出现"许多三不管地带",难以达到"合作"的整体性。于是在列举各条本分工作之后，加上一条"其他"，作为"性质"上的分工，使大家在心理上有充分的准备。任何三不管地带，都是人人有责的其他范围，必须机动调补，以维护"和合为一"的整体性。

分工之后，能合作人人都安，不能协力则大家都不安宁。所以荀子说："分何以能行？曰：义。"义便是合理，怎样分工才能收到合作的效果呢？只有"合理"一途。

组织成员，分工分到合理的地步，依"其他"来互相支援，也做到合理的程度。合理就是"不过分"，所以也是一种守"分"的表现。这样的分工协力，必然能够缔造良好的组织力，产生"和"的品质。

除了分工以外，中国人的"分"，特别重视"位"的"区分"，那就是亲疏、上下、尊卑、贵贱的不同。这种职位、地位的差异，构成了我们的伦理。

要求人安己安，必须重视伦理，形成分工之外的另一种守"分"。伦理可以看作"人与人间的矛盾关系"，这种关系必须维持相当程度的"和"，也就是和谐，才能在"相反相成"中兴盛发达。

人类社会原本由许多具有"个别差异"的"个人"所组成，如果每一个人都任由自己的个别差异发展，势必互相矛盾，甚至产生冲突。所以教育大家，鼓励人人都修己来缩小彼此的差异，建立共同的道德标准成为社会健全发展的必要措施。

这些修己有成的人聚集起来，加以合理的分工，在共同的目标下各自扮演不同的角色，则是在"组织"的名分下，加上一些人为的矛盾，并且进一步求其"调和"，这就是管理历程中"安人"的功能。

管理的历程，着重在"同中求异，异中求同"，也就是"有矛盾时加以调和，没有矛盾时制造若干矛盾"，使相同的产生某些差异，而让差异的趋于相同。

第一章 管理的基本概念

中国人深知"没有矛盾，不可能产生变化；而没有变化，就不能进步"的道理，为求提升管理的效果，特重"职场伦理"，便是在工作场所中添加若干名分、地位的矛盾，并且把他们限制在"合理"的范围内，以求调"和"，增强"和合为一"的"安人"效果。

安人的目标是固定的，但是安人的状况则是变动的，必须随着当时的人、事、地、物来衡量，采取不同的安人措施，才能见效。中国人被误认为"做事不讲原则""凡事三分钟热度"，其实是"有原则却必须权宜态度""一阵子不改变却无效果"的表现所引起的误解。

"安人"的原则不变，"安人的措施"必须随"时、空"而调整，以致变来变去，被曲解为"没有原则"。看不懂的人越来越多，正当的权宜应变也被嘲笑为没有原则，爱怎么样就怎么样，甚至被诋毁为"投机取巧"，实在十分冤枉。

安人的措施一阵子不变又会产生不安，不调整不行，一调整又被指责为"三分钟热度"，可见"看不懂的人，偏要讥笑内行人"，这才是安人的最大障碍。

把部分加起来往往不等于整体，分工并不能收到合作的效果也是常见的事实。安人就是要把部分"和"起来，"合"成"一"个整体，而且促成"整体大于部分之和"的成果。通过"己安"和"人安"，来合成"人安己安"的"和谐"。

希望组织同人"同心"协力，必须使大家对整体目标相当"关心"。而要使大家关心整体目标，又非让大家彼此"交心"不可。要求大家交心，第一步则是设法使大家"开心"。这样说来，安人的历程，便是"由开心而交心，借交心而共同关心，然后产生同心"的一连串"心"的变化，所以对中国人来说，管理是"心连心"的过程，而安人则是"心连心"的结果，应无疑义。

第四节

以明哲保身为根本理念

现代管理,已经造成一些"过劳死"的问题。为了追求利润、效率、绩效或效益,竟然过度劳累,以致死亡。这样以身相殉的代价,当然不是从事经营管理的人所乐见的。

想尽办法把自己劳累到死,大家肯定不愿意。可是多少人不知不觉掉入这种不良管理的陷阱,被害死了还不明白真正的原因。

就算躲过这种生理上的迫害,心态上的失调也必须善为调整,兹分析如下,以免对明哲保身产生误解而害了自己。

中国历史悠久,却令人越谈越伤心,因为看来看去,治少乱多。太平日子不长久,争权夺利却永无终结。人人都以"终结者"自居,企图结束他人的性命,不料又成为另一"创始者",缔造更为可怕的暴乱。

自古以来,我们观察当权者的三个阶段,似乎是同样的过程:初创时期,大家都是兄弟,而且是好兄弟,好话固然乐于听闻,坏话也是逆耳的忠言、苦口的良药,感激不尽,当然不会觉得不好听。巩固时期,开始分出主流与非主流。认为靠得住的,务必加以重用,因为好人本来就不多,不用这些人用谁?不可靠的,越能干越要加以迫害,以免夜长梦多,不知什么时候,为这些人所害。到了衰落时期,对任何人都相当怀疑,好像好人也会随时变成坏人,实在不可不时时提高警觉。

当权者这种心态,原本十分正常。人心隔肚皮,什么人料得到?人心善变,谁也把握不住。平心而论,谁敢随便相信别人?什么人又敢保证自己所亲信的人不会心怀不轨?想起古人的话:防人之心不可无。即使自己有三头六臂、聪敏过人,也不敢不防。

被领导的人呢?看过多少"飞鸟尽,良弓藏;狡兔死,走狗烹"的故事,听过多少"被老板当作死棋子来下"的传闻,当然也是心生恐惧,不敢不随时防备。

如果认为大家共事,彼此提防不是很辛苦吗?那么请看史书中有多少篇幅,记载了"好人早死"的事实。"小人得志"固然令人痛心,"君子冤死"更加令人伤心。小人何以得志?不在本书研讨的范围。而君子为什么冤死?则是我们关注的重点。

一般人看历史,只知道痛恨小人,不知道检讨君子,违反了儒家"反求诸己"的原则。君子痛恨小人,对自己完全没有好处;唯有反省自己为什么那样容易被打垮,才能真正无愧于心。

认真检讨起来,君子普遍缺乏防人之心,才会招致早死的厄运。若能时时明哲以保身,哪里会斗不过小人呢?历史上的君子,如果都斗赢了小人,不为小人所害,哪怕君王再昏庸、再暴虐,也不致那样治少而乱多吧!

可见拿明哲保身作为管理的根本理念,具有相当稳固的基础,不容忽视,也不必怀疑。

下对上,要慎防"触犯逆鳞",以免被上司害死。居上位的人,好不容易才爬上去，最怕被部属拖累，以致前功尽弃，所以一旦发现部属可能连累自己的时候，无不六亲不认，把所有责任往部属身上推。

每当部属发现平日所忠心敬事的上司居然翻脸不认人，把自己视同仇敌非置之死地不罢手时，无不后悔平日警觉心不够，为什么如此作践自己，盲目为这种人弄得自己家不像家、人不像人呢？

上对下，也要慎防"祸在所爱"，以免被亲信害死。同样是小人，如果不能获得上司的信任，根本起不了多大作用。若是成为上司的亲信，那就拿鸡毛当作令箭，足以兴风作浪，害死上司了。可见上司所爱的人，往往是可怕的祸端，怎么能够不提防、戒备呢？

每当上司发觉平日所倚靠、所信赖、所器重的部属居然卖主求荣，把自己当作目标用以换取个人利益时，无不痛心，"所谓忠不忠，所谓贤不贤"，后悔自己的警觉心不够，为什么那么容易受到蒙骗，盲目相信这些善于伪装的恶徒呢？

历代各朝君王，没有一个不知道"任用贤者"的道理，但是"贤者变成小人"，却成为历代君王的最大遗憾。古往今来，大家都了解"良禽择木而栖"的道理，但是"诸葛亮很多而刘备太少"也是无可奈何的人间憾事。所以中国人逐渐养成"明哲保身"的习惯，时时以"防人之心不可无"为信念，不敢稍有大意。

你提防我、我也提防你，演变为我相信你、你也相信我，这是中国式管理"以心交心"的历程。明哲保身，不过是修己，用来作为管理的起点，并不能发挥管理的功能。而当其逐渐演变为"你心中有我，我心中有你"，彼此互信互赖时才能安人，才获得管理的效果。

上司站在"保护自己"的立场上，自然不敢轻易相信部属，以免吃亏上当，害了自己。但是上司必须相信部属，才有办法放心地把工作交付给他，于是产生一套"由小信而大信"的考验过程（见图1-4），形成

第一章 管理的基本概念

中国式管理的"大圈圈中有小圈圈,小圈圈里还有小圈圈"作风,任何人都先放在大圈圈的外围,然后逐次加以考验,才将其视为小圈圈中的可靠分子,再加以严厉的考验,最后变成心腹知己。我们常说中国人要经得起考验,便是不要随便相信未经考验或经不起考验的人,以免吃亏上当,还要惹人笑话。经过考验才逐渐相信,当然要稳当得多。

部属同样居于"保护自己"的信念,不愿意轻易为上司卖力,以免"卖力变成卖命、流汗导致流血、做事做到坐牢",岂非倒霉透顶?等到这种地步再来怨天尤人,恐怕也没有什么意思。

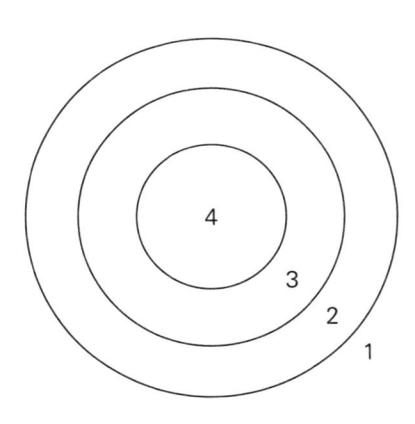

图 1-4 由小信而大信

中国人主张凡事"先小人后君子",一切从"保护自己"着手,然后由小信而大信,逐渐拉近彼此的距离,合乎"由疏而亲"的原则,避免"因不了解而结合,却由于互相了解而分离"的不愉快结局。

保护自己,具体的表现为守法、守纪、守分。可见认为中国人缺乏法纪精神,没有养成守法的良好习惯,根本就是一种错误的见解。不幸现在研究中国民族性的人,却大多持有这种看法。

中国人很守法,只是不适合口口声声说法治,这才是实情。自幼受家庭教育,没有不重视守规矩的。但是中国人对"法"有两极化观感:

一方面我们对某些法感到非常畏惧，简直听到就会害怕；另一方面我们则对某些法非常轻视，每每嗤之以鼻。我们对"法治"具有若干潜在的反感与轻蔑，从"严官府出更多盗贼"到"守法的无耻之徒"都可以看出端倪。法令形同具文，典章制度不能保护我们，警察经常被歹徒打伤，官官相护又使得申诉渠道不能畅通，不明哲保身，难道还有更妥善的途径？！

明哲保身的两种心态

同样的明哲保身，有以下两种不一样的心态：

一种是只保护自己，却不危害他人。也就是对自己有益，对他人并无害处。若是因为保了自己，却害了他人，就不会做。

另一种则是为求保护自己，不惜害及他人。害人利己，也顾不了那么多。这种明哲保身，实际上有害无益，因为他人受害，势必反击，最后自己也同样受害。

许多人对明哲保身十分反感，若是针对后一种心态，应该是正确的态度。如果矫枉过正，连带对前者也心存抗拒、排斥，那就有朝一日，自己也保不住。徒然有理想有能力，也是无济于事。这种人有能力而缺乏本事，算不上什么人才，所以也不值得同情。

在不妨害他人的大前提下，明哲保身，留得青山在，当然不怕没柴烧！在安定中求进步，终必有成就。

第五节

用推、拖、拉来化解问题

西方人对解决问题（problem solving）十分重视，却不明白"解决问题往往引发更多问题"的道理。管理之所以越弄越复杂、越来越困难，便是不断解决问题所引起的后遗症日趋严重所致。

自古以来，中国人便知道以化解代替解决。以大事化小、小事化了的方式，化到没有事情可做，不但轻松愉快，而且不会产生后遗症。

化的功夫，具体的表现为合理的推、拖、拉。许多人由于功夫太差，一直不能达到合理的标准，因而痛恨推、拖、拉，实在是因噎废食、反应过度。

如果说中国人擅长打太极拳，那么中国式管理的基本精神，就是以打太极拳的方式来化解问题。

太极拳的动作，总括起来不外乎推、拖、拉的配合，组成各式花样，以求在动态中维持平衡而立于不败之地。

中国人化解问题的方法，其实也是推、拖、拉的配合运用，虚虚实实，真真假假，让人摸不着头脑。

长久以来，中国人一方面惯于使用推、拖、拉，另一方面却痛骂推、拖、拉为恶习。好像对自己和对别人采取不同的标准，希望对自己的推、拖、拉行为有所掩饰。

这究竟是什么原因呢？

说起来十分可笑，竟然是"由于西方人不懂得推、拖、拉的真正用意，把推、拖、拉看成不负责任、浪费时间、令人厌恶的动作"，以致中国人也盲目跟着起哄，莫名其妙地痛恨推、拖、拉。

由于这个缘故，年轻人亲眼所见年纪大的人明明自己偏爱推、拖、拉，却一直指责推、拖、拉的害处，因而觉得年纪大的人不长进，不知洗心革面，斥之为"老贼"。

更加可怕的是，年轻人不推、不拖、不拉的结果，挨了闷棍，死都不知道自己是怎么死的，觉得十分冤枉，因而认为整个环境不够现代化，自以为是新新人类而不能自反自省。

首先，推、拖、拉的时候有没有用脑筋是问题的第一关键。对于习惯强调"一寸光阴一寸金"的中国人而言，不动脑筋的推、拖、拉，根本就是浪费时间，我们可以断定是一种错误的动作。善于推、拖、拉的人，是在利用这短暂的推、拖、拉时间充分地思考："我到底应该怎么办？"如果没有这么一推、一拖、一拉，连丝毫思考的时间都没有，实在太危险了。幸亏有这么一推、一拖、一拉，还不赶紧用来动脑筋、想办法，更待何时？这才是中国人既聪明又令人看不出来的招数。

其次，推、拖、拉的方向并不一定朝向别人，有时候也可以朝向自己。若是一味推给别人，有好处不留给自己，对得起自己吗？当然，有坏处都推给自己，不但自己不愿意，别人也会觉得很稀奇。所以推、拖、拉不一定朝向别人，也不一定朝向自己，而是推给最合理的人。有好处，归于最合理的人；有害处，同样由最合理的人来承担。这种合理的推、拖、拉，才合乎中国人所欢迎的中庸之道，无一事不合理，推、拖、拉到恰到好处，自然大家都喜欢。

第三，推、拖、拉可以缓和竞争的气氛，不会伤害感情。中国人太喜欢争，似乎无所不争。而且不争则已，一争就很容易不择手段，非争到你死我活不肯罢休。先哲有鉴于此，为了保存同胞的性命，也为了降低竞争的温度，这才开发出一种用推、拖、拉来争的"以让代争"模式。推、拖、拉看起来像让，实际上也是一种争。不过争得比较斯文、柔软而又缓和，对于容易情绪化的中国人来说，实在是一种保平安的做法。

上司交代部属一件新的工作，部属毫不推辞马上接受，上司就会觉得这位部属的工作负荷太轻，下次再把新的工作交付给他。如果还是不推、不拖、不拉，照样会给他增加新的工作，造成"软土深掘"的症状，对部属十分不利。万一工作做得不好，还会遭人议论："什么事情都敢承担，也不想想自己有多少能耐！"在同人眼中，这样的部属不是马屁精，存心讨好上司；便是爱出风头，为了表现不顾一切，反正都不受欢迎。

稍微推辞一下，一方面表示自己并不是闲得没有事做专门等新差事；另一方面让上司明白自己不争功劳的态度，以免增加上司的麻烦。然后利用这推辞的短暂时间，仔细想一想，这件新工作，由自己来承担合理吗？会不会引起同人的不满，会不会处理得不妥当，反而引起同人的批评？会不会让上司觉得原来自己一直在等待这样的工作，有什么不良的居心？

思考的结果，若是认为有比自己更为合适的同人便应该把新工作推给他；如果自己确实比较合适便可以"当仁不让"，承接下来。不当仁，要礼让，免得做不好害了大家；苟当仁，便不让，再推下去就是不负责任，对不起大家。

对于那些大家不想承担的工作，只要稍微推辞一下便可以接受，否则有"存心让上司难堪"的嫌疑，或者变成"抬高自己的身份"，那就更加不好。大家都希望承担的工作，应该多推辞几次，抱着"有人要做，我绝不争取；实在要我做，我才承接下来"的心态，以示君子坦荡荡，并无不良企图。这样的情况下，自然不至于明争暗斗，弄得大家情绪都不好。

推、拖、拉的出发点，仍然是"保护自己"。不引起人家的猜忌，不制造同人的误解，以免自己成为众人的箭靶，让上司好做事，可以给我做，也可以给别人做，只要合理就好。让同人有面子，至少我推来推去，绝没有"非我不可"的姿态，好像"大家都不行"似的，令人受不了。给同人面子才是保护自己的最佳途径，而让同人觉得"不是我争不到，是我让给他的"，好像更有面子。可见推、拖、拉的价值不容忽视。

中国人最好不要厌恶推、拖、拉，因为舍此之外，找不到更合乎众人需求的方式；中国人也不应该喜欢推、拖、拉，因为推来推去，徒然浪费时间而一事无成，大家都深恶痛绝。中国人必须谨慎地、用心地"以推、拖、拉的方式来化解问题"，唯有圆满化解问题，大家才会觉得推、拖、拉确实可爱。

同样的推、拖、拉，结果可能令人讨厌，也可能令人欣喜。因为中国人把"推、拖、拉到没有解决问题"称为"圆滑"，这样的结果，人人都痛恨；把"推、拖、拉到把问题圆满化解掉"称为"圆通"，这样的结果，当然人人都喜欢。中国人喜欢圆通，却非常痛恨圆滑，同样的推、拖、拉，可能产生不一样的结果，所以"运用之妙，存乎一心"，诚心诚意地用心化解问题，仍然需要推、拖、拉的过程，既省力又减少阻碍，十分有效。

推、拖、拉的真义

单单一个"推"字，就含有许多不同的意义。譬如推进，表示用力使事情展开；推延，表示把事情往后拖延；推托，表示借故将事情推掉。这些可能对事情的进行有利，也可能成为执行事务的阻碍，有好的一面，也有坏的一面。

再看"拖"字，也有很多种解释。譬如拖着，表示用力牵引，不使工作落后；拖延，表示推脱延误时间；拖泥带水，表示工作不爽快，不赶紧办理。这些同样有好的表现，也有不良的倾向。

还有"拉"字，可以说成拉拢，表示用方法进行联系，使事情紧密而易于完成；也可以说成拉开，表示把事情扯开，不产生关联，因而用不着关心；更可以说成拉忽，表示粗心大意，什么事情都办不好。拉得好，对工作有利；拉得不好，那就对工作不利了。

推、拖、拉原本有好有坏，运用得合理，对事情的进行很有助益；运用得不合理，对事情的开展有阻碍，产生不良的后果。近代中国人，由于受到误导，只看到其坏的一面，因此对推、拖、拉具有负面的评价，这是不正确的观念。

推、拖、拉只是做事的一种方式，本身并没有好坏。完全看运用的人，动机是不是良好，方式是不是合理，才能决定效果是不是理想。

第六节

寓人治于法治

很多人一直用二分法的思维,把中国人的社会归入人治,而把西方社会视为法治。这种思维方式,不但不能切合实际,而且容易陷入一己之偏见,极为不可取。

世界上不可能出现完全的法治,因为徒法不足以自行;也不可能呈现百分之百的人治,因为再独裁的领导者,都懂得利用法律来掩护自己的无法无天。

我们所看到的,其实不是法治大于人治,便是人治大于法治(见图

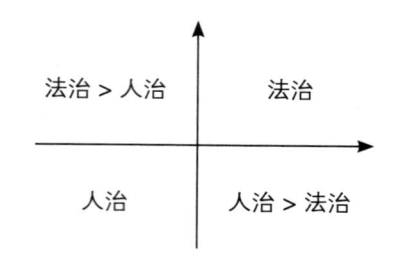

法治 > 人治	法治
人治	人治 > 法治

图 1-5 四种现象

1-5）。我们也不否认，一直到现在为止，西方仍然法治大于人治，而东方则依然人治大于法治。

西方观念，人是人而神是神，人不能变神。神超越人，可以颁布戒律，要求人遵照实行。人实践得再好，也不过成为圣者，不可能变成神（见图1-6）。这是西方人无可奈何的命运，终生必须奉行神的意旨，遵照戒律。

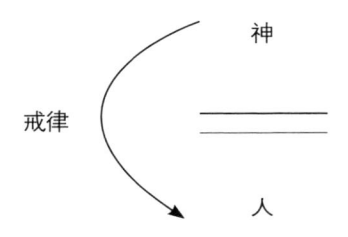

图 1-6　神超越人而存在

中国人的神，可以说大多数都是由人变成的。人死为鬼（归去的意思），鬼如果很懒散，缺乏服务的热忱，就成为懒鬼，当然不能变神。若是富有服务的热忱，久而久之，就变成神（见图1-7）。人可以变神，是中国人最大的幸运所在。同时，由于神是人变成的，原本为人，曾经和一般人一样，犯过若干错误，所以不好意思向人颁布戒律，以免遭人反质："难道你在未成为神之前，也遵守这些戒律吗？"

图 1-7　人可以变神

神既然不敢颁布戒律，便只好以服务作为典范。让人顶礼膜拜之余，决心要仿效神的慈悲救人。

西方人模仿神对人颁布戒律的精神，用"法律"来约束其他的人（见图1-8）。西方文化源自希腊，而最早形成体系的，为希腊神话。某些"超人""半神半人"以及"人面狮身"的人，使得西方的人际关系，以英雄崇拜和权力追求为重心，产生了"奴隶制度"和"殖民政策"的管理方式。

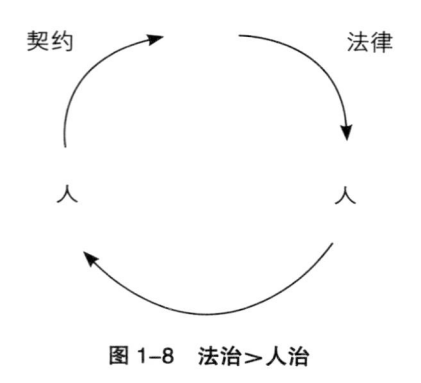

图1-8 法治＞人治

奴隶没有自由，被当作"物"看待，有用才有存在的价值，一旦没有用，就可以牵到市场去卖掉。西方管理，迄今强调人的有用性、有效性，否则就应该开革掉。

殖民政策使战败国的百姓成为战胜国的奴隶，丧失了独立自主的权利，一切都由殖民地的主人代为决定。现代企业的海外投资以及海外并购，实际上也是延续这种殖民地精神，希望以强大的经济力量迫使他国打开贸易壁垒，企图控制其人力、技术、资源及市场。

主人与奴隶之间的关系，原本就不是"自然的"。这种"人为的"关系，主要是通过契约而完成。法治是保障契约的最佳借口，所以受到宣扬和重视。

第一章 管理的基本概念

中国人仿效神对人不言而教，以实际行动作为普度众生、救苦救难的精神，用"感应"来影响其他的人。我国文化源自《易经》，周易是儒、道两家的共同思想渊源。《易经》披上神秘的外衣，只是"借宗教的力量来弥补道德的不足"，实际上仍以"明象位、重德业"为主，教人先正己而后正人，先修己然后才谈到安人。孔子不主张怪力乱神，却依然断言"获罪于天，无所祷也"。可见"在天命所归的范围内努力奋斗"，同时"以道德良心来抉择决策"，使得中国人的人际关系以顺天应人和敦亲睦邻为重心，产生了"敬畏天命"和"近悦远来"的管理方式。

姑不论企业主的个人宗教信仰为何，每年农历正月初五开工时，例行烧香礼拜，便是敬畏天命，向天宣誓全员顺应天命的决心。各行各业，都在天命的安排下，明察自己所产生的现象，判定自己在同行及异业之中所居的地位，以求"明象位"。然后以善尽社会责任、重视个人的品德修养来祈求经营方针及相关策略能够正确而且顺利达成。

敦亲睦邻使大家爱家、爱乡、爱本土，当然忠于组织而安居乐业。彼此守望相助，气氛良好，自然近悦远来，不必使用契约、合同而天下人闻风而来了。

亲疏有别、长幼有序才是人与人之间"自然的"关系，如果明定为法律，反而"把原本自发的变成被动而他力发动的"，实在不自然。

儒家的德治观念，主张人人重修身，守法纪，以免"无规矩不以成方圆"。到今天我们高歌《爱拼才会赢》的时候，也不忘"三分天注定，七分靠打拼，好运歹运，总是要照纪纲，爱拼才会赢"。这里头包含了"敬畏天命"和"守法纪"的两大重点，可惜大家不了解古圣先哲的明训，竟然唱成"照起工"（应该是"照纪纲"），令人至感遗憾！

道家的无为而治，同样重视人人修身，但是人为的制度总是不够完美的，必须加以否定，才能够提升到回归自然之道的境界。

中国人如果确实了解儒、道两家的道理，最好先把"法治"和"守法精神"区分清楚。中国式管理主张"人人都应该修身，培养守法重纪的照纪纲精神"。但是"管理者应该明白所有的法律条文，一旦形成白纸黑字，就已经不能切合时空的实际需要，而且也已经相当僵化，不足以处理两可或例外事宜"，抱着这种"法是不得已才这样规定的，是在还没有找到最合理的方法之前，勉强拿来应用的"心态，当然不会强调"法治"。

管理者如果管理十分有效，不致借口大家不重视法治，却往往自满于个人的领导有方，具有相当的魅力。只有在管理无效果时，才会大声疾呼，强调法治的重要。由此可见，"法治"长久以来已经成为管理者"无力感"的代名词，而不是当真有厉行法治的决心。

人人守法重纪，是自然的，自发的，也是自动的，这时候不会故意违法或刻意游走于法律边缘，因为自律颇有困难，所以用敬畏天命、抬头三尺有神明来辅助。

管理者明定制度，但也明白所有制度都是死的，而人却是活的，必须"在制度许可的范围内，衡情论理"，然后才加适当的调整，合理解决。这种寓人治于法治的做法，当然是人治大于法治（见图1-9）。越是强调法治，大家越觉得有"欺世盗名"的嫌疑，因而越觉得"法律面前，人人平等"原来意指"法律面前，人人不平"而抗议司法不公。

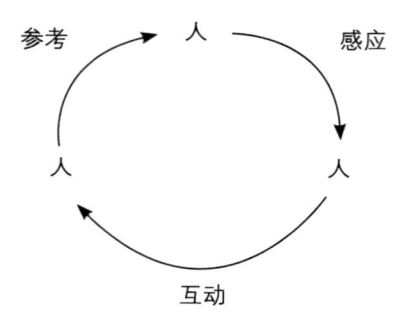

图 1-9　人治＞法治

第二章
管理的思想形态

由于太极的启示，中国人擅长在"一分为二"的分析之后，"把二看成三"，在相对的两端，找出中间的灰色带。

中国式管理的哲学基础是我们经常挂在口头上的"彼此彼此""互相互相"。

法、理、情兼顾并重，而以情为指导纲领，一切在合理中求圆满，才合乎中国人高水准的要求。

人类的一切，都是人自己想出来的。管理也不例外，同样是人想出来的。不同时代，不一样的风土人情，令人想出不相同的管理方式。

我们用不着刻意划分什么中国式、美国式、日本式管理，因为它们实实在在存在，只要稍微用心比较，很容易分辨开来。

管理由观念开始，有什么样的管理观念，就会产生什么样的管理行为。有什么样的管理行为，也就产生什么样的管理关系。同样有什么样的管理关系，就会产生什么样的管理效果。

观念、行为、关系和效果四者，构成周而复始的循环系统（见图2-1）。因为什么样的管理效果，必然反过来加强或修正什么样的管理观念。

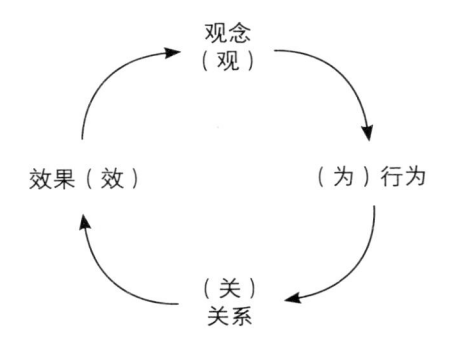

图 2-1　观、为、关、效的循环系统

第一章所列述的若干基本概念，究竟因何而生，从哪里来？我们有必要进一步深入探究，才能够确实掌握我们的管理观念。太极造成了我们的阴阳思想形态，使我们在很多地方，产生和西方人不一样的管理观念，这是这一章所要探讨的主要课题。

我们打算从"水"切入，看看它怎么样影响我们的管理思维。选择这个切入点的主要原因，是中国人自古以来，便和黄河这条变化无常的巨河共生存。世世代代都希望能把黄河治理好，从中获得很多宝贵的管理经验。

若是从水的观点来考察中国式管理，不难发现其中的奥妙。我们的许多管理观念，可以说和水有着十分密切的关系。

第二章　管理的思想形态

第一节
太极是一种自然流行的状态

中国人的管理经验，很多来自治理黄河的实践。在与水奋斗的过程中，体会出很多宝贵的管理道理。

单独一个人的力量，无法治水，必须把众人组织起来，而世界上最自然、最庞大、最优秀、最灵活、最有效的组织，便是天地。

法天地的组织，还需仿效天地自然的运作。中国人想出太极拳的保健防身法，也就想出了推、拖、拉的太极拳式管理法。一切顺乎自然，并不觉得有什么压力。

令人不解的是，现代中国人学习西方式管理之后，深觉压力强大而支撑不住，这时候为什么不回想一下，我们原本是一个相当悠闲的民族，几乎没有压力的存在，难道没有一些值得大家反省的地方吗？

让我们先冷静下来，从头想一想，这到底是怎么一回事！

古老的埃及帝国经过长期的执着，终致僵化而衰亡。同样古老的中华民族，却能够在兴衰交替、循环往复中，周而复始地生存下去。西方学者的"不连续"观念，显然被中国人的"绵绵不绝"的"连续"否定。

长期以来，许多在外国获得具体成效，被证明完全成功的管理经验，借用到中国以后，却产生完全不同，甚至相反的效果，我们认为其根本原因在于水土不服。

为什么说"水土"不服呢？因为中国人繁衍生息在黄河流域，最丰富的经验不是"水"便是"土"，而两者息息相关，缺一不可，因而孕育出一种"二合一"的"水土"观，认为万事万物，都和水土有关。风土人情，表示人情也离不开风土，而风吹土扬，更需要水的滋润。我们的管理经验源自大禹治水，一直延续到清末，仍然以治水为主要施政项目。

治水的第一个要领，即"推、拖、拉"。请问除此之外，还能做些什么呢？

我国兵法的特征，便是运用"治水法"来作战。孙子一定比较过鲧和禹这父子两人的不同治水方法，鲧所用的是"堙"和"障"。堙便是"堵塞"，"障"即"防堵"。用堵塞或防堵的方法来治水，一方面要堵塞洪水的满溢，另一方面还得巩固堤防。结果洪水的力量很大，仍然冲破堤防，淹没了广阔的土地。帝尧时期，鲧治了9年的水，因失败而被处死刑。

尧传位给舜以后，舜听说鲧的儿子禹十分有智慧，便让禹继承父志，承接治水的任务。禹所用的方法，和他父亲相反，采取"推、拖、拉"的疏导方式，和洪水奋斗了13年，三过家门而不入，终告成功。

《孙子兵法》的《兵势篇》指出，"奔流急速的水，有力量能够将石块漂起来，完全是一种'势'所造成的"，他认为战场上所表现的种种混乱和迎拒的行动都属于兵势运用的范围。运用兵势的将领，统率部队与敌人作战，好比转动木块、石块一样。圆形的木石滚动起来，有如水流一般，机警灵活而较少阻力。若能因势利导，配合作战的需要，必能进退自如。

《尉缭子》也说："胜兵似水，纵使高山丘陵亦可崩溃。"他是兵家"形势派"的代表人物，形势比人强，实在是中华民族和黄河长年共处的最深刻体验。

太极拳的原理，和大禹用疏导方法治水，根本相同。推、拖、拉之中，全身气血畅通，随时可以照顾各方的需要。全方位相通，莫过于此。

治水的第二个要领，在"人力的运用"。大禹三过家门而不入，不过是一种专心投入的表示，目的无非在明哲保身。

孙子说："善战者，求之于势，不责于人。"善战的将领，要在兵势运用上力求占得优势，不可苛求兵员比例的多寡和素质的强弱，老是指责部属的缺失。

中国式管理不强调"能力本位"，就是"不责于人"的表现。"做得不好便换人"，徒然令闻者心寒，有什么实际的好处呢？明智的老板，能换到让部属不觉得没有面子，不致引起反弹和反感。换就是，说这么多干吗？

孙子又说："择人而任势。"依照不同的部属，创造不同的"心势"，当然无人不可用，也无人不乐为之用。古人常说："千军易得，一将难求。"现在更是如此，因为观念大多不正确、脑筋大多不清楚了。

择人任势的要领，也不外乎推、拖、拉的运用。看人说话、因人而异，逐渐形成兵法中的"权谋派"，孙子、吴子都是代表人物。

兵家说"权谋"，是一种面对敌人不得已的说法。管理不能要权谋，否则何以面对自己人？讲中国式管理，只要开口说出"权谋"字样，便知不是行家。

治水何必用权谋？对水耍诈有什么用？把治水的工程做得美观些，使人看起来更富有"艺术"的感觉，那才是我们所要做的。

太极是什么？是"一种自然流行的状态"。中国人所熟悉的黄河，变化很大，这种自然的流行，充分表现在太极图中的"反S线"，一会儿向上，一会儿往下，在一往一返之中，呈现弹性的双轨路径。太极拳所表现的精神正好如此。中国人的性格，也是忽前忽后、忽上忽下，不一定。

中国式管理，便是合乎中国人性要求的管理。它所依据的思想形态，正是自然流行的太极思想，而其方法，主要也在于推、拖、拉的太极拳法。

太极思想没有错，太极拳法没有运动伤害，推、拖、拉十分有道理，中国式管理必然行得通。可惜百姓日用而不知，大多数人知其然，而不知其所以然，以致行之日久，年久失修，做出了很多偏差措施，令人深以为憾！

治水有效与否，主要的评量标准在于是否"合理"。太极的自然流行并非完全根据人的爱好而调节，却常常在"劳其筋骨，苦其心志"之中，提升人的精神层次，可见站在客观的立场对人仍有其好处，只是大多数人不自知而已！

实际的情况是，放眼看去，举国上下都在推、拖、拉，为什么还不敢承认、不肯承认呢？

推、拖、拉到合理的地步，一切圆满。但是合理不合理，因各人立场不同，智慧有差异，当然产生不相同的评价。一般人看自己推、拖、拉，总觉得十分合理；看别人推、拖、拉，老认为不合理。孔子希望我们"宽以待人，严于律己"，是不是合乎中国人这种"差别待遇"的需求呢？

太极思想的要旨，在于认为"本来就这样"，首先心理上要抱持"不怨天、不尤人"的心态，以"怎么样都好"的心情，用头脑仔细想想，然后"看情势"办事。这种自然流行的方式，不产生什么心理压力，才会自得其乐地"顺势行事"，以求身安心乐。

"论关系、讲交情、看情势"是太极思想在管理上的运用，只要一切做到"合理"的地步，有什么不好！凡怕谈关系、怕讲交情、不看情势的人，恐怕是自己心有不正，或者艺有未精所引起的结果。

只要确实掌握"用推、拖、拉来圆满达成任务"，摒弃"以推、拖、拉来推卸责任，满足自己的私欲"，中国式管理，便没有什么值得非议之处。

中国人的习性像水

人类要求生存，水和空气是不可或缺的东西。一般而言，空气好像到处都有。于是水就成为人类追逐的主要对象。中国人的祖先，绝大多数分布在黄河及其支流的两侧。黄河提供食用水和鱼类食物，成为适宜生存的安身之处，中华文化与黄河的密切关系，使中国人的习性，和"水"十分相像。

首先，黄河河道善于变动。某甲住在河东，忽然黄河改道，变成河西。中国人深知"十年河东，十年河西"，原来一切都"不一定"，风水是轮流转动的！

中国人满脑子都是"不一定"，对什么都将信将疑，既不赞成也不反对，看起来反复无常，实际上是随机应变。因为太多的移动、泛滥，使我们深切地体悟到"看着办"的道理。随时随地，看情况办事，不一定呀！

其次，黄河泛滥会酿成水灾。然而"水灾深，水利也饶"，有人遭遇灾害，也有人得到好处。几家欢乐几家愁，使我们明白"有得必有失""有失也有得"的阴阳互补原理，以致得到的时候，不会太高兴；而失去的时候，也不会太伤心。

纵使获得大奖，也不致惊喜失措，表现得像神经病患似的，令人觉得好笑。再大的灾难，也能够节哀顺变，很快就恢复正常，准备卷土重来。

第三，水的特性，避高而趋下，丝毫不费气力。中国人善于借力使力，甚至于打人都舍不得花力气。一切讲求当省就省，能省力便轻松一些。

中国人是世界上最懂得悠闲的民族，像水一样，能不动就不动，能够不费力地向下流，当然会流动。中国人做事，看起来好像不十分认真，实际上是用心而不紧张。用心去做就好了，那么紧张兮兮地做什么？

再说，水避实而击虚。被石头或土地挡住，它就暂时不动，不会猛烈地攻坚。石头有缝，水就有缝便钻，由虚处流过去。土块松动，水也就连带着泥土，一起往下流。遇实击避，有虚便乘，永远不停滞。

中国人一看来势汹汹，大多数会采取暂时躲避的态度，以观后效。对于有实力的集团，自然另眼看待，给予更多的优惠。若是看起来并没有什么，或者经不起试探，马上现出虚弱的本质，那就老实不客气，一切依法办理，甚至还要趁机多要求一些。欺善怕恶和避实击虚，似乎是同样的道理。

在学习水那种有缝就钻的特性方面，中国人尤其惟妙惟肖。

中国人不违法，也不愿意犯法，大家只是研究法律的漏洞，然后极力去钻。法律拿中国人没辙，就是因为中国人专门喜欢做一些法律没有规定的事情，让执法者找不到处置的依据，而大伤脑筋。

水钻土石的缝，人钻法律的漏洞。水把缝冲大，人更能够把缝扩大。中国人常说善门难开，即是此理。

还有，水在平地流动，并没有发出什么声音，但是遇到不平的险阻之地，就会发出巨大的声音。这种不平之鸣，到处都可以得到印证。

中国人喜欢和人家比来比去，凡是自己占便宜，得到更多好处的时候，内心十分舒坦平静，大多不会表现出来。唯恐表露出来，引起他人的不平和抗争，影响到自己既得的权益。以致暗自高兴，却始终不动声色。但是比来比去的结果，发现自己有吃亏的地方，心中不平，马上会反映出来，同样是一种不平之鸣。

最为显著的地方，莫过于水的力量不大（至少给人的感觉，不如火那样猛烈），反而有柔软和蔼的样子。可是一旦蓄势待发，那股威力，确实令人畏惧。势越强，所产生的力量则越大。瀑布由天而下，势不可当，向下冲击的力量，相当巨大而可怕。

中国人最知道造势的功能，可以说一抓住机会，便要造势。只要造势成功，到了势大力大的时候，予取予求，似乎是举手之劳，丝毫不费劲。

形势比人强，应该是中国人从水的表现所体悟出来的道理。时机固然重要，可惜只能等待而难于创造，往往可遇不可求。情势却能够由自己来创造，只要造得出来，英雄不怕出身低，照样可以大声说话，展示威力。

大禹治水的故事，告诉我们治水的方式以疏导为主，防堵并不是最有效的方式。中国人因而明白威武不能屈的道理，越防堵越要设法加以突破。和中国人相处，最有效的办法应该是顺性而为，顺着中国人的民族性和中国人打交道，自然省力而有效。

水流不断，象征生生不已。中国人对传宗接代，延续生命，大多十分在意。子随父姓，成为父子血脉相连的外在标记，而有子继承父业，则是人生价值的指标。

水似柔却刚，中国人喜欢内刚外柔，内方外圆，心中有原则，而且十分坚定，表现出来的，却是相当随和，好像怎么样都可以。中华民族看似软弱，有时还带点懦弱怕事的味道，但是几经外侮，却能够显现坚强无比的不可征服性。我们敬天、事天、顺天，有时候也会大骂老天爷不长眼睛。

黄河性情暴虐，却也有平静的时候。由于泥沙淤积，水流缓慢，呈现凝重细腻的本色、祥和宽大的气场。中国人爱好平静的黄河，害怕它暴虐的一面，因此特别重视和平的可贵，一切以和为贵。平时温柔敦厚，能忍则忍，同时择善固执，以和平为不易的理想。只有在忍无可忍的特殊时期，才会雄健刚烈，勇不可敌。

众多支流的黄河，看起来各有不同的特性。但是最后一起流入渤海，形成合于一的局面。

分争合流，也是中国人的习性之一。大圈圈之内有小圈圈，小圈圈之中，还有小圈圈。组织内部，派系之争不断，一旦遭遇外敌，却能够摒弃派系的利益和争论，一致对外，既斗争又联合，一点儿也不矛盾。

中国人彼此骂来骂去，但是每到一个地方，总喜欢打听中国人聚集在哪里，大家又凑在一起。

中华民族的向心力和凝聚力，从黄河的流动和盈缩，可以看出端倪。山性使人塞，山区人的向心力是闭塞的，排外的。水性使人通，明白水性的人，向心力是通达的、开放的。人在曹营，照样可以心在汉，从这一种观点来看中国人，就不致误解为什么中国人没有归属感了。

我们有依附感而缺乏归属感，说起来对世界大同有很大的帮助。中国人这么多、疆域这么大、资源这么丰富、历史这么悠久、文化这么昌明，如果加上归属感这么坚实，请问其他的民族，怎么和中国人竞争呢？

中国式管理，讲起来就是水的管理。和美国式管理偏向火的管理颇为不同。我们主张以柔克刚，先礼后兵，继旧开新，生生不息，无一不和水有关。

黄河是中华民族的母亲，孕育出中华民族，也形成了中国式管理。水能载舟，也能覆舟，中国式管理是否有效，要看我们如何合理运用。用得合理，自然效果良好。

第二节
把二看成三才能跳出二分法的陷阱

现代人的思维法则，受到西方的影响，喜欢采用"二分法"。把一件事物加以分析，"分"成两个不同的部分，再从中选择其一作为答案。看起来清楚、明确，好像是非十分明白，而且简单明了。

例如唯心、唯物的争论，便是将本体分析再分析，结果产生"唯心"和"唯物"这两种不同的主张（见图2-2）。哲学家如果从二中选一，那么不是唯心论者，便成为唯物论者。

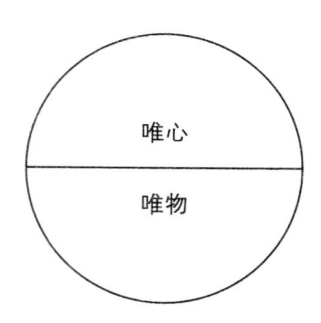

图 2-2 二分法的思维

第二章 管理的思想形态

西方的管理沿用这种思维法则，把人"分"成管理者和被管理者，将管理的方式划"分"为人治和法治（见图2-3）。

中国人的思维法则本来不应该如此。由于太极的启示，中国人擅长在"一分为二"的分析之后，"把二看成三"，在相对的两端找出中间的灰色带，也就是二"合"为一地把两个极端的概念统合起来，形成第三个概念（见图2-4）。

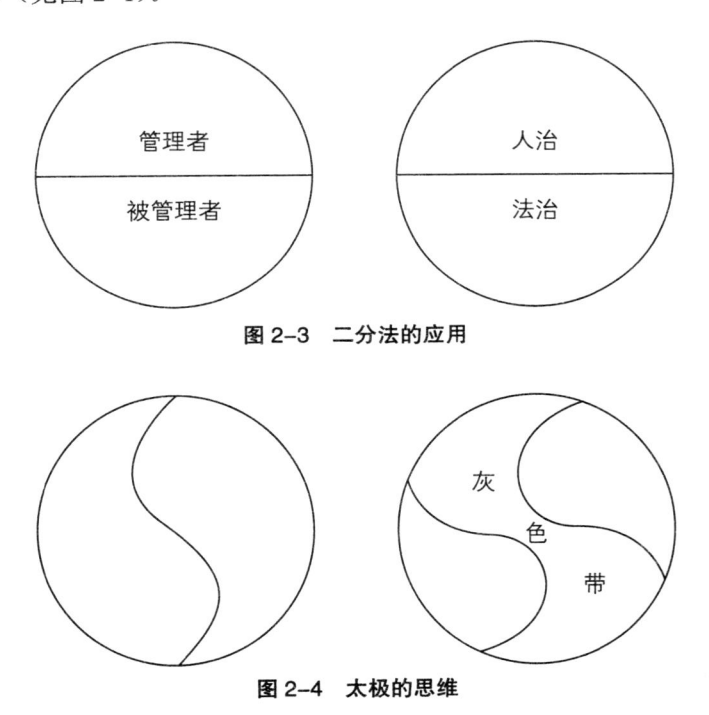

图2-3 二分法的应用

图2-4 太极的思维

例如唯心、唯物是两个极端的概念，中国人看出两个之外的第三个概念，叫作"心物合一"，因而统合了唯心和唯物成为"心物合一论"。

中国式管理承袭太极思维法则，把人看成三种。老板是管理者，员工是被管理者，而介乎老板和员工之间的干部，则一方面是管理者，一方面也是被管理者。

至于管理的气氛，中国式管理不主张在人治和法治之中选择一种，却十分实际地"寓人治于法治",说起来实施法治,运作时却有非常浓厚的人治色彩(见图2-5)。

二分法是必要的罪恶,长久以来成为西方学术界常用的借口。西方人重"分",喜欢用分析法,一分为二、二分为四……这样一直分析下去,弄得支离破碎。专业化的结果,很难找到整体化的解决方案,正应庄子当年所说:"天下的人多各执一察以自耀。"一察就是一端,看到一个部位,便要以偏概全。好像耳、目、鼻、口一般,各具相当功能,却无法互相通用。

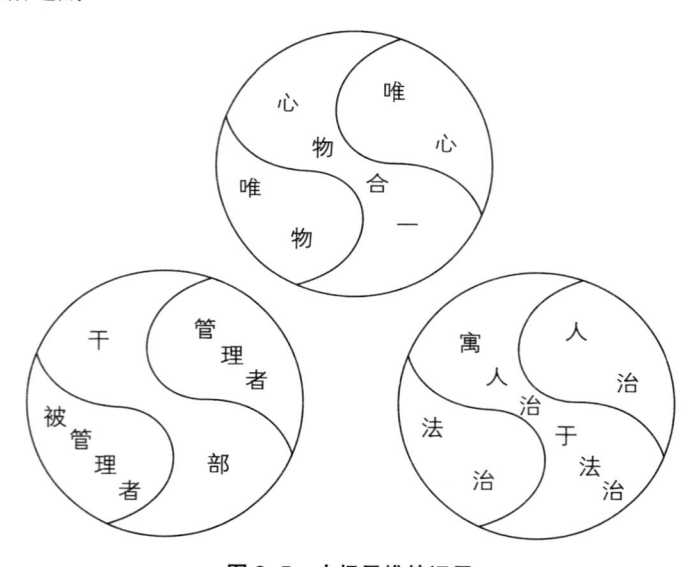

图 2-5 太极思维的运用

中国人原本的想法,既然二分法是一种罪恶,为什么不设法避免?一分为二之后,当然可以二合为一。中国人不反对分析法,只是在分析以后,必须加以综合。中国人重"合",以综合法来统合经过分析的东西,称为"全方位的观点"。

中国式管理,同样讲求全方位。庄子说:"万事有所分,必有所成;有所成之后,也就必有所毁。一切事物,若是从通体来看,既没有完成，也没有毁坏，都复归于一个整体。"

把二看成三，便是分析成为二之后，不要二中选一，因为"二选一"的结果，往往趋于极端。梁漱溟指出："把一个道理认成天经地义，像孔子那无可无不可的话不敢出口。认定一条道理顺着往下去推，就成了极端，就不合乎中。"他认为"事实像是圆的，若认定一点，拿理智往下去推，则为一条直线，不能圆，结果就是走不通"（见图2-6及图2-7）。

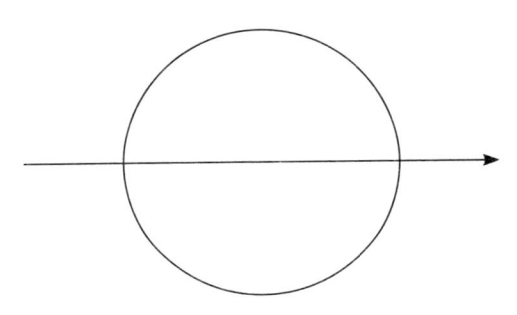

图2-6　对也会推成错

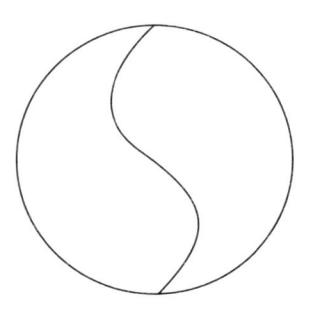

图2-7　事情像是圆的

孔子"无可无不可"的主张，即把"可"与"不可"这两个极端的概念看成三个。把二看成三，才看出一个"无可无不可"。

依西方二分法的标准，无可无不可根本就是是非不明、不敢负责、不愿意明说的表现。受其影响，现代中国人不了解"无可无不可"，竟然也跟着鄙视起来。

中国式管理依据无可无不可的原则，凡是两个概念都能看出三个，无形中又多了一种选择，所以弹性更大、包容性更强，其实就是"合"的效果（见图2-8）。

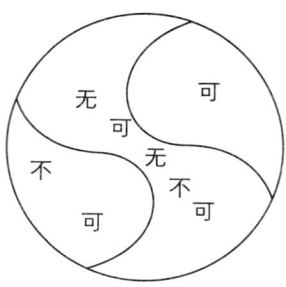

图 2-8　把二看成三

例如西方劳资对立，员工是劳方，资本家是资方，双方往往各执一词，很难达成协议，更不容易建立共识。各说各话，划"分"出不同的立场，然后讨价还价才勉强和解，但是其中的问题仍然存在。

中国式管理把二看成三，在劳资之外，看出一种"介"方，也就是媒介的意思。平时老板和员工之间的沟通，尽量采取间接方式，通过干部的承转，养成习惯之后，一旦劳资有不同的看法，自然也会通过干部，让老板拥有回旋的余地，比较容易化解问题。不像现在这样西方化，劳方遇有问题，都要与老板面对面直接沟通，弄得老板不像老板，失去应有的尊严，干脆一气之下关门不当老板，结果还是员工更加倒霉。

有问题必须解决乃是西方式的管理心态。西方一分为二，问题只有"解决"和"不解决"两种选择（见图2-9）。于是解决的视为负责、尽职、有担当，而不解决的视为不负责、不尽职、缺乏担当。中国式管理把二看成三，知道不解决不行，问题一直持续下去，终有一天会恶化，以致无法解决，或者更加花费成本。但是解决也不行，因为这个问题解决了，势必引起其他问题，甚至爆发更多、更麻烦的问题，到时候吃不了兜着走，岂不悔恨已晚？

第二章 管理的思想形态

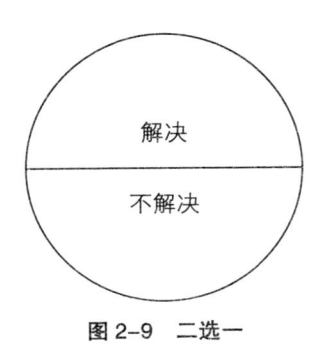

图 2-9 二选一

在解决和不解决之道中，有一条"合"的途径，称为"化解"（见图 2-10）。中国人喜欢"大事化小，小事化了"，便是在无形中既"解决问题"，又避免后遗症，或者把它减到最少的地步。"化"的功夫了得，是中国人的太极功法。看起来没有什么动作，实际上把所有问题都化解掉，化到好像没有问题要解决，这才是把二看成三的实力。

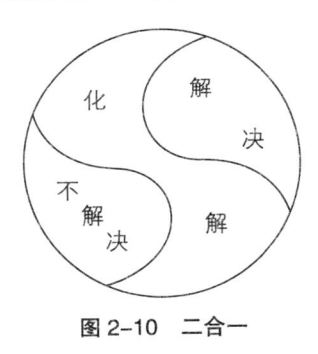

图 2-10 二合一

二分法与三分法之争

西方人一直拿"二分法"没有办法，摆脱不掉二分法的陷阱，不得已把它称为"必要的罪恶"。

中国人讲阴阳，很简单的"一阴一阳之谓道"，轻易地破除了二分法的思考障碍。

阴阳并不代表两种不同的东西，它不过是"一"的不同变化。阴可以变阳，阳也能够变阴，一切无非是阴阳消长的结果。由于阴阳消长的动态表现，使得宇宙万象时刻都在变易，也助长了中国人脑海中"不一定"的观点。"不一定"如果和"一定"相对峙，那就是二分法的思考。因此中国人的"不一定"，实际上包含了"一定"在内，而一定的时候，也会有不一定的可能性。可见中国人的不一定，其性质也相当不一定。

有一位老板很热心地自己开车送笔者回新竹。那一天我们在车上谈了很多问题，快到新竹的时候，他问："究竟是运气重要，还是努力要紧？"

笔者回答："当然运气要紧。"

他非常高兴，接着说："果然如此，运气好的时候，好像挡都挡不住；运气不好时，再努力也没有用。"

笔者又说："但是，不努力怎么证明运气好不好？所以还是努力比较重要。"

他刚开始愣了一下，很快就笑了起来："对！对！努力和运气两样都重要，不努力不知道运气好不好，运气不好再努力也没有用。"中国人的《易经》素养，毕竟随时可以突破二分法的困惑。

当前社会上的万般乱象，说穿了不过是"二分法"同《易经》的"三分法"之争。

"二分法"的主张，是非必须明确，一切都要透明化，大家把话说清楚，并且把这些作风当作现代化的指标，好像非如此不足以谈现代化。

"三分法"则认为"真理往往不在二者之一"，是非当然要明确。但是人不是神仙，怎么能够分辨得十分正确，一切是非，不过是自圆其说，常常经不起时间的考验。一阵子的是，很快就会变成非，怎么可以草率地论定呢？何况"真理在二者之中"，是非中间有一大片灰色地带，既非"是"也非"非"，既有"是"，也有"非"，难道可以轻易地忽略掉吗？

是非难明，并不表示是非不明。在是非尚未明确化之前，又怎么能够不顾一切地透明化呢？大家就算有心把话说清楚，也得顾及现实的复杂性以及言语的局限性，根本就说不清楚，又该怎么办？

其实，现代化的西方，也有很多难以解决的难题，他们正努力地提倡后现代主义，希望以三分法来代替僵化的二分法。可惜许多人不知道后现代主义接近《易经》的三分法，否则也就不会花费那么多心力，来做无谓的抗争了。

二分法毕竟比较简单易学，而且条理分明、结果十分明确，符合大多数不喜欢动脑筋或者不会动脑筋的人，所以拥护者不在少数。

三分法不但复杂难懂，而且采取圆周式思考法，结果又不明确，难怪很多人大伤脑筋。不是不喜欢它，便是错用了它，无论过与不及，都会导致不正确的结果。

过去大家比较客气，不敢自我膨胀，也不敢过分武断，虽然也是二分法和三分法明争暗斗的局面，却能够维持表面上的平静无事。现代自由民主，大家有话就要大声说出来，不但自我膨胀，而且十分武断，二分法和三分法还没有搞清楚，便抓住麦克风不放，反正说错了自己也不知道，哪里会脸红呢？

现在和过去，都是阴阳消长的变易。换句话说，都在明争暗斗。所不同的，不过是过去明少暗多，而现代明的成分多、暗的成分比较少而已。

看清楚三分法的人，对事既不赞成也不反对，看起来有点冷漠，实际上十分理智。只知道二分法的人，凡事很快就要分辨是非、对错、善恶，越热心就越容易情绪化，看起来很有正义感，其实非常冲动。还有一种看不懂三分法的人，误以为三分法便是一切走中间路线，扮演骑墙派的角色，随时靠左、靠右，自认为是左右逢源，不料却成为投机取巧的小人。

整个社会，被这三种人搞得昏天暗地，以致任何事情，都得不到公论；任何新闻，都出现相反的论证；一切活动，都具有正反不同的看法。美其名曰多元化，实际上是乱七八糟。

中国人讲不讲理？

中国人是世界上最讲道理的民族，但是中国人生气的时候经常很不讲理，甚至恶劣到蛮不讲理的地步。偏偏中国人的情绪浮动得相当厉害，常常生气，所以显得十分不讲理。

这样说起来，中国人究竟是讲理的，还是不讲理的？答案应该是中国人最拿手的"很难讲"。

很难讲的意思，是最好不要在"讲理"和"不讲理"两者之间，选择其中之一。否则的话，为什么很难讲呢？采取三分法的思维方式，把"讲理"和"不讲理"两者合起来看，形成"情绪稳定时很讲理而情绪不稳定时十分不讲理"的第三种情况。由此可见，情绪稳定与否对中国式管理非常重要。管理以"安人"为目的，是不是也可以解释为安定大家的情绪呢？先把情绪稳定下来，然后才从事管理的相关活动，可以说是修己安人的深一层内涵。情绪管理对中国人十分重要，不能够忽视。

第三节
有法中无法而无法中却有法

中国式管理最受人诟病的,莫过于看似有法却近乎无法。每一件事情处理起来,都好像"个案处理"一般。相同的"因",居然能够得出不同的"果"。

外国人,特别是西方人,就是基于这样的观察结果,推论出"中国人根本没有原则"。不幸的是,有些中国人,竟然也不明事理地跟着附和:"中国人拿没有原则当作最好的原则。"于是"没有原则的原则"不胫而走,甚至怀疑老子的精神以及孔子"无可无不可"的主张。这些正是造成对中华文化的错误认识的原因。

请问任何一位中国人:"你有没有没有原则?"答案千篇一律:"我除了有原则之外,还有什么呢?"中国人固执得很,往往会坚持原则。

一个人少年时,能够立志向学,抱定"学则不固"(学习的目的是多发现一些可以参考、选用的代替性方案,使自己更加不固执)的态度,到成年时,博学多闻,还要防止"不求甚解"的缺失,才能够立下原则，以收"择善固执"的效果。从"不固"到"固执"，成为个人修养的必经过程（见图2-11）。这中间的时间、空间因素，必须仔细把握。因为任何原则，都会因时、因地而变通，以致看起来每一次的表现都不相同。

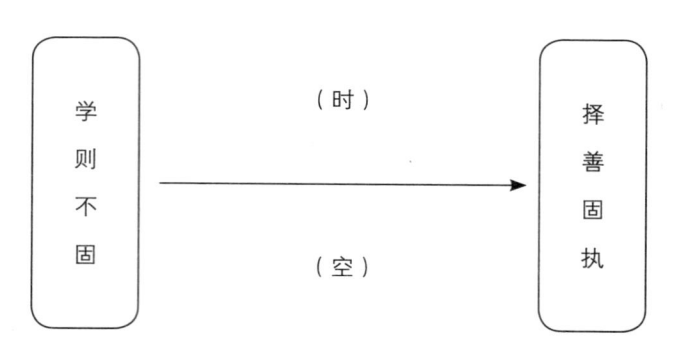

图 2-11　修养的过程

有原则地应变，叫作"以不变应万变"。变来变去都不致叛离原则，称为"万变不离其宗"。一旦偏离既有的原则，便成为"离经叛道"，为君子所不为，所以中国人必须"持经达变"，却千万不可以乱变。

"经"是方的，规规矩矩，实实在在，方方正正。"权"就是"变"，要变得圆满，才有资格成为"变通"，所以是圆的，千变万化，却能够圆融、圆通、圆满，变得"面面俱到"，使"大家都有面子"。

这种"内方外圆"，看起来很像"孔方兄"，难怪中国人十分喜欢。方形的经，被圆形的权隐蔽，形成和西方人相反的包装哲学。人家追求的是"把乱七八糟的东西，规规矩矩地包装起来"，我们则擅长"把方方正正的东西，故意包装得乱七八糟"（见图2-12）。

中国人为了明哲保身，预防"君子可欺以其方"，深知原则一旦明白表现出来，为他人所识破，就很容易被他人所掌握而不利于自己。我们善于隐藏自己的原则，不喜欢明说，其实是"自留余地"，不愿意

第二章 管理的思想形态

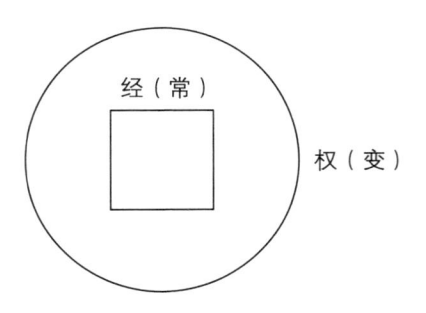

图 2-12 内方外圆

"作茧自缚",把自己紧紧地套牢,动弹不得。中国人明白说出来的原则,多半弹性很大,说了简直等于没有说,令人听了觉得含混不清,不容易弄清楚,便是这种缘由。

我们非常欢迎"透明化""台面化""明确化",但这是用来要求别人的。因为别人越透明,一切台面化,我们越容易了解,越方便加以掌握;别人越明确化,对我们越有利。说起来这种期望,多少有一些不怀好意,希望借着别人的透明化、台面化和明确化,来增加自己的胜算,降低自己的风险,当然乐得如此。

现代以"法"代"经",法律条文变成了大家不可触犯的原则(见图 2-13)。但是中国人观念,仍然是"理大于法""理的层次比法高",喜欢"在法律许可的范围内衡情论理",所以表现出来的,仍旧是比较

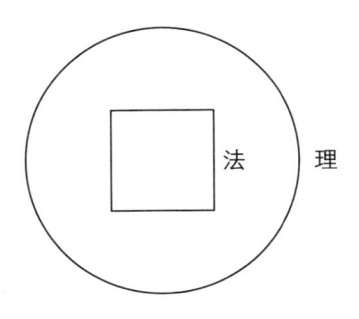

图 2-13 依法论理

057

圆满的情理，而不是不近人情的法。

仔细观察中国人的习性，不难发现"当一个中国人有道理的时候，他喜欢讲道理，而不提法律条文；当一个中国人觉得自己没有什么道理的时候，他就开始引用法律条文，企图以合法来掩饰自己的无理或不合理；当一个中国人知道自己既不合理又不合法的时候，他便胡乱骂人，想要以泼妇骂街的方式，来获得同情或乡愿式的和稀泥以求自保"。

过去我们一直认为如此行为，根本不合乎"现代化"的要求，既然和西方人不一样，就应该赶快加以改变。现在我们经济发展恢复了自信心，是不是应该重新来思考自己的传统呢？

有法中无法可以有两种截然不同的结果：一种是"权与经反"，变得偏离原则，已经属于离经叛道；一种则是"权不离经"，变得一点儿也不离谱，十分合理。前者称为"投机取巧"，后者则为"随机应变"。中国人应该"随机应变"，却绝对不可以"投机取巧"。不幸的是，现代中国人分不清楚这两者的关系，只一味地把自己的"有法中无法"看作"随机应变"，把别人的"有法中无法"一律视为"投机取巧"，因而愤愤不平，自认为相当委屈（见图2-14）。

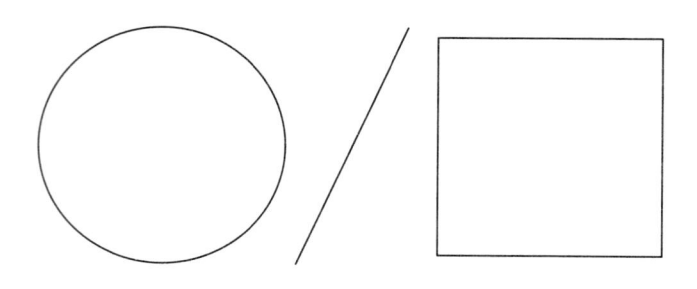

图 2-14 权与经反

权不离经并不限定内方外圆，有些情况还需要外方内圆，只要四个切点都在，便不能斥为离谱（见图2-15）。

第二章 管理的思想形态

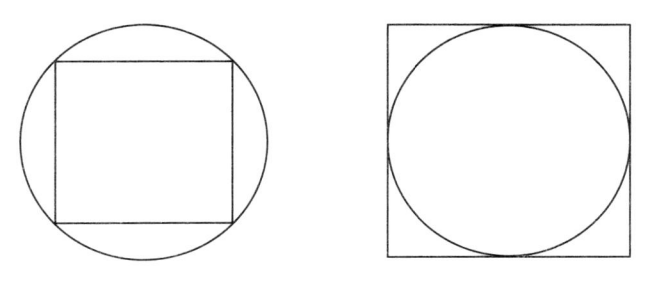

图 2-15 权不离经

同样的道理，离经叛道也不一定要权与经反。有时候原则偏离得太远，即使不算相反，也已经十分离谱，形同乱变了（见图 2-16）。

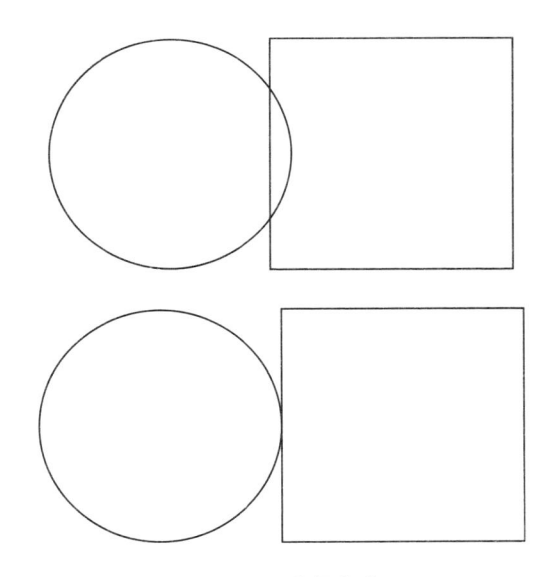

图 2-16 变得离谱

有法，便一切依法。若是不合理，大家会服气吗？大家不是希望有一些变通，以求更加合情合理吗？为什么稍有变动，便指责为特权、有法中无法呢？

人是活的，法却是死的。死的法律条文，需要活的人来执行，因为活的人才有脑筋可以衡情论理，而不是刻板地、不动脑筋地、公事公办地死守法律条文。

　　台湾"立法院"天天打架，不立法，难道"行政院"就要苦等法出炉后才去执行吗？"行政院"明知无法可依，或者原有法令已经不合时宜，仍然天天上班，办很多事情，所做的便是"有法中无法"，这有什么不对？不然我们怎么办？可见只要确实把握"随机应变"的精神，全力根绝"投机取巧"的心态，就不用害怕"有法中无法"。

第二章 管理的思想形态

第四节
以交互主义为哲学基础

美国式管理的哲学基础是"个人主义"(individualism),把每一个组织成员都当作一个独立的个体,分别赋予权力和责任,称之为权责分明,个别给予报酬,并且建立同工同酬的制度,以求对每一成员,都能够一视同仁,赋予平等的地位。个人与个人之间,用契约来规范,依规定来运作。同时一切具体化、透明化、明确化,尽量通过文字说明,凡事依法而行。

拿中国人观点来看,首先会想起人毕竟是父母所生,并非由石头缝里蹦跳出来,终其一生,至少和父母都有关联,怎么可以讲求个人主义呢?若是为人子女,在幼小时依赖父母,长大以后就撇开父母不管,只管自己,父母为什么要全心全力照顾子女?难道不应该为自己的晚年设想,留一些余地来照顾自己?如果父母为自己设想,对子女的照顾有所保留,子女长大以后为什么要孝顺父母?反正各人管各人,各人走各人的路,对子女而言,负担也减轻一些。这样父母不全心照顾子女,子女也不孝顺父母，哪里还有什么伦理可言，又怎么称得上中国人的道理呢？

权力和责任说清楚，更是十分危险的事情。一般人对权力总是记得比较清楚，而且也会看得稍微膨胀一些。因此，拥有权力的结果，不是"滥用权力"，便是"逾越权力"，这种"滥权""越权"的现象，使得中国人不敢轻易"授权"。相反地，对于责任越清楚的人，就越不敢负责，于是能推即推，能拖便拖，最好不要以自己绵薄的力量来承担这么重大的责任。

同工同酬尤其违反儒家的道理，因为儒家最可贵的精神，在于"才也养不才"。人才分起来，有"才"和"不才"两种，前者为"能力高强的人"，后者为"能力不足的人"。"才也养不才"的意思，就是"能力高强的人，要为能力不足的人服务"。人生既然以服务为目的，有服务的机会，应该感激不尽才对，怎么可以计较什么同工同酬呢？中国社会，普遍认为"能者多劳"是正常现象，而又大多自称"不才"，若是同工同酬，谁愿意多劳，又有什么人委屈自己为不才呢？

一视同仁，更是嘴巴上说得好听的话。我们主张"差等的爱"，推己及人，"老吾老以及人之老，幼吾幼以及人之幼"，有先后，也有亲疏。而一视同仁，带有"好人、歹人不会分"的意味，那就是是非不明，不足以服人了。中国人比较偏爱"大小眼"，很难一视同仁。

个人与个人之间，契约既没有太大的功能，规定也常常形同虚设，因为"人肉咸咸"（如果他反悔的话，你也拿他没办法），遇到存心抵赖的人，契约和规定，好像永远使不上力。结果只能够约束好人，却任由坏人逍遥法外，产生不了什么管理效果。

一切具体化、透明化、明确化、成文化，最大的隐患还是把自己缚得完全没有回旋的空间，不是弄得自己诚信有问题，便是被人讥讽为"朝令夕改"。

这样看起来,美国式管理确实有很多地方不合乎中国人的风土人情,以致实施起来,格格不入,难收宏效。

中国式管理的哲学基础,有人认为是"集体主义"(collectivism),其实不然。集体主义的奉行者,应该是日本人,所以集体主义成为日本式管理的哲学基础。

那么,中国式管理的哲学基础是什么呢?说起来十分有趣,就是我们经常挂在口头上的"彼此彼此""互相互相"。《孟子·离娄下》中表述为"敬人者人恒敬之",以学术的观点来说,便是"交互主义"(mutualism)。最明显的表现,就是"一切看着办"。

看着办,看什么呢?看来势如何,再以"水来土掩""兵来将挡"的方式,因时、因地、因人、因事而制其宜。拿"不一定"的心情,来寻找此时此地"一定"的答案。从不一定到一定,便是中国式管理的决策过程。

中国人有时候也相当个人主义,因为"推己及人"毕竟以自己为核心;设身处地也不过将自己安置在别人的境遇当中;同样是父母所生,难免有"别人的子女死不完"的想法,以凸显"自己的子女与众不同"的优势。但是,中国人有时候则十分重视集体主义,牺牲小我以完成大我的事迹,比比皆是。

授权并不是不可能,但是先决条件,要看干部负责到什么程度。干部越负责,证明主管越放心授权;一旦发现部属不敢负责,主管立即将权收回。权责之间,本来就说不清楚。说难听一点儿,只有当主管打算把责任全部推给部属时,才会清清楚楚地授权。

我们有时候也善于隐藏自己的能力,藏拙之外,还会藏巧,以免能者必须多劳,而巧者又成为拙者的奴才。我们不坚持同工同酬,却并不反对自己领的薪水比别人优厚。"不才"只能够自己说,别人胆敢说我不才，不极力用行动来表示说这话的人实际上不比我高明才怪。

一视同仁，也是我们喜欢使用的口头禅。因为中国人说话，讲究"妥当性大于真实性"，说一些听起来比较妥当的话，比这些话本身的真实性要来得重要。

个人与个人之间，居于"你对我好，我没有理由对你不好"的交互关系，心与心的感应，成为最有力的约束。关心他，等于把他的心关起来，效果最大。

具体之中有模糊；透明之中掩盖了不透明的部分；明确到不明确的地步；文字自身的弹性很大，怎样解释都可以，便是交互主义的精髓。

从某种层面看，美国式管理同样有很多地方，中国人运用起来，也能够得心应手。这种情况，对日本式管理而言，也说得通。

中国人奉行交互主义，在美国老板的领导下，尽量依照美国式管理而行；在日本老板的主持下，充分依据日本式管理来因应；回到中国老板的公司，马上用中国式管理来因应。中国人擅长入乡随俗，适应力极强，步伐调整得十分快速，应该是拜交互主义之赐，一切视情势的变迁而转移。

说好听，中国人善于随机应变；说难听，中国人精于见风转舵。而归根究底，中国人尊奉交互主义，"一看脸色不对，赶紧改变"。合理的察言观色，加上合理的因应变化，便是我们常说的"中庸之道"。

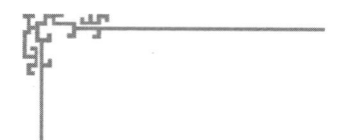

中庸就是合理

朱子当年曾经说过：无一事不合理，才是中庸。后来反而被"不偏之谓中，不易之谓庸"淹没了，弄得很多人对中庸产生误解。

中庸主义如果称为合理主义，岂不更容易明白真正的用意？合理的因应，便是我们常说的中庸之道。变来变去，目的在求合理，就不是乱变。

合理不合理？答案是很难讲。中国人经常把"很难讲"挂在口头上，意思是合理与否，很不容易论断，必须格外谨慎小心，才能够判明。

由彼此来商量一个合理的解决方式，成为中国式管理协调的主要过程。合理，大家都好说。

第五节

合理追求圆满

从组织成员所表现的行为及行为特征,我们可以看出管理的基本性质。

一般说来,西方人比较重视"理性"的思考。他们习惯于"依据是非来判断",而且接受"对就是对,不对便不对"的二分法概念。只要表现出"是"的行为,彼此便认为"对"而加以接纳。

西方社会的是非,似乎比较单纯。法律的规范,加上专业的评估,以及大多数人的意见,分辨出来的是非,便成为大家判断的依据。

法律人才很多,法律事务繁忙,占去很多管理成本。政府利用法律条文来规范大众的行为,而专业人士则运用专业知识来控制人们的行为。法律和知识不足的时候,采取多数表决的方式。西方人虽然内心也会怀疑,这样的管理,到底合不合乎理性的需求?但是大多数西方人,都循规蹈矩地安于如此这般的"法治"生活。

中国人的理想比较高远,不能满足于法律、契约和种种规定的

第二章　管理的思想形态

束缚。

依中国人的实际体验，法律条文永远不够周全，再怎么严密，都欠缺一条，而且正好是我们所要寻找的那一条。就算找到我们所需要的条文，马上发现中国文字实在非常奥妙，同样一条文字，任凭你怎么解释，都可能言之成理。中国文字的弹性大，文法结构也很松散，用来订立法律条文，解释起来往往会引发很多争议。

契约的拟订，必然有利于提出的一方，否则不可能获得通过。被要求签订的一方，经常处于弱势。签订的时候，好像获得签订的机会，比签订的内容更重要，哪里还能够推敲、思考、提出疑问、推迟签约呢？

常见的情况是：拿到契约的时候，看看是不是通用本，大家都一样。如果是的话，那就比较放心，反正大家都敢签，我还担心什么？

既然是通用的版本，而且那么多人都签了，我就不好意思多费时间逐条审视。因为再仔细看，老实说也弄不清楚它的真正意义，而停顿久了，看得仔细就表示对提出的人不够信任，徒然增加彼此之间的不愉快，将来真的发生争执，必然采取更加剧烈的手段，对自己不利。

中国人签订契约，多半是居于"到时候不认账"的心理。"怎么会有这样的条文？早知道有这种规定，我根本不会签"。中国人并不是存心抵赖，我们的道理十分简单：合理的约定，必然遵从；不合理的条文，就算签订了，也不算数。用这种态度来约束提出契约的人，必须力求合理，毕竟相当有效。

相反地，中国人拟定契约的时候，也会略为严苛一些，对提出的人比较有利，将来执行的时候，放宽一些，让签约人赖一点小账，不敢再理直气壮地反咬过来。

中国人提出契约时，大多居于"执行时让开一步，使签约人觉得占了一些小便宜"的前瞻思考，以期获得比较圆满的结局。

条文怎样订，契约怎样写，对中国人而言，都不是很重要。我们的要求放在"过程要合理，结局要圆满"。

甲乙两单位，彼此合作多年，虽然有些争执，却每次都能够圆满解决。后来忽然想起必须签订契约，才够现代化。于是多次会商，竟然引起"没有契约，大家各凭良心，有事好商量；如今要签订契约，一切往最坏处着想，以确保自身的安全，而且有了契约之后，依法处置，也无法凭良心了"的话题，充分凸显中国人"理大于法"的精神。

一切求合理，有法无法都一样。这种"人治大于法治"的做法，迄今仍然是"合理追求圆满"的主要依据。

中国人比较重视"情性"的表现，既不完全理性，也不诉诸感性。"情"是中华文化的瑰宝，意思是"心安的话，就表示合理"。我们习惯于"依据心里好过不好过来判断"，老早摆脱"对就是对，不对便不对"的二分法陷阱，进入"对，有什么用"的层次。必须达到"圆满"的境界，才能够心安理得。

孔子早已提出"情治"的概念，他所说的"德治"，其实就是"用情来感化"。如果组织成员之间，能够"心有灵犀一点通"的话，还有什么是不能沟通的呢？

合理是变动的，此时此地合理，换成彼时彼地就不一定合理。圆满也是变动的，对某些人来说，十分圆满；换成另外一些人，可能不圆满。情感当然也是变动的，情治的管理，使中国式管理产生的气氛，大不同于西方式管理。

情的管理并不否定法律、契约的重要性，它同样需要法律或契约作为参考的基准。很多人对于"法律条文做参考用"的说法十分惊奇，也非常担心，唯恐距离"法治"愈远，管理的效果愈差。

其实，法治是情治的坚实基础，一切必须在"法律许可的范围内"

进行，才是纯真的情，而不是滥情、私情和邪恶的情欲。

多数人的意见并不一定对，因为情的修养，需要相当的历练，不是一般人所能够普及的。

法、理、情兼顾并重，而以情为指导纲领，一切在合理中求圆满，才合乎中国人高水准的要求。

合理追求圆满，成为中国人的行为特征。法律、规定都当作参考用，一切事物，都在"参考法令，合理解决"中进行。各人扪心自问，当然能对这个答案会心微笑。

多数人表示意见时，由于尚未看到结果，因此多半凭着理性的思考。到了看见结果产生在人的身上，于是情理高涨，马上觉得"怎么会这样"而改变初衷。学校里老师监考时，将作弊的学生抓起来送到教导处，然后发现处罚得相当严重时，再出面为作弊学生求情，便是最好的证明。

结果圆满，大家才能欣然接受。否则，对是对，好像不太好。没有人说它是错误的，但是，总有一些怪怪的感觉，似乎有一些不合理，使人心里不好受。

第六节

用化解代替解决

　　中国人把二看成三的智慧，使我们在"解决"与"不解决"之中，找到一条"二合一"的途径，即为"化解"（已如前述，请再翻阅图2-10）。

　　遭遇问题，马上动脑筋，要想办法加以解决。乍听起来很有道理，也显得十分积极。然而，深一层思考，便不难发现，一个问题解决了，常常引发更多的问题，弄得大家越来越忙碌，并不合乎管理所要求的"省力化"。后遗症的严重性，想起来相当可怕。

　　道路开得越宽广，塞车的情况越严重。因为大家认为道路宽广，必然比较畅通易行，一下子都挤到这里来，当然塞车。加上大小车辆一起来，更是拥挤不堪。

　　垃圾清理得越快速，大家便越放心地制造垃圾，使得垃圾的消除、处理，更为困难而吃重。

　　资料的复制很方便，大家便只看题目，不看内容，反正复印回去，

第二章　管理的思想形态

再慢慢阅读。结果只复印不查阅，只存档不知运用，造成资讯泛滥，徒然增加复印和存档的成本，却无实际的效用。忙于复印，并不能解决阅读、了解、应用的问题，反而制造十分严重的存而不看的后遗症。

发现问题时，不妨先想"不解决行吗"。如果不解决比较好，让大家的心思集中在这个问题上，比较容易对付，那就"明明能够解决，也要装迷糊，尽量拖延"。中国人常常提醒自己慎防"无以为继"，所以采取"善门难开"的策略，极力控制自己不要首开恶例，其实最大的用意在防止后遗症的产生。

实际访问数十位总经理的结果，证实他们为了集中同人的心思，使大家暂时凝聚在某些焦点上面，往往能解决却有意搁置。心里有数，等待时机成熟时，才果断地快刀斩乱麻，显得更有智慧、更有魄力。这种方式，可以产生"增强员工信心"的效果。大家明白"到时候总经理自然有办法，何必担心"。

不解决不行的时候，也不能赶紧想办法解决。这时候先把问题抓出来，丢给次一级的主管去伤脑筋；同时让次一级的主管，再丢给更低一层次的人员去想办法。问题由上面提出来，大家才会重视。交由下面去动脑筋，他们才不至于过分理想化，对问题的答案寄予太高的期望，因而导致十分沮丧的失望。

上司当然有答案，但是一说出来，就会引发大家的不满。因为讨价还价，已经成为成交前的必要动作。大家盼望经由不满意的表达来争取更为优厚的方式，使上司放出更大的利益，方便大家的操作。

有答案却不说出来，只是把问题丢给次一级的人员去研究，一方面表示主管重视部属，看得起部属的能力；另一方面则考验部属如何因应。是不是公正合理？会不会站在上司的立场，也替上司想一想？

中国人的交互主义，一切将心比心，彼此彼此。上司既然尊重部属，部属也就应该为上司设想。这样一上一下，问题已经化解了一大半了。

上司提问题，部属找答案。所找的答案符合上司的立场，上司可以同意；如果不合上司的期待，还可以再提问题，让部属自己去调整。

这种化解的方式，必须做到"合理"的地步，才能持续有效。否则部属会认为上级运用"借刀杀人"的计策，明明有腹案，故意不说出来，只想借他的口和笔，按照上司的意思表现在白纸黑字上面，让大家骂他、怪他，甚至把他看成马屁精，专门逢迎上司的旨意。

上司把问题抛出来，让干部去设法解决。干部必须广征同人的意见，以免闭门造车的结果，上司不高兴，同人也不谅解。所以上司不能马上提问题，立即要答案，迫使部属以机智应答来交差，事后才后悔不止。上司提出问题，应该问一问部属，需要多久的时间，才能够提供答案。部属自己会盘算，大概要费多少时间，以便充分沟通。给部属合理的操作时间，正是上司具有丰富实务经验的最佳佐证，最能够让部属信服。

化解的作用，在于"大事化小，小事化了"，也就是"解决问题于无形"。因为有形的解决，很容易产生后遗症，让大家更伤脑筋。无形的解决，大家找不到继续攻击或联想的着力点，后遗症比较少。

主管自己提出答案，往往把事情弄得很大。职位越高，大家对他的答案越重视。众目所视的结果，什么漏洞都被看出来。加上不同角度一起来看，更是惨不忍睹。引发出许多相关问题，岂非自作自受？

让部属提答案，主管冷眼旁观，一方面看提答案的人，心态如何；一方面看哪些人蓄意中伤、恶意批评，一下子把所有存心不良、观念不正确的人都抓出来。是不是在"人"的方面，也化解了不少障碍呢？

部属找出答案，上司也表示同意。这时候再问部属："有什么比较好的方法，可以落实答案的实施？"

部属受到尊重，只好推心置腹地进行分析，指出最难突破的难关在哪里，最好怎么办才能事半功倍。把实施的过程也"化"得相当顺利，又减少了若干可能产生的后遗症。答案妥善，过程简便，增加化的效果。

问题由大变小，由小变了。大家多花一些时间在预防性思考和化解性考虑上面，就可以少花一些时间在那里头痛医头、脚痛医脚、疲于奔命，而且往往徒劳无功。

化是没有功劳的，一切归于无形，哪里有什么功劳？配合化解而不解决的运作，组织应该做到下述三点：

1. 重视发现问题的能力，而不是一味看重解决问题的人。把问题找出来，就应该加以奖励，使大家乐于提问题，而不是专心等待答案，然后表示不满。

2. 奖励小功劳，以避免大功劳。因为大功劳每每由大祸害而来，越奖励则存心制造大祸害的人越多，对组织非常不利。大事化小，小事化了，看起来很轻松，属于小功劳。这时候赶紧加以奖励，以蔚成风气。

3. 凡遇问题，除非时间非常紧迫、事态十分紧急，否则一定要坚持"上司提问题，部属找答案"的原则，经由一上一下，充分沟通，寻找化解之道，而不是一味想办法解决。化解有如流水一般，没有固定形态，也没有一定方向，所以中国式管理主张"看着办"。

中国人喜欢第三类选择

在英国，老先生老太太来到商店门口，先看营业时间表。几点钟开门？10点。现在几点？9点35分。英国人只有两个选择：一是"等"，等到10点钟开门；一是"走"，先去办别的事，然后再回来，或者干脆不买，一走了之。不"等"便"走"，不"走"就"等"，总共只有这两类选择，简单明了。

中国人呢？10点开门，现在只有9点35分，他既不会等，也不会走。等，要等那么久，多浪费时间，而且最可怕的是，万一等到10点，才发现今天临时改变，暂停营业，岂不是冤枉？走，走到哪里去？结果还不是要走回来，同样是浪费时间。而且，更可怕的是，万一今天提早营业，东西被买光了，岂非吃亏？

我们不等也不走，采取第三类选择：敲敲门看看。看什么？看里面有没有人在？有人怎么样？和他商量一下，能不能先让我买东西？如果可以，先买先走，节省不少时间；万一今天临时不开门，也可以先去别家看看。

奇怪的是，第三类选择往往有效。因为有规定便有例外，何况早几分钟，又不妨碍别人，有什么理由，非坚决拒绝不可？

"请问'部长'先生，究竟有没有关税？"台湾地区曾经出现这样的个案，而且前后询问过两位"部长"，相信大家都记忆犹新。

其中一位想了半天，回答："没有。"

想不到中国人什么都相信，就是不相信没有。没有，才怪，还想骗人？这位"部长"就这样不幸地下了台。

后面这一位"部长"，当他被问及有没有关税时，想起前面那一位因回答"没有"而下台，认为时代已经改变，大家比较喜欢透明化、台面化、明确化，因此肯定地答复："有。"

这一下引起相关人士的紧张，以致全力反击，弄得这一位"部长"，也不得不下台。

第二章 管理的思想形态

如果这两位"部长",不要那么西方化(现在称为现代化),知道采用中国人所喜欢的第三类选择,回答"多少"(闽南话叫作"加减"),相信很容易获得大众的认同,从而顺利过关。中国人宁愿相信"程度上的差异",也不能接受"有"或"没有"这种极端的事实。

问西方人:"你要咖啡,还是红茶?"答案不是"咖啡",便是"红茶"。

偏偏中国人就不喜欢回答"咖啡"或"红茶",因为在没有弄清楚"到底这里的咖啡好呢,还是红茶好"之前,最好采取第三类选择,比较不会上当,因此回答"随便"或"都好"。不过这里所说的"随便"会有"不随便"的意思,而"都好"也意指"好的就好"。听的人千万不要会错意,以为真的随便哪一种都好。因为结果我们常常发现说这一类话的人,最不随便,也不一定真的都好。

"你要不要?"

"没关系。"

意思是"很有关系,只是现在不方便明说",或者"如果你有诚意,就代替我决定,不要叫我为难"。

"同意这么办,还是不同意?"

"还好"意思是"叫我怎么说呢"。

第三类选择,是中国人"明哲保身"的最佳表现。像喝咖啡或红茶这一些琐碎的事,吃一点亏可能没有关系。像要不要的决定,往往一开口就招来很多麻烦,而同意不同意,更是后遗症一大堆,怎么能够不预先防备呢!

保身哲学,将自己的安全列为第一优先。我们常常认为如此不好，是针对别人而说的：常常这样实行，乃是顾及自己的安全。对人对己双重标准，似乎也是基于保身的需要。如此一来，我们还有什么话说呢？"再说吧！"

　　有些人对明哲保身相当反感，认为那么怕死，简直毫无魄力可言。我们尊重这种不一样的价值观，但是不希望嘴巴如此批评，自己却时刻不忘明哲保身。最合理的态度，应该是各人自主，不必苛求，因为选择的结果，人人必须自作自受，用不着多费心。

第三章

管理的三大主轴

中国式管理的三大主轴是以人为主、因道结合、依理而变，就是以"人"为中心，人为管理的主体，基于人的理念来组合，按照人能接受的道理来应变。

中国式管理和伦理具有十分密切的关系。一个人的人品，往往是管理有效与否的关键。

20世纪70年代以前，日本人不敢说日本式管理，因为第二次世界大战失败，带给日本人很大的挫折感，以致对自己的文化失去信心。虽然实际运用的，是一套和美国式管理很不相同的管理，他们仍然不敢明目张胆地指出那就是日本式管理。就算明确说出来，也不过换来人家的冷眼和笑话。

日本经济奇迹震惊世界，大家好奇地探索日本人究竟是怎么管理的。然而由于日本人中英文造诣比较深，已经不太了解日本文化；而少数说得出所以然的，并没有能力用英文把它表达出来；加上欧美人士迄今丢不掉白种人的优越感，虽然有关日本式管理的英文版本的书籍已经不少，西方人能够真正从中看出日本式管理奥妙的，毕竟不多。

19世纪末期，美国兴起一股反形而上思潮，重视管理科学而轻视管理哲学。偏偏日本人一直倡导管理哲学的重要性，将中国的管理哲学与西方的管理科学结合起来运用。美国人从管理科学的层面，看出日本式管理不过是美国式管理在日本本土化的结果。日本人当然不肯承认它的管理哲学来自中国，循着茶道、围棋、柔道的旧路，只鼓吹日本式管理可以移植到全世界。

日本人对欧美宣称，东亚各国正在学习她的管理方式，而且很有成效。以马来西亚为例，她的向东学习（look east），究竟是学习什么人？恐怕只有马来西亚少数高层明白。然而，可以肯定的是，一旦马来西亚成为经济高度发展的国家，对马来文化有了坚强的信心之后，就会承认马来西亚式管理的存在与价值。

其实，站在管理科学的层面来看，管理便是管理，有效最要紧，分什么美国式管理、日本式管理？简直多此一举。站在管理哲学的层面来看，既然各种民族长久以来，已经形成不同文化，当然有其不同的管理。不论我们承不承认日本式管理，也不管日本人什么时候才敢承认日本式管理，日本式管理早已存在于日本人的生活之中，就像汉唐之际，早已出现中国式管理一样。

经过多年的奋斗，中国也创造了经济奇迹，可惜我们不敢像日本人那样，说自己有一套管理。

那么，我们的成果，是来自美国式管理吗？老实说，有很多管理者，完全是土法炼钢，也照样赚钱、照样立业，问他是怎么管理的？他会说："多半是东听西听，加上自己的想法，凑合起来的。"

这种答案，告诉我们中国式管理基本上是一种凑合而成的东西，因为我们的文化特质，就在于包容性极强，能够把各种看到的、想到的、听来的，凑合在一起。

平心而论，中国式管理当然存在，只是我们行之日久，反而说不上来，而且久未整理，已经杂乱无章。最主要的，还是对自己的文化缺乏信心，基于面子问题，不敢说它。我们现在把中国式管理的三大主轴，分述如下，以供参考。

1. 以人为主：主张有人才有事，事在人为，唯有以人为主，才有办法把事做好。中国式管理，可以说是人性化管理。

2. 因道结合：认为制度化管理，不如以理念来结合志同道合的人士，大家有共识，比较容易同心协力，把一盘散沙，聚集起来发挥巨大的力量。

3. 依理而变：合理解决，一直被视为比依法办理更为合乎道理的方式。中国式管理，也可以说是合理化管理。

第一节
以人为主、因道结合并且依理而变

西方管理,主张以"事"为中心,把工作分析妥当,分门别类,采取明确分工的原则,划分出不同的部门,规划好所需的职位。然后按照各个职位的实际需要,拟好所需要的人才规格,写成工作说明书,并且依据拟订的规格,来选聘合适的人员。

这种"因事找人"的方式,"人"必须配合"事"的需要,显然是以事为主的一种管理方法。

中国式管理,则迄今仍然以"人"为中心。工作分析不妨照做,但是组合的时候,大多依据现有的人员,采取"量身定做"的方式,来规划职位,划分部门。由于"现有的人不完全符合工作说明书所要求的规格",所以在工作职责表的末尾,加上一条"其他",以便弹性应用,因人而适当调整。

这种"因人设事"的作风,以"事"来配合现有的"人",必要时再向外找人,来配合现有的人。以人为主,是中国式管理的第一特色。

通常，刚开始的时候，我们采取"大家一起来"的策略，没有分工，也不设置任何职位。在这种含混不清的局面当中，最容易看出各人的特性。于是就现有人员来加以衡量，因人而设事，建立起初步的组织。有两个人适合当主管的时候，我们先分成两个单位。等到再有人非当主管不可，或者具有担任主管的能力时，再变成三个单位。我们的组织常常变更，然而大家心里有数，完全是依照"人"的需求，只是口头上一定要说基于"事"的需要。

中国人相信"事在人为"，所有的事都是人做出来的，所以管理是应该以人为主。

以人为主，需要什么样的人呢？由于分工不明确，让主管和工作人员自己都可以用"其他"来多做或规避。因此必须寻找"志同道合"的人，才能够在"道"的共识中，将心比心，用心来配合，以求协调。

西方管理以事为中心，人不能配合事的要求，就应该更换，所以主动求去或者被动解雇，成为家常便饭。

同样以人为主，日本式管理大多采取"长工"的方式，终身雇佣的结果，人没有变动，反而是工作不断地轮调。人不动事动，近来在日本，也逐渐式微，因为长工的成本，实在太高，越来越觉得承受不了。

中国式管理介乎"短期雇用"和"长期雇用"之间，采取"合则留，不合则去"的原则，可长可短，更加具有弹性。合或不合，取决于"道"，也就是今日常说的"理念"。大家理念相合，可以同甘共苦，那就愉快地留下来，一起为理想而奋斗。若是理念不同，与其拖拖拉拉，浪费生命，不如快刀斩乱麻，挂冠求去。

因道结合，是以人为主的必要的配套。苟非理念相同，很难以人为主而又密切配合，所以中国式管理，首重"道不同，不相为谋"。要开拓事业，先找到三五位志同道合的亲友，再作计议，否则就算勉强开创,不久也将"因互相了解而拆伙",白忙一场。

中国式管理还有一个"变动性"的特色,那就是"依理而变"。一切变来变去,变到合理的地步。

组织变动,是随处可以发现的事实。每次到公司,请问"有没有组织系统表"?答案必然是"有"。当然有,不可能没有。问及"能不能借我看看"时,回答"可以"。拿来时却不忘补充说明"这一张是旧的,新的正在印"。可见组织变革,对中国人而言,乃是常事。

计划变动,是大家惯有的行为。计划确定之后,执行的人就开始动脑筋加以变更。这种"上有政策,下有对策"的作风,几千年来没有改变。一切照计划而行,不过是冠冕堂皇的话,实际上一切都在变动。而且非变动不可,因为计划确定之后,势必又产生若干变数,不变动计划,怎么能够因应,又怎样得以顺利实施?

人员变动,也是不可避免的事。固然是志同道合的组合,然而人心善变,不久之后,变成志不同、道不合了。这时候一句"人各有志",便可以掉头而去。人员动态,称为人事流动率,在中国式组织中,大于日本而少于美国。换句话说,流动到合理的程度,最为理想。

工作变动,表现在中国人欣赏"多能"大于"专业"的事实。专业当然是必要的,但是多几样专业,岂不是更好?中国人比较喜欢"通才",因为弹性较大,工作变动起来,更加胜任愉快。

制度变动,大多采取形式不变而实际改变的方式。同样的制度、同样的组织、同样的人员,只要主管改变,一切都跟着有所变更。嘴巴一定说"萧规曹随",以免引起抗拒或批评,实际上一定"不断改变",以行动来证明"新人新政",让大家知道新任主管真的有三把火。只要不烧到自己,似乎怎么烧都可以。

事实上,当中国人说"就这么决定"的时候,我们应该明白"已经开始要变动"了。

中国人的"变动性"最强，而"持续性"也最高，这是比较不容易了解的部分。"变动中有持续，持续中有变动"可以说最合乎中国人擅长的中庸之道。

只要合理，怎样变动都可以，这是中国式管理的基本特性。变动得合理，必须依理而变，绝对不能乱变。

中国式管理，相对于美国式管理、日本式管理而言，具有上述"以人为主""因道结合""依理而变"三大特色。这三大特色，说起来都以"人"为中心，人为管理的主体，基于人的理念来组合，按照人能接受的道理来应变。所以说中国式管理，最合乎人性。

在中国社会，人治的色彩永远大于法治。大家口口声声说法治，心里头则没有不知道"徒法不足以自行"的。人来推行法治，到头来还是以人为主。

有共识最要紧，缺乏共识的时候，自己人先争论不休，内部纷争不断，力量分散了，徒有组织之名，产生不出真正有效的组织力。

人的理念、行为都会变动，所以制度、共识、态度都不可能不变。中国式管理，主张"一切变得合理"，便是合理的应变。归结起来，中国式管理的最高智慧，即在于饱受一般人误解的"以不变应万变"。

第二节

人伦关系十分重要

管理是修己安人的历程,以人为主,人与人的关系,在中国式管理中,显得特别重要。有关系,没关系;没关系,有关系。中国人听起来,也特别有体会。

我们有三个根深蒂固的观念,很不容易改变:

第一,法是死的,人是活的。死的法需要活的人来加以合理运用,而不是不动脑筋地死守法律规章。

特别是中国人、中国文字、中国话,简直灵活无比,随时变来变去。用中国文字来订立法律,十个人有十种不同的解释,最后还得以解说者的身份、地位、权势来决定,所以徒法不足以自行,仍然以人为主。

第二,天下事好像没有什么是不能变通的,若是变通不了,大多是因为找错了人。只要找对人,变通应该是没有问题的。这种观念,使我们怀疑法的公信力;而事实证明,不合法的事情,找对人之后,往往就地合法，令人不得不相信，自古以来的传言十分正确。

就地正法可以变成就地合法，天下还有什么事情是变不通的呢？诚信问题，在中国社会，永远是各说各话，始终难以真相大白。人人不违法，个个能变通，所以人的因素，显然比法更为重要。人治大于法治，表现在有法却常常由人来变通，而且大多数人都没有话说，就算说话，也不过是白说。有如狗吠火车，毫无效果。

第三，法由少数人订立，由一个人修改。这种现象，是中国社会自古迄今的一贯精神。少数可以控制的人，稍微有意见就加以恐吓、威胁，再不听从命令便杀一儆百，给予惩罚。这样定出来的法，即使大家很不满意，也可以自己宣称良法美意。理由是"少数贤达的观点，胜过多数愚昧的想法"，《易经》中"贤大于多数"，"少数贤明的意见比多数更高明"的观念，正好派上用场。

遇到实际情况的需要，最高首长一个人，便可以修改法律规定。明文订立的事项，首长口头一句话，也能够保证不让其实施：只要我保证，大家请放一百个心。

凡此种种，都显示人的重要性，也凸显人群关系的影响十分重大。中国社会，有人就有派系，见人便拉关系。人与人之间的复杂称呼，充分表现人际关系的错综复杂，为其他民族所罕见。

人际关系或人群关系，实际上都不足以说明中国人的需求。我们真正需要的是人伦关系，也就是把人际或人群和伦理合在一起，建立一种"差别性"的关系。

伦理要求长幼有序，基本上是一种不公平。父父、子子，应该各如其分；君君、臣臣，现代的话叫作上司、部属各自扮演不同的角色。但是，彼此之间，必须维持"合理不公平"的分寸，而不是"平起平坐"的"不合理公平"。这两者之间的差异，必须慎重拿捏，才不致发生差错，避免自己不明不白地遭受"公平"的祸害。

中国式管理和伦理具有十分密切的关系。一个人的人品，往往是管理有效与否的关键。人的品格是后天修养得来的，并不是天赋或命定的，就算天赋人权是真的，人生而平等，也应该后天养成习惯，以公正却无法公平的心态，来接受"我们凭什么和人家比"的不公平的事实。只要不公平到合理的地步，便是公正。

西洋人讲伦理，不是偏向个别性，便是偏向全体性。前者发展为个人主义，后者又发展成集体主义，都是一种偏道思想。中国人一直秉持"二合一"的态度，将"个人主义"和"集体主义"这两种极端的想法，合在一起，形成"交互主义"。既不偏向个人，也不偏向集体，讲求"在集体中完成个人"，是一种中道主义。

对中国人而言，佛教所主张的"人人具有佛性"，与我国固有"人皆可以为尧舜"，基本上并不相同。佛教所说的是人的先天性，即人一生下来就具有佛性。人皆可以为尧舜，则是后天性的修为，必须具有坚强的意志力，体认尧舜的价值，才能够成为尧舜那般的人。

基督教的"民主"观念，对西方管理产生很大的影响。管理民主化，也和我国之"天视自我民视，天听自我民听"不一样。这是实际从事管理活动的人，不能不慎重的。

大家心中有数，中国人的伦理，比之任何民族发展得都早，而且最为妥善。我们不能因为实际上并没有贯彻实践而否认这种事实，而应该下定决心，从我们这一代人的手中，将我们的伦理与西方现代所开发成功的管理科技结合起来，形成现代化的中国式管理，并且加以发扬光大。唯有如此，21世纪才能够有别于20世纪，呈现崭新而可爱的局面，人人愉快而自在。

人伦关系，便是以伦理的观点来建立合理的人际关系。上司永远是上司，必须礼让他三分。我们可以用实际行动来坚守这"三分"的分际，却不可以明言，用言语明白地宣称"上司太过分了"。

君臣、父子、夫妇、兄弟、朋友五伦当中，以夫妇为基础。家人卦清楚地标示"君子之道，造端乎夫妇"，夫妻相处出了问题，就谈不上什么管理。

一个人的人品如何，必须从人际关系中来考验其道德修养。而人际关系中，又以夫妻最为密切，这一伦都做不好，遑论其他。齐家的重要性，表现在个人的修身推展为团体的管理。夫妇相处得好，立业、治国才能够合理有效。组织文化，如果能够重视同人的家庭，从员工的夫妇来考察同人的管理，相信必有意想不到的好处。家庭和谐，乐在工作才有实现的可能。

人伦关系的重点，在"公正"而"不公平"。古希腊和我国一样，主张"公正是道德的总枢纽"（justice is summary of all virtues）。但是在注解上，有明显的差异，亚里士多德认为公正必须合法而公平，我们却以为公正是合理（理大于法）而且实在不容易公平。

对上要有礼貌，但不可以谄媚、讨好；对下不宜太严，也不能过分宽松、纵容；平行同事，不必太拘束，也不可以过分熟不拘礼。这中间的轻重分寸，必须因人、因时、因地、因事而适当拿捏，这样，才称得上公正。具有相当大的伸缩性，以致造成很高的难度。除非用心体验，不断改善，才更容易达成良好的人伦关系。

第三节

多元化社会更需要共识

世界如果不能统一，人类即将趋于毁灭（one world, or none）。地球村的形成，原本是人类自求多福的唯一途径。要求生存，必须天下为公，世界大同。

大同绝对不是一同，世界统一并非一致地接受某一种文化的洗礼，全体人类都过着同样的生活。大同必须包容小异，也就是尊重各种不同的文化，允许各色各样的生活方式，共存共荣，彼此都能够互相欣赏。

在往昔交通不便、资讯不发达的锁国时期，为了保存自己的文化，不受其他文化的影响，大多采取闭关自守的策略。对于和自己的文化不一样的东西，都斥之为异端邪说，尽力加以排除，以确保自己的单纯和一致。

就整个世界来看，不同的民族，具有不一样的花样，形成各自不同的文化。然而，就同一民族而言，则语言、文字、血统、生活方式、风俗习惯以及意识形态，可以说相当一致。换句话说，不相同的文化，分别存在于不一样的地区,力求相安无事,适当地限制交流。

自从美国、苏联两大阵营对立的情况解除以来,交通方便,资讯发达,加上越来越不能限制,使得原本各据一方的不同文化,到处交流,互相冲突,形成多元化的社会。同样一个区域,可能出现众多不同的花样。那些原先十分有凝聚力的血统、语言、文字、生活方式、风俗习惯,甚至于意识形态,似乎一下子丧失能量,再也拘束不了人们的行为了,更难以规范众人的思维。

相当一致的闭关时代,企业经营管理,不必强调什么企业文化。整个社会,大家的想法十分相近,不论哪一家公司,都要按照社会风气所允许的方式,来进行经营管理。员工不论来自何方,彼此的观念相当接近,有一些奇怪的言行,马上为同人所觉察,所制止。

现代多元化社会,企业经营管理,必须重视企业文化。因为同一地区,大家的想法很不一致。各人有一套主张,而且都言之成理。这种情况,对于喜欢讲道理,怎样讲都有理的中国人,更是一人一义,十人十义,意见相当分歧,非常不容易整合。有些人看到中国人民主化的结果,越来越混乱:管理民主化等于胡作非为而不受限制,反正公说公有理,婆说婆有理,大家乱说乱做,都可以找出相当的理由,形成"只要我喜欢,有什么不可以"的反伦理、不道德局面,令人心痛不已,便认定中国人不适宜实施民主化的管理。

这种见解,显然又陷入"民主""不民主"的二分法陷阱,不适合中国人的思维方式。我们最好把民主和不民主合起来想,才能够顺利地在现代这种"嘴巴上说民主,心里头想的并不是西方那一套民主"的中国社会,建立起合理的企业文化。

一般的说法,企业的平均寿命只有 7 年。不到 7 年的企业,根本谈不上企业文化,因为什么时候要倒闭,谁也没有把握。生存年限超过 7

年，就需要用心建构企业文化，以期生生不息，永续经营。

事实上，公司刚成立的时候，用不着企业文化的约束，大家在"蜜月"期间，自然尽心尽力，对于权利、义务，并不十分计较。当时忙于开拓市场，东西卖不卖得出去，成为大家注意的焦点，没有心思去想一些别的事情。市场没有问题，财务跟着伤脑筋起来。往往销售得越多，财务越吃紧，因为周转相当困难。大家看见老板披着风衣，抓紧手提包，经常为钱而奔忙，也就没有太多的怨言。等到市场、财务逐渐走上正轨，人事问题必然正式登场。原本没有意见的地方，现在也有了抱怨；本来认为无所谓的，现在也开始计较起来。于是，企业文化就成为修己安人的一套准则，也是有效管理的基础。

在企业文化多元化的社会中，组织内部达成共识的意思是企业要想生存，必须上下一心，成员具有相当接近的看法，以期步调一致，产生同心协力的效果。

中国式管理的特色之一，是组织同人因道结合。大家合则留，不合则去。在多元化社会中，结合少数志同道合的人，为达成同一目标而共同奋斗。

企业和政府是不同的。政府并没有选择人民的权力，生为国民，政府一定要加以接纳，顶多在犯罪有证据，或者以"莫须有"罪状把他关起来，甚至于杀掉，否则必须承认他是组织的一分子，无法将他排除。企业就不是这样，有权力选择组织的成员，只让通过筛选、面试、试用的少数志同道合的分子进入公司，成为组织的一分子。企业可以选择成员，若是放弃此项权利，让不是同志，甚至于破坏分子进来任职，等于有门而不知设防，有人而各行其道，不但难以管理，而且不容易持续生存。

社会相当一元化的时候，企业的作风稍有不同，也相去不远。社会日趋多元化的时代，企业文化的差异性，越来越大，必须倍加小心，合理地加以调整。

管理者重在决策，组织中如果没有人能够拍案定夺，样样要公平、公正，而且意见纷扰，莫衷一是，请问如何有效管理？民主国家的经济发展，通常比专制政府来得缓慢，便是大家有目共睹的明证。

没有人赞成独裁，因为一个人再有智慧、有能力，也绝对不可能万能到样样精通的地步。百密一疏，稍微有一些差错，独裁的后果就不堪设想。然而，民主的历史，两百多年来也出现许多弊端，不是为资本家所控制，便是为黑道所操纵，黑金民主，大家也相当反感。

中国人知道把民主和独裁合起来看，找出二合一的形态，即为专制（见图3-1）。凡事未定案之前，十分民主，大家有意见，尽管说出来，谁都不用害怕。但是一旦拍板定案，相当独裁，这样就是这样，有意见便加以制止，违反的必定秋后算账。这种中国式的民主，其实就是专制，或者叫作开明的专制，大家为了迎合潮流，把它称为民主。以这样的形态，来建构我们的企业文化，形成我们的共识，应该比较符合实际的需要，更有助于凝聚同心，产生协力。

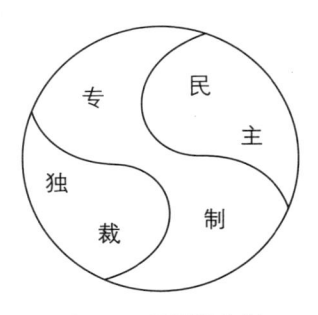

图3-1　开明的专制

第四节

依理应变以求时刻都合理

如前所述,中国式管理具有三大特色:以人为主,因道结合,依理应变。这三大特色,其实是一以贯之,目的在依理应变,以求制宜。在变动的环境中,尤其适用。

为什么说依理应变,而不说依法应变呢?因为从时间的观点来看,"法"是"过去"的产生;"情"是"未来"的埋伏;只有"理"才是"现在"的指标。

所有法令规章,都是基于"过去"的经验,在"过去"的时候,所设想而订立的。往往时过境迁,执行起来就觉得窒碍难行。若是强制执行,必然引起反弹。

人情是为了"未来"而设想,希望在"未来"有所获益。一旦危急,对"未来"丧失信心,大难来时各自飞的情况,远比大难来时要同担来得容易而多见。

当前所面对的"现在",既不能完全依据过去所订立的法来因应,也不可能寄望未来的情立即显现，发生当下生效的效果。完全依法办理，不是被视为刁难，便是被当作不用心、不负责任。寄望未来的情，即为临渴掘井，或者临时抱佛脚，反正来不及了。

现在的情况，最好依"理"来应变。因为理会变动，具有弹性，可以因时制宜，产生合理的效果。

中国式管理的总体目标，在求"时中"，就是"时时都合理"的意思。时间变动，理也跟着改变，所以随时应变，可以解释为"随着时间而合理应变"，成为中国式管理的"权变"的特色。

依理应变必须掌握下述三个要点：

第一，依理应变绝对不是求新求变。 中国人从《易经》的道理当中发现："变的结果，有80%是不好的；只有20%堪称变得良好"。我们常说"人生不如意事，十有八九"，便是人生离不开"变"，而变的结果十有八九不好，因此时常不如意。求新求变偏重"变"的一面，实际上是一种偏道思想。我们必须将"变"和"不变"合起来想，从二合一中把二看成三，找出一条"不可不变，不可乱变吗"的合理应变途径，而不是一心一意求新求变，终究造成乱变。

第二，依理应变要以"不变"为根本的思考点。 本立而道生，只有站在"不变"的立场来思考"变"的可能，才能变到合理的地步。凡事先想"不变"，而不是先想"变"。如果不变很好，请问为什么要变？不变很好的情况下，一定要变，不就是乱变？不变不好时，当然要变。这时候再来设想怎样变法，通常比较容易持经达变，也就是依据不变的原则，来做此时此地合理的应变。站在"不变"的立场来"变"，以不变为根本的思考点：能不变的部分，即不变；不能不变的部分，再来合理求变。苟非如此，多半会产生乱变的恶果。

第三，理本身就是变动的，所以应变之时，必须先找出当前的理，

而不是依照前例来处理。依理应变，大家都会讲。问题是所依何"理"，这才重要。公说公有理，婆说婆有理，到底谁有理？何况理随时空而变动，时间不同，理也跟着不相同。一般人之所以舍理就法，宁愿一切依法行事，便是不喜欢动脑筋，又怕负责任，或者不善于思考，唯恐找错了理，所呈现的一种无奈。有些人习惯于依例办理，按照先例依样画葫芦，实际上也是找不出此时此地的合理点，才不得不依赖先前的案例，以推卸自己的责任。

以人为主，才有办法依理应变。若是以事为主，那就只好依法办理了。因为人有脑筋，可以思索、判断，而事一旦离开了人，便变得刻板而呆定，缺乏变化。其实这正是美国式管理应变力较差，而中国式管理比较具有变动性的主要原因。同时也是美国式管理法治大于人治，中国式管理人治大于法治的根本差异所在。

以人为主，还必须因道结合，才便于依理应变。如果以人为主，而这些为主的人，却各有各的理念，根本缺乏交集，而且不能相容，请问，怎么能够找出共同的理？如何寻觅出大家都能够接受的因应方案？

只有理念相同，英雄所见略同，彼此具有共识，然后在大同小异的意见中，建立大家的"时中"，才能够顺利地依理应变，做到大家都能够接受的地步。

严格说起来，合理不合理，不过是一种理想性的假定。因为理本身含有相当程度的矛盾性，天底下很少不含矛盾的事物，有阴也有阳，才合乎阴阳之道。矛盾性的发展，在尚未表面化之前，不容易看得清楚，也不容易想得明白。一旦表面化，有时候已经相当僵化，不容易加以化解。所谓见仁见智，也可能是有些人看出矛盾的潜在性，有些人根本看不出来；有些人看出阴的部分，有些人却只看到阳的部分，因而争执不休，各有各的见地。最麻烦的，往往是愈知道得不多的人，愈固执自己的意见，以致自以为是，却认为自己择善固执。

中国式管理之所以将管理与伦理结合在一起，便是看出依理应变，非注重伦理不能收到合理的效果。当今民主潮流，忽视伦理的存在，年轻人不懂事，反而说话比较大声。衡情论理，不但浅薄化而且庸俗化，可见一斑。年轻的大学教授居然在媒体上公开宣称道德良心已经起不了作用，而主持人也居于平衡报道的立场，一再邀约其登台献丑，即为理不易明的一种恶果。

组织重视伦理，大家面对问题的时候，才能够平静地互相尊重，深入地观察和分析，把握到问题的真实性，而不致仅从问题的表面来反应。看得真实的人，往往是曲高和寡的少数，说出来能够听得真切，而又得以及时响应的并不多。以致除非受到相当的尊重，大多不愿意明白地说出来。民主最大的缺失，即在知者不言，言者不知。浪费一大堆资源，说一些没有用的废话，自己总认为很热闹，很有作为，甚至很有贡献，实际上却增加成本，造成进步的阻碍，导致管理的失效，而不自知。

民主必须加上伦理，以民主伦理代替民主法治，在变动快速的环境中，才能够凭良心依理应变，求得此时此地最为合理的时中，这是研究比较管理的时候，应该明辨的主要项目。如果不能确立此一前提条件，那么空谈依理应变，充其量只能获得品质较差、多数表决的策略，不值得识者一笑，也难以真正管理合理化。

第五节
志同道合才能合理应变

企业的规模再大,也不过是少数人的结合。行政组织再庞大,真正可以左右大局的,只有那极少数的首脑人物。要求合理应变,其实只有一个十分简单的要诀,可以说放诸世界而皆准,突破时空的限制,那就是我们常说的:亲贤臣而远小人。也就是自古流传迄今,代代都被一再重复强调的:亲贤远佞。

诸葛孔明对后主刘阿斗的建议,在《出师表》上说得十分清楚:"亲贤臣,远小人,此先汉之所以兴隆也;亲小人,远贤臣,此后汉之所以倾颓也。"

唐朝名相魏徵说过:"用一君子,则君子皆进,小人尽退。"国之将亡,则妖孽把持朝政,君子遭受排斥,忠良尽遭谗害,岂有不灭亡的道理?

志同道合,是组织的首要条件。乌合之众,就算看起来黑压压一大堆人头,而各怀鬼胎,各有不同的利害标准。稍有风吹草动,即如鸟兽般散去，不算是组织。

组织文化，便是组织成员赖以结合聚集的"道"所表现出来的某些独特的花样。各种组织，各有不同的道。所以同道，并不限定于正道。邪道结合，同样是志同道合，却显然与正道相违背。

这里所说的"道"，当然专指正道而言。什么叫作正道？就是一切依天理，凭良心所走出来的途径，所做出来的决策以及所坚持贯彻出来的成果。

依孔子的标准："乡人之善者，好之；其不善者，恶之。"大凡善良的人，都表示欢迎、喜欢它，而那些为非作歹的坏人，都表示厌恶、不喜欢它，这就是正道。特别要加以注意的是，善良的人，大多比较谦虚、客气，不好意思抢着表达自己的意见。若非时机合适、获得相当的尊重，不容易听到他们的声音。而巧言令色的小人，最擅长以小忠、小信、小慧来凸显自己，抓住机会，就要作秀。常常呼朋结党，造成虚假的声势，以达到营私舞弊的目的。公开讨论、接受 Call-In，实在和亲贤远佞背道而驰。特别是在主持人的水准普遍低落的社会，贤者袖手旁观，不贤者滔滔不绝，更是难以改变的可笑事实，当年商王武丁求傅说、周文王访姜子牙、刘备三顾茅庐，都不是现代这种民主作风所能够如愿的。

千人诺诺不如一人谔谔，人多未必意见就好。流行的道不一定是正道，而传统更不代表故旧得必须丢弃。可见民主只是政界人士无可奈何的一种口号，企业管理民主化则是嘴上说说，实际上行不通的东西。

创业之初，以志同道合的少数人为伙伴。组织扩大之际，以组织文化来吸引闻风而来的同道。这样的组织，必能欣欣向荣，不断茁壮成长。

刘备在三顾茅庐之前，已经拥有天下无敌的大将关羽和张飞，然而奔走半生，仍然创业不遂，到处流浪，根本没有立足之地，他把这种不顺利的遭遇，归之于天意，说是"命途多舛，所以致此"。经过水镜先生的指点，才恍然大悟，原来是不得其才，缺乏决策的经纶济世之才。这才引起他的强烈求才欲望，诚心诚意地三顾茅庐，把孔明请下山来协助，终于完成三足鼎立的大业。跻身排名前三大势力，并留下一段求才的佳话。

志同道合的积极表现，在于能够委曲求全地达成一致的协议，找出合理的应变措施。

由于水镜先生的启发，刘备警觉到决策人才是各类人才中的关键人物。他决心三顾茅庐，以实际行动来宣示他礼聘高明的决心。但是，同样志同道合的关羽和张飞，在心理上并没有同样的觉醒。以致第一顾时，两人都有些不耐烦；第二顾时，张飞开始发脾气；到了第三次拜访时，关张二人都极为不高兴。如果刘备不能及时制止，或者根本制止不了，甚至采用民主的多数表决，这一段访才佳话，大概就半途而废了。诸葛孔明也用不着鞠躬尽瘁，死而后已，三分天下的故事，也无从说起了。刘备毕竟具有大哥的威望，而关张二人也富于伦理的素养，终于三位一体，打动了孔明的心，慨然应允。

刘备、关羽和张飞桃园三结义，是最好的组织形态。三人共同塑造组织文化，这才吸引赵云、黄忠等人才，乐于投入。这些志同道合的人，造就了蜀国。创造出当时的大变局，则是这些志同道合的人士，适时合理应变，所缔造的丰硕果实。

但是，从三顾茅庐的过程中，我们发现三结义的兄弟，对同一事件的看法，也相当分歧。在刘备心目中，孔明是安天下的奇才；而在关羽心中，孔明不过徒有虚名；张飞更把孔明看成一般村夫。员工不了解干部的心思，干部不明白老板的想法，乃是常见的事实。

管理需要伦理的配合，在这种情况下，显得格外分明。刘备适时制止两位弟弟的无理，合理地应变，顺利地完成不寻常的求才举动。

组织内有人能够拍板定案，才有决策可言。若是纷纷扰扰，七嘴八舌，今天决定明天还可以反悔，哪里有什么应变的力量？拍板定案的决策者，拥有最后裁决权。在志同道合的组织成员中，是不可或缺的首脑。

老板可以自己充当决策者，也可以委由他人来代为决策。刘备请到孔明以后，自己认为如鱼得水，把一切决策权，都委之于他。曹操就不一样，他自己决定，从不假手他人。他所信任的人，如郭嘉、程昱，不过充当可靠的助手，从来没有决策权。

曹操的个人英雄主义，和刘备的集团参与作风，都是志同道合的组织，可以采取的应变方式。但是，在一般人心中，刘备的能力虽然看似不智不勇，却能够借众人才的力量，表现出真智和大勇。就连自视甚高、骄傲成性的曹操，在刘备十分倒霉的日子里，也看出"当今世上的英雄，仅你我二人而已"。

志同道合只是合理应变的基础，重视伦理，建立共识，才能够在遇到变动时，寻找出合理的平衡点。

中国式管理的三大特色：以人为主、因道结合、依理应变。不但可以因人而异、因道而异，而且同样的人员和理念，还能够因时因地而合理调整，以求制宜。

组织如此，成员个人也不例外。这又牵涉到另一个重大的配合问题：在动态中求取平衡，上有政策下有对策。

第六节
人人都合理地阳奉阴违

上司与部属之间,要求"一团和气",却必须提防"一事无成"。上下和谐相处,凡事打哈哈,有意见不好意思说出来,遇到问题能躲即躲,躲不过彼此推、拖、拉,能处理到什么样的地步,都以"虽然不满意,勉强能接受"的心态,成为典型的和稀泥,是中国式管理的恶瘤,必须妥为预防,或者及早去除。

部属凡事唯唯诺诺,一切遵照上级的规定办事,是十足的奴才,迟早连累主管,祸及组织,伤害大家的和气。乖乖牌、听话、没有意见的部属,不受上司器重。

有意见,马上就表示出来,被称为顶撞。喜欢顶撞上司的部属,不用算八字,一字横死,迟早死于非命,而且不会太久。因为上司承受不了,面子太难看,终究要翻脸无情,下毒手。职位越高,这种可能性越大。

中国式管理的特色之一,在以人为主。于是上司、部属这种人与人之间的关系，显得特别重要。和直属上司处不好，哪怕有天大的本领，也施展不出来。上司运用"应该让他做的事情，偏偏不让他做"的"冰冻策略"，一下子就把部属变成"急冻人"，所有能力冰冻起来，还能有什么作为？再依据工作说明书（职责表）的最后一条"其他"，"把不应该给他做的事情指派给他"，让他做也不是，不做也不是，若不自动辞职，便要忍受煎熬，只此一招，就轻轻松松地把部属赶走或逼疯。

对上司百依百顺的部属，命运也十分坎坷。上司不但把他当作奴才，高兴怎样指使，便随意加以调遣。部属稍有抗拒，上司就痛加斥责，毫不留情。本来嘛，对奴才何必讲究礼貌？更不需要将心比心，为他设想。

这时候中国人"把二看成三"的智慧，充分派上了用场。部属应该在"顶撞"所造成的"叛逆"罪状，和"听话"所形成的"奴才"命运之中，走出第三条路来。

既不当叛逆，又不做奴才，那该怎样办呢？说起来相当可笑，合理地阳奉阴违，不就是中庸之道吗？

上司所说的，永远都对，有意见很可能被当作叛逆。《三国演义》中曹操亲征孙权，某日天气晴朗，风平浪静，大宴诸侯于船上。高兴之余，曹操感叹"对酒当歌，人生几何"，扬州判史刘馥劝说："大军相当之际，将士用命之时，丞相何故出此不吉之言？"曹操大怒，当场将刘馥刺死。虽然第二天懊悔不已，一条命已经呜呼哀哉。类似的情况，自古迄今，一直未有改变。现在不能杀人，却也有一大套整人的办法，令人比死还要难过，何苦以自身相试！不如明哲保身，牢牢记住这一条准则。就算老板叫我去死，我也要答应"好"，反正不去死他也没有办法，何必嘴硬，跟老板逞强！

但是，上司所说的，永远都对，并不表示一定要完全遵从上司的指令去实践。因为中国人的惯例，上司所要求的，是成果，而不是服从。不服从不行，效果不好更加不允许。这样我们才能够理解，为什么部属百分之百遵照规定去做而效果不佳时，上司经常不屑地取笑："规定是死的，而人是活的；稍微改变一下都不会，到底有没有脑筋？"尤其令人啼笑皆非的，是这样的话语："我叫你这样这样，你就真的这样这样？如果我叫你去死，你会不会去死呢？"可见老板的指示，并没有严格要求部属彻底遵行的意思。

上级的指示是正确可行的，部属当然没有理由加以变更。这时候上司所说的，永远都对，下面还要加上"赶快认真地将上司所说的付诸实践"。上级的指示如果不正确、不可行，部属就不应该盲目依照上级指示去执行，因为不良的后果，仍旧需要部属自己来承担。在中国社会，只有"执行不力"，而没有"决策错误"，这是大家必须提高警觉的。上级的决策有所偏差，甚至发生重大的错误，部属在执行的时候，应该用心加以调整，使其产生"歪打正着"的效果，上司才会欣慰嘉勉。

自古以来，上有政策而下有对策，已经成为众人皆知的事实。为求政策有效落实，不采取若干对策，行得通吗？合理的调整，其实才是有效执行上级指示的保证。不过，这种行为，基于维护上级面子起见，通常"只能做，不许说"。嘴巴一定要说"依法办理"，而实际上经常"因时制宜"，称为"变通"，而目的则千篇一律，在求合理有效。

这种行为，不是阳奉阴违吗？自然不是。因为大家都不喜欢这样说，太可怕了，也太危险了。请问：谁敢承认自己阳奉阴违？哪一个人不是理直气壮地声称自己依照指示办事？上级的面子十分重要，对不对？

中庸之道，说起来就是"合理主义"。中国人的事情，很难说对错，大多数是"合理就好"。

过分阳奉阴违，或者为求私利，为满足私人的欲望而阳奉阴违，当然罪不可赦。但是太小幅度的阳奉阴违，有时调整得不够大，弯转得不够快，同样要负起"不用心"的罪名。不用心什么？不用心阳奉阴违罢了。

过与不及，都不合乎中庸之道。合理的阳奉阴违，才合乎合理主义的要求。

以人为主的中国式管理，讲求人的密切配合。人人都有自主的欲望，也都十分喜欢自动。因此中国式管理主张，上司的规定只是品质管制的范围，部属应该在上司规定的范围内，发挥自主的精神，采取自动的态度，自行衡情论理，用心地把事情做到合理的地步。

中国人常说"努力工作没有用"。因为努力工作，大多依据上级的规定，自己不动脑筋，结果常常令上司失望，所以觉得没有用。我们认为"用心做事才要紧"。由于一切内外环境，都时时在变动，上级下定决心，做成决策之后，许多变数又陆陆续续产生，这时候盲目地依循上级指示去做，岂非陷上司于不义？也就是将责任踢回去，让上司承受决策错误的责任，上司当然不甘心，怀恨、埋怨部属不负责任，也是合理的反应。

部属接受工作指派之后，应该随时注意不断产生的变数，用心去调整。在不违背上级的大原则之下，自动设法，自主决定，将工作做得合理。相信上司所期待、所欣赏、所赞许的部属，正是这种能够合理地采取对策，祈求有效落实上级政策的人才。

第四章

树状的组织精神

上司要避免上侵下职，以免造成人力资源的浪费。员工要来安上级的心，使主管敢于放手让部属去做事。

对外的策略联盟，应该保持委曲求全的心态，缔造合中有分，而分中也有合的关系。

把组织看作人和事的配合。既然以人为主，就必须因人设事。

管理是什么？如果从事态发展的过程来看，管理就是"从现况走向未来的历程"（见图4-1）。

单独一个人走向未来的，称为生涯规划。表示自己的未来，由自己来规划，来创造，来完成。

团体的未来，不能依赖个人的力量，否则无法发挥群策群力的效果。这时候为了聚合群力，必须把众人组织起来。

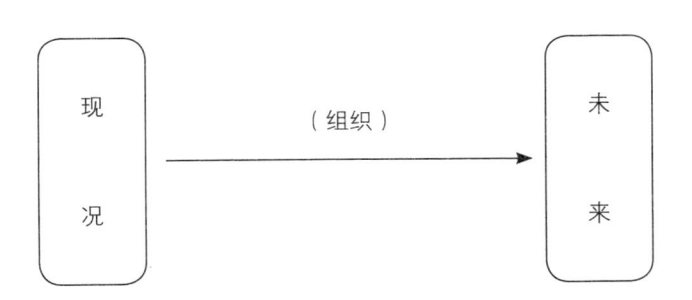

图4-1 管理是由现况走向未来的历程

世界上最庞大、最优秀、最灵活、最有效的组织，莫过于天地。最伟大的经营者，便是经营自然的天。领导者敬天、法天、事天，组织才能够像天地自然那样丰富盛大，持续地无限发展。

具体而微的事实，则是树木。它的组织精神，十分值得我们重视。首先必须避免上侵下职，以免主管劳累，而部属却有力使不出来，造成人力资源的浪费。于是员工就要以具体的行动，来安上级的心，使主管敢于放手让部属去做事。部属还应该对上司有信心，让职位愈高的上司拥有愈大的弹性，却不视为特权而加以制衡。组织内部，固然要像树一般互依互赖，对外的策略联盟，也应该保持委曲求全的心态，缔造合中有分而分中也有合的关系。把组织看作人员和工作的结合，也就是人和事的配合。既然以人为主，就必须因人设事，不必因为西方人重视因事找人而有所避讳。

　　我们在树木的组织中，完全看不出我们所担心害怕的本位主义。既分工又合作，使得树木欣欣向荣。各部分之间完全站在合的立场来分，依整体的目标来各尽其力，并且充分配合。

　　云施雨露，由树叶尽情吸收。地下水源由树根向上供应，各取所需，也各尽所能。

　　有组织还要更进一步表现出有效的组织力，以免徒然拥有组织的形式，却无法结合成员的力量，发挥不了实际的组织功能。

第一节

树状有机系统

一般组织形态，不论其为委员制、首长制或混合制，还是系统制、幕僚制或混合制，从"象"的角度来分析，都是同样的"金字塔"形（见图4-2）。不过在层级上，有多有少而已。这种金字塔形，由上而下，把它用直线（象征绳索）连起来，看看"像"（象即像）什么？

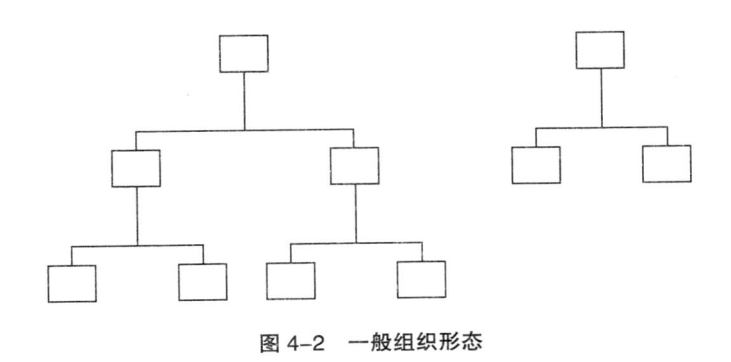

图 4-2　一般组织形态

像什么？像一串肉粽（见图4-3）。老板高高在上，用手一提，这时候所有员工，都活像被绳索套得牢牢的肉粽，非但动弹不得，不能发挥个别的潜力，而且毫无商量的余地，非要乖乖地听话不可，任凭主人提到哪里算哪里。

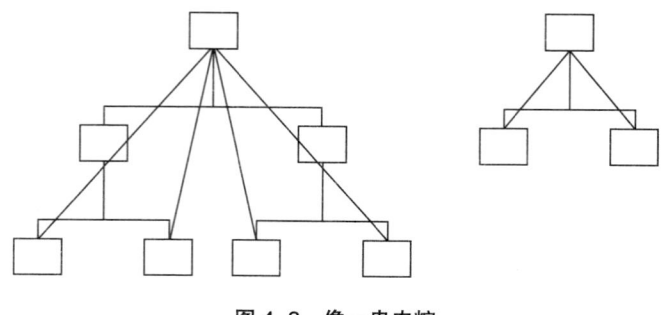

图 4-3　像一串肉粽

在这种情况下，要员工自动自发，万一绳索断了，自己反而掉落在地上，摔烂了怎么办？何不顺势把自己"搁"在那里，只要不惹事，日子好过得很。

顾客很少和老板接触，大多和第一线员工打交道，于是顾客的位置，被压得很低，根本谈不到"顾客至上"（见图4-4）。何况被绑得死死的基层员工，自己都动不起来，哪里能够为顾客做什么服务呢？到头来只能口头上喊喊罢了。

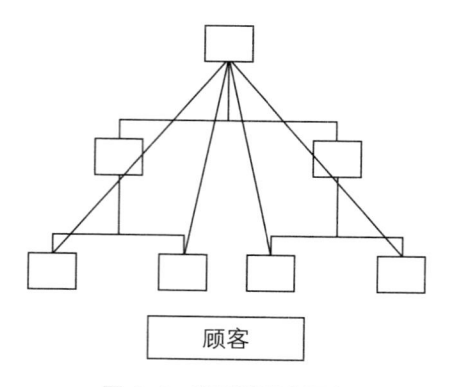

图 4-4　谈不到顾客至上

中国式管理的组织形态，自古以来，就是呈现树状的有机系统（见

图4-5）。我们从"干部"着手研究，为什么叫作"干"部？因为他们有如树干，正好担当树干的部位。老板是树头，所以称为头家，常常隐而不现，或者半隐半现，好像树的根部那样。

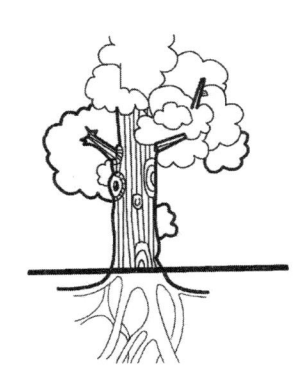

图4-5 树状的有机组织

树状组织并不是西方所说的"倒金字塔结构"（inverted pyramid structure），因为它不一定那样刻板，再怎样倒也要维持金字塔形（见图4-6）。

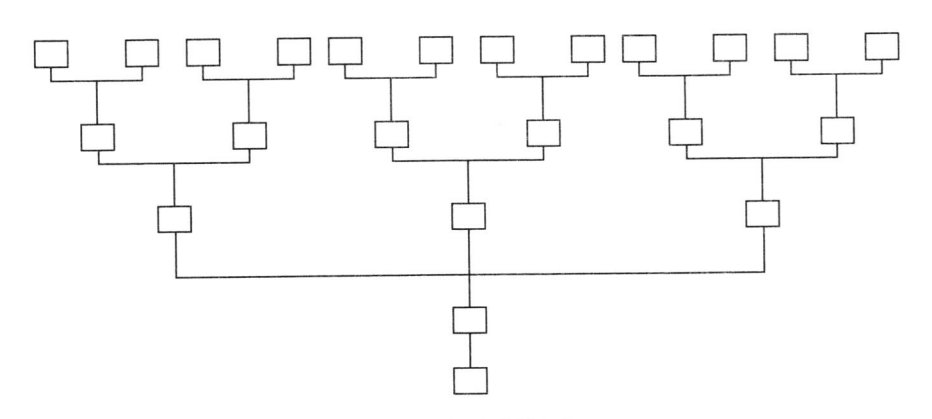

图4-6 倒金字塔组织

树木的生长，随着外在环境的变迁，呈现参差不齐的发展状态，该茂盛处自然茂盛，该枯萎时宜枯萎。树状组织同样因应目标的变革，应该发展的部门，尽量扩大延伸；必须合并或裁撤的部门，也要让它萎缩或关闭，以符合实际的需求。

根部吸收水分，源源不断地供应树干；树干也毫不保留地让枝叶予取予求。这种精神契合中国人"我支持你，你放手去做"的民族性。上司唯有抱持"你办事，我放心"的心态，部属才肯尽心尽力。若是事无大小，都要请示；样样事情，都要设法牵制，部属就会还以"公事公办"的因循苟且、等因奉此的态度，而不求上进。至于上司如何才能放心，不致被信任的部属欺骗，那是上司的功夫，不在本文讨论的范围。

开花结果是枝叶的事，树干向来不与枝叶争绿夺艳。可见干部的第一修养，在"不与员工争功劳"。干部权大位高，当然有机会也有能力抢夺部属的功劳，但是一次、两次下来，部属就不想表现了。因为他觉得反正再努力也没有功劳，何必拼命为上司争光彩？

把成就感让给部属，才能够引起部属强烈的参与感。唯有员工热心参与，干部才能够称心如意地推行组织所欲达成的任务，顺利完成预期的目标。

树木由根部到树干，从树干到枝叶，都是彼此互依互长地发展，各部分都息息相关。有分工，却不会出现本位主义。树状组织，最要紧的便是从董事会（根部）到各级干部，以至于基层的员工，都纳入组织的互依互赖网。每一成员，都不是组织中乌合的一个个体，而是团体中缺一不可的联系个体。大家都深觉牵一发可能动全身，没有自己的全力配合，整个组织就会蒙受重大的损失，因而时常自我警惕："不要因为我一个人不努力，害了大家。"树木的自然生态，以欣欣向荣为常则。树状组织，也将由于彼此互助合作，个人力求在团体中完成自我，而蓬勃发展，呈现大家所乐见的一片荣景。

中国人在金字塔组织形态中，最常见的互扯后腿、彼此妨害、各自

第四章 树状的组织精神

防卫的毛病，在树状组织形态中，由于彼此互信互赖，不会产生本位主义，而获得消减化解。

枝叶能做的事，树干不要去做；树干能做的事，根部也不会去做。象征"部属会做的工作，主管不要争着去做"，十分符合管理的"例外原理"。上司处理例外性工作，而部属则处理非例外的例行性事务，彼此分工合作，才不致抢成一团而不能全盘照顾。

树干和枝叶比较起来，要强壮得多。因为如此，根部才觉得树干十分可靠，信任它去支撑众多的枝叶而不加以怀疑，即使枝叶随风摇动，仍然相当放心。可见干部必须既有能力又表现得十分可靠，老板才会放心。否则老板放不下心，对干部多加干扰，枝叶又怎么能够信赖干部呢？员工能不能信赖干部，事实上和老板是否信任干部，具有非常密切的关系。但是，老板是否信任干部，又和干部本身是不是表现得可靠，有密不可分的关系。靠得住的干部，老板自然放心，而员工也因而热心、信任，所以干部的修为，乃是上下合作无间的关键所在。

树根刚刚萌芽的时候，会尽量照顾它，让它成长茁壮。象征老板应该慎选干部，用心辅导、训练，采取"寓训练于授权"的方式，放手让干部去表现。树干对于枝叶，也是如此。表示各级主管，都应该用心选用合适的部属，教导他们，辅助他们，然后适才适任，指派合理的工作，放手让他们各自去表现，并且把成就感让给他们，使他们有贡献就得以开花结果，获得相当的激励。每一阶层的主管，放心让部属去自动自发，自己才有时间、有精力在上司面前自动自发。

中国人常说"万商云集""顾客如云"，也唯有树状有机组织才能办到。根部代表董事会，是一切生长的总源头；只要根部活着，拥有正当经营理念，春天来临就会复苏，景气良好马上从谷底翻升。和顾客直接接触的员工，高高在上有如枝叶般矗立树顶。顾客如云，像云一样飘浮在基层员工的顶上，象征基层员工必须好好观察顾客的表情，探究其需要，做出顾客所欢迎的产品或服务，这样，顾客便真的至上了（见图 4-7）。

图 4-7 顾客真的至上

第二节

避免上侵下职

俗语说:"上下一条心,黄土变成金。"上司与部属之间,能不能互相了解,彼此体谅,是管理是否有成效的决定性因素之一。上下的默契,从"避免上侵下职"开始,必然获得部属的信心,增加对上司的向心力。

所谓"上侵下职",意思是:"上司把部属的事情抢着办了,反过来指责部属偷懒、不负责。"

管理上原本有一条法则,称为"例外法则"。凡是部属能够办理的事情,上司不可以处理,应该放手让部属去做。因为上司的职责,在处理部属所不能做的事。甚至部属不会做,上司也要以教导、辅助的心情,帮助部属学会、做好。部属会做而不敢做、不肯做、不多做,上司更应该找出原因,加以矫治、改善,使部属会做而且敢做、肯做、多做,以期发挥总动员的效果。

实际上大多数上司也自认乐得清闲,他们经常这样说:"我并不是天生的劳碌命，一定要折磨自己才甘心。部属会做的，我当然让他们去做。但是部属做不来、做不好的事情，我要花那么多时间去教他们，不如自己拿起来做，反而方便得多，至少不必受气。"

除此之外，还有更多的理由，使上司自己动手去做，而不指导、辅助、监督部属去完成：

1. 看不惯部属笨手笨脚的样子，总觉得自己三两下子轻快灵巧的手法，部属怎样都赶不上。

2. 忍受不了部属慢手慢脚的步调，不如自己那么快速敏捷，一下子就决定、动手、办妥。

3. 不愿意承受部属爱做不做的刁难，干脆自己动手，表示"你不做，我照样可以完成"，难不倒我。

4. 不放心部属马马虎虎的态度，生怕让部属弄坏了，自己再来收拾，更加麻烦。于是自己动手，以求安心。

5. 不希望部属以为"非他不可"，好像上司毫无能力，一切都要靠他。因此做给部属看看，我也有一套。

6. 怕自己的上司认为自己偷懒，或者缺乏能力，所以始终保留一些工作，来保护自己。

7. 有一些认为不能让部属了解或参与的事，基本上就不应该让部属去做，必须自己动手，才能保守秘密。

中国人果然是理由专家，稍微动一下脑筋，便可以说出一大堆理由来支持自己的上侵下职，并且把所有责任都推给部属。上司不得已才如此，怪不得他；部属往往太不像样，活该被上司抢掉工作，不是吗？

然而，仔细追究起来，这些理由都站不住脚，根本不成理由，不应该拿来当作借口，掩饰上司的错误：

1. 看不惯部属笨手笨脚的样子，上司最好反省，是不是自己给部属造成太大的压力,他才会这个样子?在上司不看部属的时候,部属就自在得很,哪里会笨手笨脚呢?看他,害他紧张得要命,又怪他笨手笨脚,合理吗?不如不看他,让他自己去调适,他自然越来越轻快灵巧,有时还可能超越上司。不相信,可试试看。

2. 忍受不了部属慢手慢脚的步调,证明上司的忍耐力不强,也不能体谅部属的处境。部属在上司面前,永远显得比上司慢半拍,因为他对上司有所顾虑,必须多花一些心思去想上司可能的反应。上司在部属面前,通常比较有魄力,可以马上决定,立即行动,这是优越的形势使然,不一定真的赢过部属。但是部属在决定和行动之前,却应该先想一想,上司会有什么样的看法?因而有些慢手慢脚,应该属于人之常情。

若是部属心中根本没有上司的存在,决定、行动之前毫不顾忌上司的反应,对上司更为不利,必须更加谨慎,防止产生严重的祸患才是。

3. 不愿意承受部属爱做不做的刁难,也是上司缺乏自我反省的表现。上司不应该指责部属爱做不做,却应该检讨自己,并赶紧设法加以改变,而不是干脆自己动手。和部属赌气,并不是上司应有的态度。

4. 不放心部属马马虎虎的态度,很可能是上司对部属不信任的结果。通常上司越不信任部属,越可能对部属产生不放心的感觉,以至于部属怎样认真,在上司的眼中都是马马虎虎的样子。这种主观的偏见,必须由上司自己来修正。只要经由小小的信任,通过不断的考验,赋予部属更大的信任,部属自然不敢(至少不好意思)马马虎虎。上司由不放心而稍微放心,更进而到达放心的地步,才是上司自求多福的有利途径。

5. 不希望部属以为"非他不可",其实是上司对自己缺乏信心的缘故。深具自信的上司,巴不得部属个个认为"非他不可"而勇于任事。只要真正把事情做好,非他不可并不是坏事,部属就算有这样的感觉,上司也不应该存心给予挫折，以免打击士气。

当然，我们并不希望部属非我不可到"奇货可居"的地步，只要预先防止部属垄断、包办，并不需要在部属面前逞能，表示上司自己也有一套。

6. 怕自己的上司认为自己偷懒，或者缺乏能力，更是没有必要的顾虑。果真遇到这样的上司，让彼此的缘分早日结束，一点也不可惜。我们常常小看了自己的上司，错怪了上司的评鉴能力，结果害了自己。

7. 不能让部属了解或参与的事，实在少之又少。因为真正的机密，组织必定有一套严密的保护措施，不可能由个人来决定要不要保密、如何防止间谍。

除非特别有所交代，一般都不需要上司操这种心。上下之间有这样的提防心，大概很难产生高度的默契。

上侵下职和上司是不是天生的劳碌命也扯不上关系。把部属应有的工作空间归还给部属，让部属在自己拥有的工作空间里学习、磨炼，并且获得成就感，不过是上司应有的修养。部属能做的事情，让部属去做，上司越少干预越好，部属才能够自己承担应有的责任，加强"自作自受"的体认。上司依循"例外原则"，要做的事情仍然很多，包括合理地指派工作、全面掌握部属的动态、及时加以指导和辅助、确保部属如期完成使命等，实在也不很轻松，更谈不上偷懒。

上侵下职，不但妨害部属正常的学习、成长，而且破坏上司与部属之间的合理关系，必须及早加以改善。

第三节
员工要安上级的心

中国人当然深知"向上管理"的奥妙，在于"能做不能说"。我们不像西洋朋友那样，公开说什么向上管理，徒然惹得上级心里不舒服，对自己十分不利。

向下管理尚属不可明言，何况是向上管理？上级觉得好笑："我都不想管你，想不到你还想来管我！"不免下定决心，先下手为强，整整你，看你敢不敢来管我？心想"老子不发威，被部属当成病猫"，干脆发发威风，看谁来向上管理！

中国人为人处世的第一要则，便是"潜龙勿用"。通俗说起来，即为"遮遮掩掩"，善于隐藏自己。

请问你主张向上管理吗？答案多半是："开玩笑，上司不管我就好了，还有什么向上管理！"心里相当纳闷："你这样问，叫我怎么回答呢？"

向上管理的基础，在安上级的心。唯有上级安心，才有向上管理的可能。若是一开始便惊动上级，引起上级的怀疑和不满，根本没有向上管理的余地，不过是空口说白话，说得好听而已。

要上级安心，事实上很不容易。上级对部属，固然十分放心，却经常放不下心。这种说不出来的滋味，若非身临其境，往往难以体会。放心尚且不易，安心更为困难。想安上级的心，至少要做到三件事情。

第一，确实把自己分内的工作做好。任何组织成员，都有其公司的职责。工作做不好，上司很担心，当然难以安心。工作很努力，成果不良好，上司也放不下心。唯有以"用心做事，确保成果"来代替"努力工作，尽力而为"，才能够使上司安心。

一般人总认为努力工作已经相当不错，却不知所努力的是哪些工作，所运用的工具和方法正确与否，所达成的成果如何，以及所造成的后遗症如何，这些远比努力工作更加重要。至于尽力而为，含有"不敢保证效果如何"的意味，着实令人不敢放心。

用心做事，把自己的心和事情结合起来，将自己的心思渗入到所办的事情里面去，自然具有"确保成果"的决心和信心，上司才能够放心，把一颗七上八下的心安放下来，当然安心。

第二，要适时向上司汇报工作进度和预期的结果。一个人用心做事，难保没有遭遇难题，或者受到外来的干扰，能不能如期完成，结果是否良好，常常令上司觉得不安，产生"问也不好，不问也不好"的矛盾。

部属最好能够适时地向上司汇报，工作进行得如何，有没有遭遇到什么困难，是否已经解决，后面的进程如何，能不能如期完成，有没有圆满达成的把握。

上司不方便问，主要是顾虑部属的面子。部属自动向上司汇报，一方面自己有面子，另一方面也使上司安心。上司最担心、害怕的是，一直认为没有问题的事情，到了即将验收的时刻，才发现不可能完成，或者品质甚差，无法交代，而且时间被耽误掉，难以补救。部属再承认错误，再愿意负起责任，上司也无法安心。

第三，处处顾虑上司的立场和面子，不令其为难。越有能力的部属，越需要留意上司的面子问题。因为平时给上司的压力已经相当大，稍不留神，便可能"功高震主"，让上司觉得没有面子而恼羞成怒。

上司再看重部属，也要站稳自己的立场。有些事明明想满口答应的，也会顾虑其他同人的反应而犹豫不决。有些事情心里想要破例允准的，一旦公开出来，也会断然拒绝。部属唯有处处顾虑上司的立场，才能够获得上司的全力支持，也唯有保住上司的面子，上司才敢放心地让这样的部属去施展实力。

上级安心、放心，自然抱持"你办事，我放心"的心态，对于部属的建言多半听得进去，也乐于采纳。遇到什么问题，敢于找部属商量，提供参与的机会。这样一来，向上管理的实际行动，已经默默地展开，也容易在"不惊动上司"的情况下，获得较佳的效果。

对上管理能不能持续进行，效果能不能不断增强，主要看部属能不能做到下面三件事情：

第一，把功劳让给上司，不抢功劳。部属用心做事，确保成果，更进一步把功劳归给上司。上级欣慰、喜悦之余，自然更加信任部属，更有信心接纳部属的意见，更乐于接受部属的影响。

和上司抢夺功劳，不但抢不过上司，而且容易引起其他同人的围剿，比让上司伤心的后果更为可怕。

第二，主动向上司提出有关未来的预测和筹谋。一般人只顾眼前的工作，应付目前的问题已经焦头烂额，当然无法向上司提出未来的建议。但是上司所关心的，未来比现在的比重更高，因此能够预测未来动向，并且未雨绸缪的部属，常常更能获得上司的器重。

能够影响上司的未来前途，向上管理的力量最大，所产生的效果也最为深远。

第三，不让其他同人、朋友知道自己具有多少影响力，向上管理的成效才能够持久加强。同人的谗言、朋友之间无意的传言，都足以提高上司的警觉，使其不敢过分相信部属，甚至刻意加以疏远。毕竟人言可畏，听到一些闲言闲语，总会自我克制，以求保护自己，不受部属的左右。

何况同人、朋友一旦明白自己在上司面前的影响力，就会动脑筋，想加以利用。不是推三托四，便是希望沾一点光、占一些便宜。让人家知道自己有左右上司的能力，固然多一些光彩，却也必然增加许多麻烦。

更要小心的是，上司可能因此而用心摆脱自己的影响，产生若干负面的效应，对自己十分不利。

向上管理的真正目的，在于帮助上司认清事实，依据实况做出正确的判断，以期下决心下达合理的决策，使自己能够更有效地达成任务。

以"公益"为出发点，拿"上司好，自己也好"的心情来默默地向上管理。有人赞扬或请托时，必须否认自己可以影响上司。相反地，要指出一切由上司自行做主，自己充其量只是传达讯息而已。这样的向上管理，比较符合中国的人情世故，自然比较方便而有效。

第四节
职位越高弹性就应越大

"只许州官放火,不准百姓点灯"这一句老话,在中国式管理的权变体系中,一直是一种不变的真理。它的意思是"职位越高的人,权变的弹性越大,越不受法令的限制"。

任何组织,基本上都有其"层级"(organizational hierarchy),让成员一方面"分层负责",另一方面"知所节制"(见图4-8)。

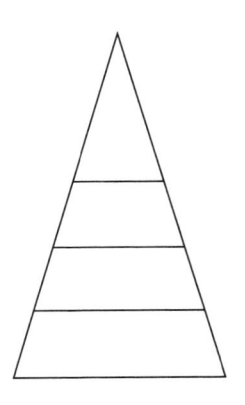

图4-8 组织的层级

中国式管理,讲求"分层负责",却不主张"分层授权"。因为"责任是部属应该负的,权力则是上级主管看情形而赋予的",部属只需要尽责任,不必太关心有没有权力。在上司心目当中,"部属善尽责任的时候,主管实际上已经充分授权;部属做得不好,未能善尽责任时,主管当然不能够授权"。

西方人主张"先授权,部属才能够负起责任",中国人则认为"部属先负起责任来,上司才敢授权",这种先后的区别,成为西式管理与中国式管理的很大差异。由于中国人具有"连坐"的习惯,所以在授权方面,上司必须更加谨慎小心,切切不宜轻言授权。

中国人的分层负责,并不是"依据自己的权责范围,来克尽自己应尽的责任"。我们的分层负责,应该是"按照上级的'经',来衡量自己的'权'"。"经"表示原则,"权"代表权宜应变。部属处理事情,最好依照上司的原则,然后视实际情况而应变。

组织成员负责的对象是首长。因为一切成败,实际上都归之于首长。我们常说,首长的理念影响组织成败的比例高达75%以上,便是居于这种缘故(见图4-9)。

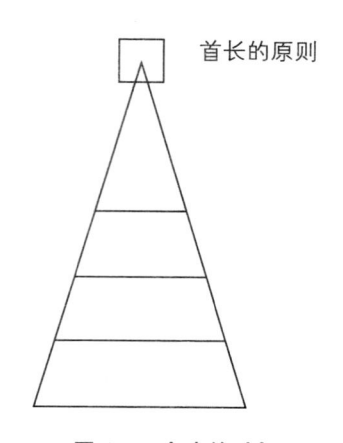

图 4-9 负责的对象

首长的意旨，常常被高阶主管当作不可抗逆的"经"。往往首长一句"我怎么不知道"，高阶主管就会马上修改法令，让首长依法可以知道他想知道的事情。而过了一些时候，首长有意无意一句"这种案件为什么要送到我这里"，高阶主管也会立即修改规定，让这些案件从首长面前消失。中国人的"法治"，长久以来，一直被认为"依据首长的法来治理"，实在有相当的道理（见图4-10）。

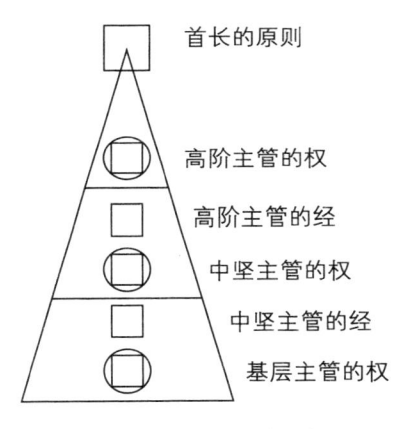

```
          首长的原则
         高阶主管的权
         高阶主管的经
         中坚主管的权
         中坚主管的经
         基层主管的权
```

图 4-10　经和权的配合

衡诸事实，首长再英明，也会为某些投其所好的干部所害，因为这些干部，过分曲解"服从"的意思，不知道分层负责的真正用意。

真正忠诚的高阶主管，必须重视首长的意旨，但是不能够完全顺从他的意思。首长的意旨，把它看成方形的"经"，高阶主管依据自己对实际情况的理解，将首长的经变成自己的权，这才交付下去，让次一阶层的主管去执行。

次一阶层的主管，必须依样画葫芦，把高阶主管所演绎出来的"权"，当作"经"来看待，然后审视自己所理解的实际情况，演绎出自己的权宜应变，再交付给下一个层级的人员去处理。

这种"层层打折扣"的现象，固然使得上层的意图逐渐走样，甚至不断地变样，形成"上有政策，下有对策"的局面，有时候会使上层的美意，变成恶劣的政策。但是"现场是变化的，而且不断地变化"，也使得"对于现场状况的理解，越高阶层越不得其真"，实在不能责怪各阶层人员，主动修改上级的经，演绎出自己的权，以资符合实际的动态。

中国式管理，就在"只许州官放火，不准百姓点灯"和"上有政策，下有对策"二者之间，以推、拖、拉的方式，寻找合理点，而获得适当的解决。

越是上级越有出主意的自由，随时可以改法，而且都是出于"大公无私"的前瞻性。令人无从抗逆，只好在心里头暗骂"只许州官放火，不准百姓点灯"。

越是低阶层越了解现场的状况，明明知道上级的命令不可行，总不能"管它效果如何，全力依据上级指示去执行，反正一切责任由上级去负"，因此审思再三，只好"上有政策，下有对策"，依据上级的"经"来"权宜应变"了。

中国人未经正式授权，都可以"擅自变更上司的命令"。若是明确授权，能不"滥用权力""超越权限"的，不知尚有几人？

历来抱怨"只许州官放火，不准百姓点灯"的人，不用说都不是州官而是百姓。那些痛骂"上有政策，下有对策"的人，一想便知是居于高位的要员。可见这二者都有相当的道理，才会一路骂下来，全然毫无愧色地流传下去。

高阶层主管，大多见识广，而且经验丰富，让他们拥有更宽广的裁量权，可以随意变更这个，更改那个，甚至于置现行法令于不顾，以求快速突破，在现在这种变迁的环境中，当然十分有其必要性。

基层人员，非常接近现场，对于现场的实际情况，比较容易理解和掌握，让他们按照现况来随机应变，只要不太离谱，应该是值得肯定的行为。

上级"爱怎么样就怎么样"，只要合乎未来的需求，我们不但不应该抱怨，而且应该对他们的前瞻力，表示敬佩之意，而尽力加以配合。

基层"怎样有效就怎样"，只要合乎实际的需求，也是将未来的演变从现在的起点建立起来，若是判断正确，总有一天会走向上级所要求的地步，不算违背命令。对于基层而言，成果最要紧，似乎毋庸置疑。

"只许州官放火，不准百姓点灯"，如果放火放得有理，当然要加以拥护，若是点灯点得不合理，也应该加以禁止。"上有政策，下有对策"，假设政策良善，对策促使良善的政策及时落实，有什么不对？万一政策错误，也显得下有对策，才能够减少错误决策所产生的恶果，更值得欣慰。

唯有上下求合理，彼此都有所节制，不要做得过分，我们的分层负责，才有产生合理效果的可能。

第五节

委曲求全的策略联盟

有人曾经大力主张，台湾地区的中小企业要设法加以合并组成大企业，以增强其竞争力。然而，事实证明，面临21世纪快速变迁的环境，企业规模大，应变能力反而较小，对于适应环境所做的调整，其弹性远不如中小企业那么灵活。加上合并前后的种种问题，很不容易克服。因而念头一转，改合并为合作。于是一时之间，水平合作、垂直合作、策略联盟，好像潮流一般，此呼彼应。

这些合作的概念，看起来十分新颖。如果回想一下我们过去的大家庭，不难发现中国人在这一方面的经验，已经相当丰富。

大家庭由若干小家庭所构成，每个小家庭都有其半独立状态，各尽其基本家庭功能。说是合并，原本就是一家人；说是合作，却又从来没有这种说法。

为什么大家庭和今天的联盟合作概念相近呢？

第一，大家庭和联盟合作都合乎《易经》"分中有合，合中有分"

的法则。大家庭的结构，是一个大的男系家庭，包含着两三个，甚至更多的小的男系家庭。这些具有独立基础的小家庭，在"分家"以前，共同维持一种"分中有合，合中有分"的关系。

策略联盟的合作企业，与此相似，各具独立的条件，或者说原本各自独立，如今联盟合作，缔造"分中有合，合中有分"的关系。

第二，大家庭中的任何一个小家庭，若是有意分家，或者其他小家庭亦盼望某一小家庭早日脱离大家庭而独立，这一小家庭可能因此和大家庭只维持形式上的组合而实质上自行独立。结成联盟的合作企业，同样可以脱离联盟，恢复原来的独立个体，并没有什么太大的限制。

第三，大家庭第一代的老父母或祖父母亡故后，或者发生重大事故后，这个大家庭就会分家。联盟的主体企业，若是倒闭或有重大事故发生，合作的小企业也会纷纷离去，同样会带来一些"分家"的麻烦。

既然两者有相似的共同点，我们不妨找出大家庭共同生活的策略，用来作为联盟的基本原则，应该可以合乎中国人的风土人情。

大家庭的第一种策略，是**"血缘关系"**，共同以骨肉之情、家人之爱来维系。

联盟合作的第一策略，应该是**"理念相近"**，以中心企业的经营理念为核心，寻求理念相近的协力厂商，共同合作。"理念"有如"血缘"，彼此才能相亲相爱，互助互惠。

大家庭的第二种策略，是**"家和万事成"**，全家人一心一意为全家人而努力生产。由于血缘关系，产生"血浓于水"的观念，共同以"父子同心，黄土变金"为期许，促成家庭的经济富裕。

联盟合作的第二策略，应该是**"同心协力"**，依据中心企业的目标和标准，全力配合，以发挥协同一致的效果。

大家庭的第三种策略，是**"共同消费"**，以节制家人不正当或者过度消费，以免损害个人及家庭。

联盟合作的第三策略，应该是**"统一步调"**。一般来说，协力厂商在研究发展、策略规划、采购原料、开拓市场等方面，都有力不从心的感觉，最好由中心企业来承担这些工作，并据以统一协力厂商的步调。

大家庭的第四种策略，是**"保护家人"**，以"父为子隐，子为父隐"的人情，来维护一家人的生命和自由。大家庭对家人的保护，是不分是非的。是固然要加以保护，非也是"家丑不外扬"，照样要极力保护。互相护短，彼此掩饰，才是一家人的最大保障。

联盟合作的第四策略，应该是**"让协力厂商有钱赚"**，然后才来要求改善现有的措施，以提升管理的水准，确保品质合乎预期的标准，来保障共同的利益。

大家庭的第五种策略，是**"看顾老弱"**。不但奉养老人，照顾弱小，而且敬慎送终，以尽责任。

联盟合作的第五策略，应该是**"协助合作厂商渡过难关"**。协力厂商或中心企业平日恪尽本分，万一遭遇困难，大家不可以弃置不顾，反而应该尽力给予协助，让其顺利渡过难关。

以上所述策略，属于有形的、看得见的。要让其发生效能，恐怕还要有一种无形的、看不见的共同策略，那就是**"委曲求全"**。

"求全"便是"合作"，一个个体能力有限，无法求全，必须多个个体同心协力，通力合作才能求全。

有心求全，心理上先要有"委曲"的准备。虽然是一家人，具有相同的血缘关系，仍旧是各有各的想法、各有各的作风，如果不能勉强自己、迁就别人以求保全家风，那么早晚相处，小摩擦便会变成大冲突，要想维持家人的和谐，真是谈何容易！

联盟合作的对象，就算理念十分相近，毕竟各有各的立场，各有各的苦衷，难免有不协调、不配合的现象，若是不能保持"委曲求全"的心态，哪里有长久合作的可能？各人退让一步，站在对方的立场来思考，凡事将心比心，以设身处地的态度来好好商量，才能够委曲求全，达到长久合作的境地。

中心企业，必须用智慧、爱心和耐心来开导、教养、协助协力厂商，使其心甘情愿地承担众人认为他有能力而且适宜担当的责任，这不是一件容易完成的任务。首先要把现有、将要发生以及计划中期待产生的工作分门别类，做好通盘性的分配，以求其顺遂有效地进行。把所有协力厂商，都看成"外部的内人"，拿"一家人"的心态，来征求同意。如果有必要的变更或临时的应变，必须大公无私地获得众人的同意或谅解。

联盟的和谐合作，其主要策略，即在"委曲求全"。中心企业对协力厂商"以大事小"，协力厂商对中心企业"以小敬大"，各自委曲，才能求全。善用中国人的"以让代争"，柔中带刚，彼此为求共同目标的达成，各自机动调整，权宜应变，自然获得整体的配合。

第六节

因人设事的组织原则

组织可以看作一种结构,着重组织成员在工作时的适当配合。组织也可以视为一种状态,包括组织成员分工合作的工作状态,以及协同一致的心理状态。

无论如何,组织是人员与工作的结合,也就是人和事的配合。中国式管理的特色之一,既然是以人为主,组织的原则,当然也就因人设事,按照组织成员的特性,来加以合理的组织。

中国社会独特的人伦关系,特别重视以伦理的观点来建立合理的人际关系。伦字从人从仑,仑字又表示参差不齐的样子,所以伦理意味着人间各式各样的关系,虽然参差不齐,却不是凌乱无序。

组织的观念,来自多数人联合起来,以制驭多数动物,或者生产更多食物,以及有效地抵御来侵的野兽或生人。同类合作,实在是组织的最初动机。

什么样的人最容易组织起来,彼此合作?自然是互相熟识的人。远古时期，人们最相知熟识的人，大概只限于夫妻和子女。家庭成为最早的生活组织，然后逐渐向外扩展。由具有血缘关系的亲族，到拥有共同目标的邻人；从内存关系（intrinsic relation）的互相依附，到外在关系（extrinsic relation）的彼此牵连，莫不由亲及疏，从亲情走向伦理。

家庭组织，除了满足夫妻的性生活、生育抚养子女之外，还具有生产与消费的功能。家中各人，不论其智商、能力高低如何，都必须照章全收。家长的权力再大，也不能开革任何家人。"能者多劳""能力较强的人，必须照顾能力较差的人"，就成为组织成员的共识。能力并不十分重要，用不用心反而成为更加要紧的因素。"父子同心，黄土变金"，意思是全家人同心一致，家庭必然富裕。父代表父母，子代表子女，并没有歧视女性，看不起母女的意味。至今许多企业组织，仍然流传着"努力工作没有用，用心做事才要紧"，就是用心比能力高强更加重要的意思。

企业组织的要素之一是资金。资本的筹措乃是成立企业组织的必要条件。而资金的来源，在企业信用尚未为大众所认定之前，唯有家人或亲族以及十分熟悉的朋友，才比较方便启口，也比较容易获得信任。

家庭企业之所以占有很高的比率，主要原因即在资金筹措的对象大多以家庭成员为主。在有钱出钱、有力出力的情况下，彼此居于共同的目标，紧密地组织起来。出钱的人，自己固然可以出力，参与经营；也可以推荐熟悉的人，代表参与。这样的人力组合，不免良莠不齐。企业主持人，当然要勉强接受，不能过多挑剔，以免影响投资意愿，降低同心协力的气氛。唯有因人设事，表现出无人不可用的宽容雅量与气度。

有什么样的成员，设置什么样的职位；赋予什么样的职权，构成什么样的组织。这和现代西方所主张的因事找人，先定好组织架构，分门别类，划分好不同的职责，再来寻觅合适的人，自是大不相同。

因事找人，容易造成"有用的人，留下来；没有用的人，应该被开革"的理念，引起员工"划得来或者没有更好去处，留下；划不来或者有更好选择，溜掉"的回应。反正留和溜的差别并不大，能留就留，该溜即溜，对个人来说，并没有什么大不了，对组织而言，却产生很大的不稳定性，增加很多人事变动的成本。

因人设事的最大好处，是"只要用心，大家有如一家人，不必担心被炒鱿鱼"。彼此互依互赖，一致对外，无论对个人、对组织，都有很大的助益。

但是，因人设事也可能产生"反正不会被开革，能混即混，保平安最要紧"的负面作用。凡事不敢做、不多做、不愿做，以致影响到整体工作的顺利进行。

一般人的态度，对因人设事有很多不良评价，主要即在采取负面观点，认为大锅饭心态容易造成绩效不彰、互相拖累的弊端，转而支持因事找人的理念。

其实，就西方观点来看，伦理不过是"知"的层面，道德才是进入"行"的作用。中国人的想法，不应该如此，知而不行，根本等于不知，所以伦理必须在日常生活中实践。同时，中国人特有的"交互主义"，彼此"看着办"，也应该发挥"上行下效"的作用。人伦关系，究竟能够产生正面或负面的效果，70%以上决定在企业主持人的领导作风上面。领导得宜，获得员工内心的认同，自然得人心者昌，得到正面的效果。

因人设事，除了适宜的领导之外，仍需三大配套来相辅相成，兹分述如下，以供参考：

第一，在薪资制度方面，不能完全讲求同工同酬。儒家"才也养不才"的精神，应该融入薪资结构，充分加以发扬。不采取单一薪俸制，以免过分刺激员工，只在薪资项目斤斤计较。换句话说，恢复以往的较多项目，而且有明有暗，应该是比较合适的措施。

特别是在精神方面，包括上司的礼遇、老板的关爱、同人的支持以及家人的鼓励，使员工在物质待遇之外，能够感受到不同的气氛，产生一家人的互助态度。

第二，在职位的安排方面，要带有机动性。有多少人，需要哪些职位，成为组织调整的思虑重点。而不是依据工作分析的结果，设置多少职位。

职位的产生，是由人的需要设置的，主要作用在于摆平，更要紧的是人心的感受。大家肯用心，工作自然好，这是因人设事的重要原则。居上位的人，公正而不公平，则是实现此项原则的主要依据。真正的公平，不是表面的、形式的、虚假的公平，对中国人而言，非常重要。

第三，因为要摆平，不得不采取职位与职权可分可合的办法。有职位的人，不一定获得固定的职权。职权表所列的权限，可以如实授予，也可以变动性地加以增减。表现得好，自然增加实权；表现得不理想，当然酌量减少权限，甚至于消除或暂时停权。人不便开革，调动有时也会牵动面子问题。用职位与职权分离的策略来加以调整，应该是两全其美的办法。

因人设事，重在团体荣誉与个人责任。大家都具有"不要因为自己一个人的疏失，造成团体重大的损伤"的警戒心，自然利大于弊，值得用心去施行。

第五章
随时调整的计划方式

历代做大决策的人，都有一个共同的特质——"无知"，如此才能求贤、寻贤、用贤而臻于大智大慧。

《大学》是中国最早的管理学，为我们明白地指出决策的过程，即为止、定、静、安、虑、得。

凡事以诚心诚意来考虑股东安不安，员工安不安，顾客安不安，社会大众安不安，那就是至诚，就可以预测未来的变化。

组织有了明确的目标，必须进一步做成具体可行的计划，以便有把握地处理现在的事情，使其顺利开创出预期的未来。

一般人利用目标来管理，称为目标管理。由于依据成果来衡量，所以也称为成果管理，已如前述。整个历程，从设立目标开始，订立计划，安排进度，以至有效完成工作，都需要相当人员的积极参与。所有成员在思想上、情绪上、感情上对工作的决定与处理，都有亲身介入的感受与认知，因而产生对组织的认同感、依附感、责任感，自愿贡献其才能，力求圆满达成组织的目标。从这个角度来看，也可以叫作参与管理（management by participation）（见图5-1）。

处理现况 —（计划）（控制）→ 开创未来

图5-1 参与管理

中国人善变也知变，计划订立之后，仍然边做边修改。所以计划时大多确立方向，抓住要点，做出一些智慧型的决策，然后视实际情况，逐渐调整细节，以求落实。整个过程，以《大学》所说的止、定、静、安、虑、得为要领。每一阶段，都要找出不安的原因，再设法加以合理的调整。考虑时应该治标和治本并重，以免流于头痛医头、脚痛医脚，反而害了根本。

预测是需要的，至诚可以前知。退而求其次，用"安人"来推理。提出计划的人，若是居于至诚或责任感，都应该合理地坚持，大家才能够体会出它的可信度。

中国人对未来的变化，大多深感兴趣，也十分用心在推测。我们对心想事成的道理，甚具信心。

未来是我们自己想出来的，中国人很重视未雨绸缪，凡事都要用心盘算，可见计划在中国式管理过程中居于十分重要的位置。

第五章 随时调整的计划方式

第一节
边做边修改

计划就是我们常说的盘算，是对于可预见的未来做出有条理、有系统的打算。中国人喜欢未雨绸缪，便提早在事情未发生之前好好盘算，用心打算。凡事求慎始，必须重视审慎的计划。

对于组织来说，计划就是对这个组织所要达成的目标，把组织的相关活动整合起来，使其有效地配合，以减少人力、物力的浪费，并且提高绩效，增加效益。

计划是决策的具体化，执行的时候，作为行动的依据。同时把执行的成果与计划的要求相比较，可以找出两者的差异性，进行控制性的调整。完成目标之后，也要依据原先订立计划的标准来评估达成的绩效，作为下一次改善的参考。

计划的种类，可以分别从特性、时间、组织、主题和要素等方面来加以区别，现说明如下：

1. 从特性分，有主要计划与次要计划，有弹性计划与固定计划，也有成文计划与不成文计划等。

2. 从时间分，有 1 年以下的短期计划、3～5 年的中期计划、10 年以上的长期计划等。

3. 依组织分，有个人计划、部门计划以及团体计划等。

4. 依主题分，有人事计划、行销计划、生产计划、财务计划等。

5. 按要素分，有目标、政策、程序、方法等。

实施计划的时候，在心态上必须革除下述几种障碍，才能够达到预期的效果：

第一，不可偏离组织的既定目标。一般来说，组织的目标必须正大光明。这并不是用来号召员工，欺骗大众，光是嘴巴说得好听的。因为若非如此，一旦经营绩效良好，营利所得很高的时候，经营者和员工都会出现不同程度的失落感。一方面搞不明白赚这么多钱有什么用；另一方面则怀疑人生的目的究竟是什么，人生的价值何在。中国人普遍认为赚钱不是经营企业的唯一目的，于是预先设防，不让自己产生这样的苦恼。目标正大光明，钱赚得越多越有成就感；目标只是为钱，固然可以满足私人的欲望。但是，钱赚得越多，就越容易产生失落感。计划的时候，必须针对这种可能的弊病，预先做好工作。

第二，不可以存心迎合上级的喜好。人们当然希望计划能够获得上级的同意和支持，但是不可以因此而存心讨好上级，以免忽略了合理性与可行性的考虑。我们可以在提出计划之前，设法事先和上级沟通，极力营造良好的气氛，使上级欣然同意并且大力支持，却不能够用讨好的方式，诱使上司做出不合理的决定。这会对将来计划的执行，以及计划执行的效果产生不良的影响。那时候上级发觉原来如此，必然对计划者丧失信心，以后再提其他计划，上级一律不愿接受，反而害了自己。计划时应仍然以合理性和可行性为主要原则，然后再设想各种有效方法，促使上级接纳并加以支持。

第三，不可以伪造证据或虚报讯息来瞒骗上级。计划必须将各种有利的条件巧妙地组合起来，才能够打动大家的心，合力用心来加以执行。但是，不可以因此而伪造证据或者虚报讯息，言过其实地把条件加以有利化。最好的办法，应该是积极和相关的同人沟通，确实查明各种情况；并且利用卡片，将每一种条件注记清楚，经过排列组合，求得适当的构想。

第四，不可以贪婪地将满腹的创意全部容纳。计划固然需要创意，但是一下子要把所有的创意全都纳入计划之中，而使得内容变得十分复杂，并不是良好的心态。最好先把计划的目标简化，过滤那些不必要的创意，务求做出合乎目标需求的简易可行的计划。

第五，不可以没有代替方案。计划通常必须呈报上级或经过会议讨论，才能够付诸实施。越具有创意的计划，由于曲高和寡，或者创意越佳大家越没有面子，因此越容易遭受上级和同人的批评和否定。不是冷言相讥，便是要求修正。所以提出计划时，最好同时提出甲案、乙案、丙案，使大家认为是大家的决定，而不是提出计划的人自己就可以做决定，因而比较容易让大家表示同意，也比较愿意做出选择。

计划通过以后，如果不能付诸实施，实际上和被否定一样，都等于胎死腹中。要使计划顺利推行，最好的办法是用心做到下述三点。

第一，在拟订计划的时候，多和相关的同人沟通，让他们有参与感，实施时才会自动协助，而不故意阻碍。这种和计划有关的"铺路"工作，必须因人、因事、因时、因地而制宜。遇有非难或反对时，更需要耐心沟通，不能够轻易放弃，或者恼羞成怒，徒然添增敌对的力量。

第二，利用机会与相关同人做好事前的沙盘演练。在演练过程中，我们可以发现：越是真诚参与的同人，越会毫不保留地道出实情。此时必须虚怀若谷，尽量包容每个人的宝贵意见，不但使计划的内容更趋完美，而且执行时可以获得更多的助力，使计划能够更顺利地施行。

第三，执行计划时，必须把功劳推给同人，而将过失归于自己，才能够一路顺利而和谐地实施下去。如果有缺失便指责别人，有功劳便据为己有，势必引起同人强烈的不满，以致计划执行时受到很大的阻碍。当计划进展得不如意时，应该深入追究原因，做必要的变更或修正。

计划在推行过程中，如果坚持不能做任何变更，很可能被迫停止，也等于胎死腹中。因此在不改变目标、不改变计划本质的同时，可以采取边做边改的方式。因为从草拟计划，讨论通过计划，到着手施行，已经产生了若干变数，使计划不得不做出部分调整，应该是不得不如此的权宜措施，也是大家比较能够配合的做法。

不论依照计划实施，或者逐步修正，实际上和领导执行的人有十分密切的关系。若是领导能力良好，对计划的目标有深度的了解，加以成员的意愿高、能力强，执行的结果必然令人满意。特别是在解决要不要变更、怎样变更等问题时，更需要领导执行的人具有沟通的能力和尊重同人的修养。在"不可不改变，不可乱变"的大原则下，借着同人的同心协力，必能越改越合理。

第二节

大智大慧做决策

古人说得好：千军万马容易得，一个大将最难求。组织成员的多寡，并不足以展现机构的实力。决策者的素质，才是攸关成败的关键。我们常说总经理对公司营运的好坏，其影响力高达 70% 以上，便是这个道理。

在三顾茅庐的故事中，刘氏集团的首领为了礼聘集团的决策者，对诸葛亮万分礼遇，结果取西川，称王西蜀，而三分天下。证明刘备找对了决策者，获得了辉煌的成果。诸葛亮一生谨慎，却在街亭一役，用错了马谡，致使街亭失守，影响全局。马谡言过其实，只能够纸上谈兵。诸葛亮把他当作决策者看待，难怪要挥泪把他斩首，还要自行处罚，因为所产生的恶果实在太严重。

在计划之前，必须先做好决策。依据既定的策略，再来计划，比较切合组织目标，不致过分理想化与空洞化。决策的品质，则系于决策者的素质。可见，只有由优质的决策者做出良好的决策，才能发展出有效的计划。

决策者的素质，主要在大智大慧。大智指"具有解决决策问题的知识"，而大慧则指"能够聪敏地看清事实的真相以及相关的德行"。两者合在一起，成为我们常说的"道"。荀子在《天论篇》中明白指出："万物为道一偏，一物为万物一偏，愚者为一物一偏，而自以为知道，无知也。"其意为万物都不过是道的一偏，一物更是万物的一偏。而愚者所见，又是一物的一偏，这时候如果认为自己是知道的，那就是一无所知了。

道是大智，应该把所有事物合在一起看，合在一起想。可惜像慎子、老子、墨子、宋子这些已经十分了不起的人士，有时候还会陷入一偏之见。荀子说："慎子有见于后，无见于先；老子有鉴于诎，无见于信；墨子有鉴于齐，无见于畸；宋子有见于少，无见于多。"慎子即慎到，主张随后而不必争先，因为他只看到后的一面，却没有看见先的一面。老子提倡守柔，不敢为天下先，只看到屈的一面，忽略了伸的一面。墨子兼爱，没有尊卑的差等，显然只看到齐的一面，没有注意到畸而不齐的一面。宋子即宋钘，只见到欲少的一面，忽视欲多的一面。

荀子批评有后无先，则群众无门路可循；有屈无伸，则贵贱无所分别；有齐无畸，则政令无从施行；有少无多，则群众无由成化。这些都是自以为是而不知晓更有大道的存在。他在《解蔽》中提出"夫道者体常而尽变，一隅不足以举之"的观念，认为道虽有体有常，却其变难尽，这些一面之见，不过代表道的一偏、一隅，不足以涵盖道的整体；持有一偏之见，便成为曲知之人。

曲知之人，其智慧有所偏蔽，往往只知其一，不知其二，今天称之为"专家"。专家决策，依荀子的见解，内以乱于己，外以欺于人，造成上以蔽下、下以蔽上的蔽塞之祸，实在危险万分。总经理若是"站在我的专业判断"来下决策，恐怕所下皆下策，祸患无穷。

第五章 随时调整的计划方式

历代做大决策的人,都有一个共同的特质——"无知"。反观那些自以为有知的决策者,无不刚愎自用而自取灭亡。可见有知而自认为有知,大抵都摆脱不了一偏之见。唯有有知而自认为无知,才能求贤、寻贤、用贤而臻于大智大慧,也就是大智若愚的最佳表现。

总经理有意见,马上就表示得清楚明白。大家就知道他不想听取别人的看法,因此无言以对,或者顺着他的意见去引申。听不到不同的声音,所做的决策,大多偏于一隅而难以周全。荀子说:"态度威严猛厉,不肯稍微宽容,下面的人,就会害怕而不敢亲近,因而深自隐蔽,不肯竭尽其情。"楚汉相争时的项羽,自幼熟读兵书,武艺超群,自封西楚霸王。自认为天下无敌而刚愎自用,容不下智者贤人,韩信、陈平、范增一一离他而去,终于垓下自刎,悲惨收场。刘邦自谦"运筹策帷帐之中,决胜于千里之外,吾不如子房;镇国家,抚百姓,给饷馈,不绝粮道,吾不如萧何;连百万之军,战必胜,攻必取,吾不如韩信",结果却打败项羽,建立伟大的事业。

决策者自认无知,才能够转化为有知。总经理有意见,却能够隐藏起来,暂时不说,把它转换成问题,多方征询各位经理的意见。集合众人的看法,再综合在一起,做到"天下之治,天下之贤共理之",使公司决策,由相关干部来共同拟订。

经理免不了本位主义,常常为了部门的利益而提出一偏之见。总经理本着"宰相肚里能撑船"的精神,以宽广的胸怀容纳各部门的观点,统合全体的意见,做出合理的决策。这时候必须沉着冷静、临机果断地表现坚强的决断力。决策之前,广泛搜集意见,好像自己毫无所知。决策既定之后,果断坚决,勇往直前。虽然说边做边调整,却是方向不变,目标坚定,只是包容各种变数而随着需要而改变,绝非犹豫不定,踌躇不决。

韩非子在《五蠹篇》中，特别指出五种专门蚀耗组织力量的人，实际上都是最高决策者自己拿不定主意，才把他们宠坏的。可见主持决策的人，必须有大智大慧；只不过是先深藏不露，然后待时机成熟，再表现魄力罢了。

《主道篇》更说明决策者不要表示自己的意见，如果明白表示，干部就会显弄异才，以迎合首长的观点。最好的方式，是决策者有智慧却不显露，在上面好像没有作为一样，才能够聆听到各方面的真实情况，掌握全面的道理。不需要多言，却能综合大家的意见。干部自然用心地说明现况、提供意见，全心全力地协助首长做出合理可行的决策。但是，要做到这种地步，必须首先确立决策者的权威，也就是拥有改变个人或组织的权力。

总经理的权力若是超过由职位所产生的职权，大家就更加用心，来帮助他做好决策，一副荣辱与共的模样。总经理如果不知不觉被架空，有职无权，大家看在眼里，也就袖手旁观，冷眼旁观总经理到底能够变出什么花样。可见决策者的权威，乃是产生良好决策的基础。

自古以来，有大将的职位，却缺乏大将之才的，必定死于非命。有大将的才能，却得不到大将的职位的，不可能获得发挥。决策者应该珍惜既有的职位，好好发挥自己的大智大慧，时时以无知来启发大家的有知，以无能来诱发大家的有能，以无才来展现大才，使所有决策，都能集众人之智，面面俱到而无所偏颇。依据这样的决策定出来的计划，自然可行而有效。

第三节

以止、定、静、安、虑、得为过程

《大学》是中国最早的管理学。它开宗明义，指出大学之道，在明明德，在亲民，在止于至善。意思是说：管理的要领，在修己，在安人，在时常调整。

怎样调整呢？视每一阶段内外环境的变迁，做好合理的决策，然后依据决策，来做合适的调整。可见阶段性调整十分必要，而决策更是管理的必要过程。这和近代决策论者指称的"管理的主要过程即决策"的看法相当接近。西蒙（H. A. Simon）甚至肯定管理就是决策，颇有见地。《大学》接着说："知止而后有定，定而后能静，静而后能安，安而后能虑，虑而后能得。"这明白地指出决策的过程，即为止、定、静、安、虑、得。

管理讲求止于至善，所以每一阶段都需要知止，也就是知其所应当止的意思。止就是至善的所在，知止便是知道所应该采取的合理立场。管理的最高目标在安人，管理者的任何决策，都必须站在"实现安人"

的基本目标，先找出令人不安的原因，再设法加以调整。管理者做决策之前，固然没有办法预知可以获得什么程度的安人，但是以正大光明为标准，拿正大做思考的出发点，一切为公不为私，应该是合理的选择。

决策时以正大为目标，便能有定，也就是意志有定向。所谓决策，其实就是为了达成安人的目标，从两个以上的代替方案中，选择一定的方案。为了达成最终的安人目的，管理者还可以把它分割成若干中间目标。

例如企业管理站在正大光明的立场，以"股东的安""员工的安""顾客的安"以及"社会大众的安"为定向，即可再进一步，将这些中间目标细分为若干直接目的，分别从生产、销售、财务、人事等取向，来探讨其利润、绩效、安全与责任。

依据决策者所秉持的定向，潜心研究相关的资讯，此时心不妄动，自然能静。当今资讯时代，必须慎防资讯泛滥。决策者如果缺乏定向，面对庞杂的资讯，势必不知如何是好而心慌意乱，无法潜心研究，也就是心常妄动，安静不下来，不知道如何选择正确、合用的资讯。定向有所偏差，心也静不来，这也是一种警示的信号，必须自己妥为调整，务求心安，才知定向无误。

既能心不妄动而潜心研究，那么决定者无论坐、卧、行、立，都能够念兹在兹，深思熟虑各种资讯的必要性与正确性，所以能安。决策者心安，生活自然正常，不致因紧张不安而误判误导。同时决策者能安，必能思考精微详尽，面面俱到，而且无远弗届，这就是能虑的具体表现。这样精密、详尽的思虑，必然可以获得至佳至当、适时适机并能安人的良好决策，即为能得。

得的意思，是得其所止。获得合理的决策，当然能够在此一阶段中止于至善。然后再依据变数，寻找下一阶段的决策，以便做好阶段性的调整。

"止"可以看作目标，而"定"代表若干相关的假设。"静"才能够寻觅出一些可代替性的方案，"安"是多方搜集有关的资料和资讯，"虑"表示分析和判断，于是得到合理的决策。整个止、定、静、安、虑、得的过程，和现代管理所揭示的决策程序完全相符合。

《大学》又说："物有本末，事有终始，知所先后，则近道矣。"管理者获得合理的决策，则一切事物的本末终始，无不了然。这时可以按照先后缓急，来厘定计划，再顺序执行，并适时加以考核，调整误差，以寻求安人的管理效果。这样一路做下去，就合乎管理的道理了。

决策本身就是一种选择，从众多的备选方案中选出一项行动的途径。《大学》指出管理的最高目标为平天下。世界上的国家很多，强凌弱、众暴寡的情况，有目共睹，怎么能够平呢？任何一个国家，有心要平天下，必须先治理好自己的国家；想要治理好自己的国家，必须先整治好自己的家庭；想要整治好自己的家庭，必须先修治好自己的身体；想要修治好自己的身体，必须先端正自己的心灵；想要端正自己的心灵，必须先诚实自心所发出的意念；想要诚实自心所发出的意念，必须先推极自己的知识；而想要推极自己的知识，那就必须研究一切事物的真理。由此可见，决策者的修己功夫，做得好不好，才是决策能不能安人的关键。

修、齐、治、平的顺序，一方面告诉我们决策必须以修己为起点，一步一步向外扩展，另一方面却希望我们决策应该具有宏大的国际观，从整个宇宙着眼，以我们只有一个地球为警戒，拿平天下的理想，一步一步向内分析，才知道我们眼前必须做好什么样的调整，才能够不影响到未来世界大同的远景。现代化的决策者，最好在全球化和本土化之间，寻求合理的平衡点，以求止于至善。

决策者的国际观，应该以平天下为标的。看出现实的不平等，而尽力求其平等。用现代的话来说，平天下就是世界各国的国际地位平等。要做到这一步，各个国家必须尽力治理好各自的国家。平天下从治国入手，便是先治后平的道理。各个国家的治理方法有所不同，中国之所以能够五千年来一脉相承，历经风雨飘摇而始终不灭亡的原因，在于齐家的方式奠定了中国的基础。我们的齐家，是以孝友为根本原则，由家庭之中的父父、子子、夫夫、妇妇，推广到宗族之间，使我们平时可以不依赖政府而自己解决很多切身的问题，而遭遇天灾人祸时，也能够承受外来的压力，非但不被压迫而解体，却常常更为加强内部的团结。

这种独特的齐家方式，仍然以修己为起点。家中各人，如果修己做得好，能够各安其分、各守其责，家齐的理想，应该可以完成。由此推及家族，再来治国、平天下。具有这样的理念和修养，决策起来自然合理而不致发生偏差。止于至善，只有在这种情况下，才能顺利达成。现代人受西方影响，逐渐仅有夫妇关系而无父子关系；只有个人观念而无家族观念；重视法律而轻忽伦理，以致决策时偏重科学数据，却不能兼顾修齐治平的精神。就算决策正确，也不过是绩效良好，能不能安人，恐怕很少能够顾及。决策者有必要重新体验大学之道，把它当作决策系统来看待，一方面为自己的组织寻找可行的合理方案，另一方面也为世界大同尽一份力量。由单位的安到组织的安，并且推展到国家、世界的安。

第四节

必须治标和治本并重

决策之后，应该做出具体可行的行动计划，才不至流于空想。但是，实际的运作则是计划先于决策。因为不先经由计划，而随意做出决策，常常徒劳无功，甚至造成意料之外的困危。特别是现代主管，应该提高警觉：光凭经验、直觉和判断力，实在不足以应付日益复杂的局面。不可以仿效历史上的皇帝，只要朕意已决，大家无论如何，都要把它付诸实施。今日的主管，必须慎防决策之后，面临难以执行的困境。到时候再来"朝令夕改"，不如先行做好计划，有把握时才做成决策。然后一旦决定，再做成细部计划，以求言出必行。

管理是修己安人的历程，而计划则是管理的起点，可见修己的具体表现，即为首先做好计划。《大学》在修身的项目下，标示："欲修其身者，先正其心；欲正其心者，先诚其意；欲诚其意者，先致其知；致知在格物。"这一段话，和计划具有十分密切的关系，不幸秦汉之后，大家不明其中的道理，做出很多偏差的解释。

先从格物说起，格物是《大学》八目（格物、致知、诚意、正心、修身、齐家、治国、平天下）的基础，也是实践大学之道的起点，当然十分重要。格的意思是深入，物泛指事物。格物就是穷究事物的道理，把事物的道理彻底研究清楚。但是研究的方法，必须依据《中庸》所说：博学之，审问之，慎思之，明辨之，笃行之。然而广博的学习、详细的求教、慎重的思考、明白的辨别以及切实的力行，实际上并不能使我们达到"一旦豁然贯通，就什么都知道"的地步，决策者仍然应该秉持孔子"知之为知之，不知为不知"的态度，抱着"人具有是非之心，却未必具备辨别是非的知识"的心情，多请教各种专家，然后做明确的判断。

格物而后致知，穷研事物的道理之后，才能获得广泛的知识，而且有更为透彻的了解，称为致知。以孔子的好学，也需要终身学习，按照"十有五岁而志于学，三十而立，四十而不惑，五十而知天命，六十而耳顺，七十而从心所欲，不愈矩"的进度，循序渐进。一般人更应该不断以"学而不思则罔，思而不学则殆"为警惕，抱持"喜好古代明哲留下来的知识而勉力学习"的心态，不但启发自己的智慧，而且充实自己的知识。以上这一段话，在今日重视知识经济的时代，显得尤其重要，值得大家深思笃行。

格物致知的功夫做得好，对于是非、善恶有更为明确的判断力，知道其合理性所在，才能够择善固执，而且很有信心，称为诚意。诚意的意思，是自心所发的意念真诚不妄，一切顺乎自然，不致自欺欺人。

决策者的意念真诚不妄，心自然就能够端正。正心的重点，在一个"正"字。《大学》指出：有所愤怒、有所恐惧、有所好乐、有所忧患的时候，心就不得其正。一旦决策者的内心，过分愤怒、恐惧、贪图，或者愁虑，就会造成心不在焉的现象，因而视而不见、听而不闻、食而不知其味；做出来的计划，当然十分偏差而不可行。愤怒、恐惧、贪图、愁虑都是常见的情绪，必须适当加以节制，使其发而中节，才能正心。所以说修身在于端正自己的心，唯有心正，才可能进一步把自己修治好。

《大学》所揭示的格致诚正，塑造出计划的三大特性。

第一，要具有"整体观念"。 计划时必须重视整体的综合利益，而不偏重在个别利益。举凡直接相关的个体环境，包括顾客、市场、同业、异业，以及间接影响的总体环境，包含社会、政府、经济、技术等因素，都应该充分加以掌握。也就是站在"安股东、安顾客、安员工、安社会"的整体立场来订立整体目标，再依据这个整体目标来订立各部门的部门目标。今日主管，不但要分析、评估政府的政策，还应该研究社会和价值观的趋势。

第二，要具有"创造情势"的期待。 格致诚正做得好，不但有能力掌握整体，而且能够突破市场导向的障碍，不再盲目承认市场的主宰力量，却有能力决定未来的目标，再反过来教育顾客、创造市场。这种创造情势的前瞻性尝试，必须诚意、正心，把格物、致知的效果，充分发扬光大，以造福人群。市场导向并没有错，但是潜在的市场，仍有待坚定的信心来加以开发。只要秉持"视其所以，观其所由，察其所安"的原则，分别从动机、方法和难度的不同层次来探讨顾客的需求，自然能够创造出有利的情势。

第三，要具有"不自欺欺人"的素养。 既然正心，心所发出的构思，就既不欺人，也不会自欺。我们把欺骗这一种行为，做一番彻底的研究，不难发现欺人之先，都有自欺的倾向。譬如百货公司的周年庆，推出折扣方案。这时候先做好计划，暗中将名贵物品暂时移开，不列入折扣的范围。拟订这种计划的时候，在欺骗顾客之先，就已经欺骗自己，认为这种欺骗顾客的计划是行得通的，不至于引起顾客的反感，也不会伤害公司的信誉，更不致遭到上司的质疑：为什么存心不良，要为公司拟订如此这般的自欺欺人计划？

当今人类的致命罪恶，一为人口过剩，二为生产过剩，三为消费过剩。这三种导致人类毁灭的罪恶，事实都来自不善的计划，也就是没有做好"格、致、诚、正"的功夫，便草率做出计划的结果。其中人口过剩的祸害，已经引起大家的重视；可惜仍然未能在全球化和本土化之间，找出合理的平衡点。而生产过剩和消费过剩，却仍然受到鼓励，误认为是经济发展的坦途。殊不知所衍生的环境污染和资源消耗问题，势必拖垮我们的经济成果。

妥善的计划，必须治标和治本兼顾并重。要做出这样的计划，唯有平日多研究相关事务的道理，使自己对相关事理十分透彻，诚心诚意地坚持自己所确认的信念，以公正、专一的心思，来从事计划的拟订，才能够以理想为本，视实际情况为标，双方面并重，而无所偏差。

计划缺乏理想性，不能预测未来的动向，往往偏离根本。计划不具有可行性，不能掌握现实的需要，必然无法治标，对眼前种种变数，难以因应。格致诚正，一路走过来，既有理想性，又能兼顾现实性，标本并重，当然是妥善的计划。《大学》把格致诚正延伸到修齐治平，可见目标长远，而立足浅近，成为管理的一贯大道。只要把格致诚正当作知识来探讨，必能抓住计划的根本精神。

第五节
至诚可以前知

彼得·德鲁克（Peter F.Drucker）认为，计划的主要目的是对"为了开创未来，我们应当如何处理"所做出的种种预测和因应。所谓预测，应该是"对未来可能发生的情况，加以预先的估计"。既然属于臆测和猜想，当然不一定正确。几乎大多数的预测，都有正反两种不同的说法，令人觉得不知道要相信哪一种比较妥当，因而相当为难。

其实，世间一切都有定数，预测只有灵不灵，哪里有什么测不准的道理？比较正确的说法，应该是"未来既然是定数，当然可以精确地预测。只不过这种定数本身可能改变，所以预测之后，还有变更的可能"。原来是预测之后发生变动，而不是预测不够精华。这样我们才明白，为什么预测的时期越短越正确？因为短期间内变化的程度比较小。为什么预测的项目数量越大越正确？因为彼此的变动，可能互相抵消或互补。为什么预测必须估计可能产生的误差？因为预测之后常常再起变化。西方人想到定数，大多认为"一定"或"固定"，偏偏中国人把"定"界定为"含有不一定的定",也就是定中有不一定的部分,而不一定中也有定的部分,这种"二合一"的观念,在预测中充分发挥它的功能,使我们在预测时更能够掌握到"变与不变""准或不准"的要旨,开展出一套别有风味的预测方法。

《中庸》说:"至诚可以前知。"一个人诚到极点,就可以预测未来的事情。它指出:国家将要兴盛的时候,一定有吉祥的征兆;国家将要灭亡的时候,一定有凶祸的征兆。祸福将要来临的时候,都能够预先测知。这种至诚的人,有如神明一样,预测未来十分精确。

诚,一方面是完成自己人格的要件;另一方面也是万事万物运行的依据。中庸把"诚"当作宇宙全体,包含人和万事万物的本性。诚本来是自然运行的法则,叫作"天之道"。人以至诚来体认这种自然运行的法则,称为诚之,就成为"人之道"。《中庸》认为"看一个人对诚的表现如何,便能够决定这个人的吉凶",而团体由多数个人构成,所以由组成团体的个人对诚的表现如何,也可以决定这个团体的吉凶。这种至诚可以前知的道理,用今天的话来说,其实就是"利用直觉,也能够精确地预测未来"。重要的是,直觉也需要相当的开发和训练,以期灵敏地由尽己之性,推及尽人之性,再扩展到尽物之性,因而发于隐微,却能够获得很大的效果。

然而,至诚如神的人,毕竟十分难得。一般人退而求其次,必须遵循"致曲之道"。致就是推广、扩充的意思,曲指一端或一偏。致曲则是由一端推广到全体,从一偏扩充到整全。孟子说人有仁、义、礼、智四端,只要把这四端扩而充之,便足以保四海。《中庸》说"曲能有诚",这一端、这一偏的诚,如果能够推广、扩充到全体、整体,就能够由一部分的诚,推到至诚的境界。这种致曲之道,虽然没有至诚如神那么高明,但是人人都做得到,效果远比少数高明的人士要宏大得多。

第五章 随时调整的计划方式

以企业管理而言，我们已经知道经营效果的良窳，决定于"安股东""安员工""安顾客""安社会"四端，在做计划的时候，能不能预测未来的发展在这四端所产生的可能后果来加以评量，就是致曲之道的运用。随便想一想上述四个项目，却一心一意追求眼前的利益，已经是不诚，当然不能够充分掌握未来的变化。

凡事以诚心诚意来考虑股东安不安，员工安不安，顾客安不安，社会大众安不安，那就是至诚，就可以预测未来的变化。《中庸》指出天地的道理非常简单，那就是：广博、深厚、高大、光明、悠远、长久。为什么能够这样？原因也很单纯，即诚一不二。不二便是单纯。单纯的诚怎么能够造成广博、深厚、高大、光明、悠远、长久的宇宙？无穷的天体，不过是一点一点光亮所累积而成；博厚的大地，不过是一把一把泥土所累积而成；山由石块所造成；海由水流所造成。

不难了解真正的原因，在于"至诚无息"。无息的意思，是绵延不断，持续进展。管理者若能持续不断，从不犹豫地以安股东、安员工、安顾客、安社会大众为念，日积月累，自然充满了这些方面的经验，就凭直觉，也能够正确判断可能产生的后果，即为前知。所以《中庸》说：至诚之道永远没有间断。因为没有间断，才能持久。能够长久地做下去，就可以在事物上得到征验。高明的直觉，其实是持续用心所累积的功力。

现在我们可以用客观预测法，将目前的市场、技术的动向延展到未来；也可以用主观预测法，根据现况，以自己的想象来开展未来；还有系统预测法，以投入和产出的分析，或者网状（network）来推展；《易经》占卜法也可以用来引发我们的直觉，获得重要的参考指标。

不论采用哪一种预测方法，都需要诚心诚意，以期由致曲而至诚，来预先知悉未来的动向。这时候决策者中和与否就变得至关重要。中和指决策者的情绪相当稳定。《中庸》说：喜怒哀乐之未发，谓之中。发而皆中节，谓之和。凡人皆有喜怒哀乐的情绪，在还没有发出来之前，无有不善。一旦发出来，表现在外，呈现已发状态，那就可能善，也可能不善。善的已发状态，就叫作和。

我们可以把中节的已发，称为感受，而将不中节的已发，叫作情绪。不过分激烈的喜怒哀乐，是一种感受。过分激烈的感受，即为情绪。所以无过与不及，才是发而中节。决策者当然有个人的喜怒哀乐，却不应该在计划时表现得过或不及，以免不良的情绪，影响到正确的预测。

中庸的道理，看起来十分简单易懂，做起来非常不容易。因为直觉是天生的，而应用直觉是后天人为的，必须困而知之，才能越来越灵敏准确。

直觉灵敏的人，最好能够充实自己的学问，以增强前知的判断力。《中庸》特别提出"博学之、审问之、慎思之、明辨之、笃行之"五个步骤，并且指出"弗能弗措"（不达目的誓不罢休）的不二法门，希望我们坚定"人一己百，人十己千"的决心，绝不"半途而废"，却能够"不见知而不悔"（也就是"人不知而不愠"），用心向前，却没有后顾之忧。后天的困学加上先天的直觉，不论运用什么方法来预测未来，应该都可以获致至诚前知的效果。

第六节

提出计划应该合理坚持

计划必须妥善拟订,不可心存应付,只做表面工作,以免获得通过之后,面临执行困难甚至无法实施的困境。实际上中国式管理存在着三大障碍,使从事计划的人,不敢一心一意,全力以赴。兹分别说明原因,以供参考。

第一,心里所介意的,是"将来如何逃脱责任"。计划者很可能在计划通过之后,被调任为执行者。这时候遭遇困难,乃至无法施行,岂不是搬石头砸自己的脚?就算不被调去担任执行的工作,将来在执行过程中,以及执行完毕的成果中,产生任何不良情况,都可能在追究责任的声浪中被揪出来。所以从事计划的人,以"不出事"为第一优先考虑的课题,不求有功,但求无过。

第二,心里十分明白,"执行时一定会遭到更改"。执行者大多抱持批判的心态,力求暴露计划的缺失,以显示自己高人一等,至少不比计划者差。居于中国人普遍存有"你计划什么,我就执行什么,那我算什么"的心态，几乎所有计划，在执行时多多少少都受到更改，使得计划者先期认知"再怎么美化，也将被丑化"，不再尽心尽力，却只求交代得过去，不愿意诚心把计划做好。

第三，心里比较重视，提出来"能否顺利过关"。 计划完成之后，第一道关卡，是能不能获得通过。许多计划都在理想过高、成本太高、目的过多、时间太长、人才不足、资金短缺的理由下被搁置、放弃，成为胎死腹中的计划。只要第一关卡通不过，再好的计划，也将形同废物。为了求取顺利过关，计划者费尽心思，猜测主管的意向，争取同人的支持，往往忽略了至诚的前知。

其实，这三种心理障碍，都是可以化解的。

第一，计划者重视将来如何逃脱责任，原本十分正常。 因为计划和考核是一体两面，彼此息息相关，计划者必须预先考虑"将来执行起来，或者面对考核时，有哪些可能令人后悔的地方"。抱着这种"后悔在先"的心态，力求减少事后的悔恨或遗憾，才能够事先预防流弊的产生。同时要了解功劳根本没有人会认定，缺失却很可能长久被流传、受苛责的事实，本着"不求有功，但求无过"的心情，尽力求其没有过失，而不是一心追求功劳。

第二，执行时必然受到变更，这是上有政策、下有对策的必然结果，不但不必介意，而且要心存感激。 幸好执行者有这种素养，才能够及时应变，将计划时想不到的变数，一并纳入考虑，以求顺利施行，并且可以减少缺失。抱持"自己诚心做好计划，让执行者用心去变更"的心态，反正没有功劳，变更又如何？变更者同样没有功劳，有什么好争的？大家都但求无过，原来立场是一致的。

第三，能不能顺利过关，其实不是眼前这一个计划的问题。 主管毕竟不是神，哪里有那么大的神通，能够判别每一种计划的好坏？主管不过是依据提出计划的人,具有多少信任度,来初步判定要不要接受。信任度越高,所提计划越容易获得采纳,否则很容易被拒绝。同时,主管也会参酌同人的支持度,来决定计划的良窳。所以计划者平日少乱提意见,以提高自己的信用度,多和同人商量、协调、互助,以争取大家的支持,才是计划顺利过关的主要支撑力量。不可以临时抱佛脚,到时才紧张,没有用的。能不能过关,不是此时此事的问题,而是平日累积下来的信用,相当符合至诚无息的原则。

但是,再好的信用,再多的支持,主管也不敢掉以轻心,让计划快速而轻松地过关,以免计划者认为自己才高气壮,因而有了轻忽之心,大意失荆州,连带把主管也拖下水。主管谨慎把关,对大家都有好处。

主管怎样把关呢?最常见的,莫过于提出相反的意见,看计划者如何应对。再从计划者的应对方式和内容,来进一步判定计划的良窳,决定要不要让计划过关。

可惜有很多计划者,不明白"主管提出相反的意见,并不表示他不支持这个计划"的用意,反而认为"我已经尽心尽力,你还要挑剔",心中有不受尊重的感受,于是"提是我的责任,要不要接受,是你的权力",干脆放弃己见,表示"主管如何决定,我就照着去更改",以致主管失去信心,越加不敢表示赞成。

主管提出异议,真正的用意,不过在"试一试计划者的把握,到底到什么程度"。若是一听到相反的意见,马上放弃原先的看法,可以证明计划者根本没有把握,只是想到哪里写到哪里,这种计划经不起考验,当然不放心加以支持。如果一问再问,计划者仍然坚持己见,足证其相当有把握,可以比较安心地让计划通过。

可见计划者一则不能够胡乱提出计划,以免信用减损;再则不能够一听到相反意见,便扬言放弃原先的主张,以免经不起考验而引起怀疑。但是，千万记住"有几分把握做几分坚持"的原则，不可以盲目坚持，造成刚愎自用的不良印象。有几分把握，做几分坚持，才算是合理的坚持，否则过与不及，都将引起不良的后果。

计划者坚持或不坚持自己的主张，都是不正确的"二选一"方式，掉入"二分法"的陷阱而造成相当地不利。这时候改用"二合一"的方式，把坚持和不坚持合在一起，走合理坚持之途，既不过分，也不太早放弃，使主管看出自己有把握却充分尊重主管的最后裁决权，因而心平气和地决定要不要核定通过或交由委员会或小组来加以审议。计划者合理坚持之后，应该安静地接受主管合理的处置，并且充分配合，以利计划的完成。

一方面合理坚持；另一方面却应该依据大家的意见，做合理的修订。大家参与的程度越深，将来执行起来就越加顺利。因为参与的人，多少都有一些责任，要支持这个计划，以致阻力减少，而助力增加，对大家都有好处。计划者必须肚量宽宏，有雅量接受各种不同的意见，尽量集思广益，把众人的意见尽量包容在内，使众人乐于支持，早日促成计划的有效实现。

合理坚持最困难的，在不可过分也不能不及，完全依照当时的情况，做适当的拿捏，可谓运用之妙，存乎一心。事后之明，对实际运作并无助益，必须事先多多学习，深入了解现况，而且人伦关系良好，才能够当机立断，拿捏得恰到好处。难是难，却十分值得尝试。

经营者要负起70%的责任

企业的成败，经营者要负起70%的责任。为什么呢？我们从计划的能不能及时合理调整可以看出一些眉目，兹说明如下，

第五章　随时调整的计划方式

以供参考。

经营者的主导性如果十分强大，组织内就算有可靠的人才，也将无法发挥。不是无可奈何地按照经营者的指示做出自己难以接受的计划，便是愤而离职他去。

特别是从基层奋斗上来的经营者，总以为自己非常内行，只要求大家服从，不期望有什么创见。在这种情况下，经营者圣明的领导，往往在大展宏图之后，顷刻急速崩溃，当然要负起最大的责任。

计划的提出是否用心，已经反映出大家对经营者的信心和忠诚。部属用心与否，同样是经营者所造成的。计划完成的过程，经营者的主导性很强，大家的意见就不方便坚持，一切唯命是从，按照经营者的想法来修订，当然就越来越不用心。

定案之后，大家不管面对什么变数，一心一意只求按照定案去执行，不是因为省事，便是反正结果如何，由决定的人负责，自己何必操心？

经营者信任部属，大家才肯用心计划并且随时调整。经营者看得起部属，大家才愿意提出新的好点子，并且坚持到合理的地步。

彼此有互信的基础，部属在商量的过程中，才有发挥实力的可能。换句话说，经营者再怎么泼冷水，部属也经得起考验而不敷衍了事。

计划的成败，看起来是计划者的责任，应该由计划者负责。事实上却不然。经营者平日的表现，才是计划者采取何种态度的依据，所以经营者必须负起重大的责任。

把执行和考核加在一起，可以估量出企业的成败。经营者应该负起70%的责任。

第六章

无为的执行过程

执行者必须以尊重计划、看得起计划者为出发点，站在落实计划的立场，务求确实达成预期的效果。

目标实现、渐进试行、水到渠成是执行人员应该掌握的三大原则。

主持人采取无为的领导精神，才能够无为而无不为，创造出总动员的效果。

管理的效果，表现在有为上面，根本毋庸置疑。但是大家都要求有为，势必讲求个人的表现。争相邀功的结果，产生很多明争暗斗的不良举动，反而增加执行过程中的困难，影响到执行的效果。

无为当然不是不为，应该是无不为。只有站在无为的立场来无不为，才能够"不求有功，但求无过"地尽力而为。不争功也不诿过，自然一切秉公处理。

执行时固然应该尊重原计划的精神，却也必须顾及定案后的新变数以及执行时的实际状况。居于落实计划的苦心，认清可变与不可变的分野，然后发挥无为的领导精神，以团队的力量来突破难关，务求贯彻实施。

目标实现、渐进试行、水到渠成是执行人员应该掌握的三大原则。站在不可变的立场来寻找可变的部分，以高度的执行热忱，促成同人的精诚合作，抱定责无旁贷地坚决完成的决心，审慎评估实际和情势，塑造强大的团队力量，自然容易获得良好的执行效果。

执行之后，必须检讨优劣得失，作为下次计划时的重要参考。但是检讨时，最好掌握中国人的特性，以免流于形式而自欺欺人。

全面无形的控制，也是中国式管理的特殊方式，主要是以人为对象，从面的不同来查核心的差异，进而掌握可能产生的变化。执行过程全面无形地加以控制，不达目的誓不罢休。

第一节
站在落实计划的立场来执行

当计划者和执行者是同一个人的时候,遇到困难时,居于"自作自受"的体认,通常不会张扬出来,却默默地寻求解决的途径。这时候觉得除了增加自己的经验之外,丝毫不敢邀功,当作自己对组织的重大贡献。

然而,当计划者和执行者不是同一个人时,其间所产生的差距,非但必然,而且相当显著。通常有下述三种现象,导致两者互相指责,影响计划的顺利执行。

第一,计划者缺乏执行的实际经验,常常在时间分配、前后次序以及人员配置上产生若干误差。若是执行者存心找碴儿,或者耿直地实情实报,就会公开暴露计划者的弱点或缺失,以致计划者颜面无光,反过来指责执行者"不善驶船嫌溪窄",因而强词夺理,死不承认计划有误。其实是一种恼羞成怒的反应,却导致双方难以协调。

第二,计划者和执行者具有不同的认知和判断标准,特别是在条件

的配合度、执行的难易度以及细节的通融度方面，有相当大的差距，使得双方看法不同，而引起争执。计划者所考虑的配套措施，执行者常常加以低估，因而觉得在现有的情境下，难以推行。同时在执行过程中，对于细部做法的变更程度，也常常产生不同的反应。类似的情况往往不断出现，导致双方互相批评，彼此不信任。

第三，执行者不完全了解原计划的主旨，因此在本末、轻重、大小、利害、多寡、缓急等方面，都掌握得与计划者设想的不同。彼此都没有恶意，结果却十分令人懊恼。即使计划者费尽苦心，反复将计划的目标、目的和意义、价值等要旨告知执行者，也未必获得良好的回应。因为执行者常常自以为是，而实际上却不能充分了解计划者的真正用意。沟通不良，甚至沟而不通，形成莫大的障碍。

这些常见的状况，如果不能妥善化解，势必造成"计划良好，而执行不力或不顺"的恶果。不力指执行者不用心、不愿意全力配合，甚至于故意出纰漏，让计划者难堪。不顺指执行者很用心，也愿意全力配合，却由于认知的差距或者对计划的主旨不完全了解，以致执行过程中，相当不顺利。不论不力或不顺，对计划者和执行者双方面都有害无利，必须预先估量，尽量减少，提高双方面的效益。计划是为了付诸实行而存在，工作做得好包含善于计划也善于执行。唯有两者都好，才能有效达到目标。

因此，执行者的使命，既不在批判计划的好坏，也不在找出计划的缺失，更不是盲目地按照计划去执行。执行者的使命，应该是"站在落实计划的立场来执行"，务求确实达成预期的效果。下述三大要领，必须充分掌握。

第一，稍有工作经验的人，不难发现按照计划去执行，是一件十分困难的事情。因为计划和实际情况有所出入，几乎很难找到例外。就算计划者具有实际执行的丰富经验，事实上也很不容易掌握每一个细节，以致执行者经常抱怨计划完全是纸上谈兵而毫无价值。但是，站在落实计划的立场，执行者必须调整批判、挑剔的心态，改为"内外环境时刻都在变迁，计划者再怎么用心，也难以完全掌握接踵而来的变数。虽然执行时有些困难，正好发挥自己的实力"，因而坚定决心，想办法使计划落实，而不是愤怒地指责计划的不切实际，或者消极地抵制原有的计划。这时候执行者不但不会存心找碴儿，而且不愿意公开暴露计划的弱点或缺失，反而会欣赏计划的用意，用心思考权宜应变的方法，并且深入分析、比较和调整，使计划更为完善，而有利于执行。相信计划者对执行者采取这样的态度，必然很受欢迎。同时对执行者所做的各种调整，也都很乐于接纳。彼此互信、互谅，自然不生嫌隙。

第二，为了达成这种互信互谅，计划者和执行者应该经常沟通。对于计划的目的，必须通过平日所建立的人际关系，针对适当的对象，利用合适的时机，做比较透彻的解说。在中国社会，如果大家只凭同事的关系，很容易公事公办。彼此就事论理，结果都很没有面子。最好平时多和同事建立一些私交，把某些同事先变成朋友。有了这种朋友的情谊，将来谈起公事时，比较方便，由情入理，彼此都有面子，更能够进一步深入地沟通。同事会斤斤计较，本位主义十分明显；朋友则比较宽容，有事好商量，居于互相照顾的情分，不至于存心找碴儿、出洋相。通过同事间的朋友关系来谈论公事，由于其中的友谊情分在发生作用，讨论起来，比较容易互动。遇到问题，也比较方便当面请教，或者提出异议，而不致伤害感情，恼羞成怒。如此，对于计划和执行之间的种种落差，比较有调整、补全的可能。计划者和执行者，才能够持久地互相合作，而不是计划执行完毕之后，彼此心结很重，以后再也无法共处。

第三，计划者和执行者，都应该明白"功没、过存"的道理。一方面知道功劳就算存在，也会很快被遗忘，甚至被翻案；另一方面必须养成"有成果，功劳归于另一方"的习惯。"功劳终究是让出来的，不是争得到的"，计划者和执行者互争功劳，必定双方都得不到认定，变成双方都没有功劳。计划者将功劳推给执行者，而执行者也懂得把功劳归于计划者，结果双方面都获得肯定，大家都有功劳。因此在执行过程当中，对于计划的缺失或弱点，不宜公开宣扬，却应该互相隐瞒，尽量私底下协商，共同谋求解决、补救的办法。在主管面前，尽量支持对方的见解，将更有助于私下的协商。但是，双方面都必须站在有效落实计划目标、使计划顺利施行的共同理念下进行隐瞒的动作，才不致掉入欺骗的陷阱。在中国社会，对隐瞒和欺骗的差异性，应该用心区别，否则很难分辨清楚。

总之，执行者的基本心态，必须以尊重计划、看得起计划者为出发点，然后站在落实计划的立场，审视内外环境变迁所带来的相关变数，居于"不争功，不诿过"的原则，凡事采取由情入理的方式，和计划者通过私人的朋友情谊，再来谈论公事，往往可以收到良好的沟通效果。执行者如果自己衡量和计划者的情谊不足，最好寻找比较可靠的人士来穿针引线，促使双方心理上的桥梁互通，在"说起来都是自己人"的情况下，再来沟通，必然更有宏效。

第二节

认清计划的可变与不可变原则

执行者不可以变更计划的主旨和目标,却能够依据实际的需要,改变细节的施行,以利计划的顺利落实。

计划能否变更,不适宜用二选一的二分法来决定。认为计划是可以改变的与主张计划是不可以更改的,都是比较极端的看法,相当不切实际。如果采取二合一的思考方式,把可以改变和不可以变更合起来想,应该能够寻找出一条两全的途径,也就是同时兼顾可变与不可变两个部分,符合"合中有分,分中有合"的法则。

可以变更的部分,请执行者必须特别注意,仅限于下述三大项目。兹分别说明如下,以供参考。

第一,基本条件发生变化,与原先的估计出现重大的差异。这时候若是完全无视情境的变迁,抱着"死马当作活马医"的蛮干心态,固然有时候决心胜过一切,也有攻克难关把计划付诸实施的可能。但是除非万不得已,最好不要如此。因为这种以精神排除万难的方式,并不适宜常常运用，以免拗不过实际的阻碍，而功败垂成。比较合适的想法，应该是衡量当时的条件，做出合理的调整。

第二，政府的政策发生重大变化，不利于原计划的执行时，不能不加以改变或修正，甚至需要暂时停止执行，等待政策有所变化，再来考虑调整或放弃。因为自古以来，民不与官斗，几乎成为企业界自律的不二法门。特别是政府新政策刚刚宣布，或者雷厉风行的时候，更不必违背政策，以免被当作杀鸡儆猴的标的，蒙受很大的损失。配合政策的需要，一向是企业界奉行的法则。每当重大政策颁布时，设法调整自己的计划，应该是合理的态度。

第三，遭遇意外的天灾人祸，导致执行上的重大困难。这时候即使再有执行的决心，计划也可能被迫停止。因为天灾人祸，往往不是自己的力量所能够预料、控制或补救的。必须众人花费比较长的时间来处理，才能逐步恢复。不幸遇到这样的状况，恐怕只好暂时喊停，等待情况改善之后，再来想办法。不过暂停一段时间，就应该重新用心调整原有计划，使其适合情况的变化，而能顺利继续执行下去。

遭遇上述三种状态，基本条件发生变化、政府的政策发生重大变化、遭遇意外的天灾人祸，执行者当然可以考虑将计划加以适当的变更。但是，所有的改变，都应该尊重原先的主旨和目标。不论如何，我们所能够改变的，不过是细节部分，而且以不违背既有的主旨和目标为原则。

执行人员必须掌握下述三大原则：

第一，目标实现原则。不管在计划拟订的过程中，执行者是否参与、有无不同意见，一旦决定执行，即应坚定信心，非实现计划所订立的目标不可。譬如新进人员的训练，主旨在促使新人早一天进入状态，了解组织内的实际运作，以及工作的分类与性质。所有参与执行的人员，必须牢记在心，从各种层面来完成这些目标。即使从组织的现况来看，根本没有时间来举办集中式的训练，也应该设法化整为零，采取一对一的形式。通过工作的进行，由资深员工来带领新进人员，逐步引导他们进入正轨，达成预期的目标。我们相信，只要有心把它做好，自然会随机应变，就现有的条件，创造出有利于达到目标的途径。

第二，渐进试行原则。不要一开始便想要改变，应该抱着试试看的心态，采取渐进的方式，先将部分计划付诸实施，等待大家接受后，再全盘实现。通常我们会先从比较容易接受的部分开始，或者由比较容易接受的事项着手。譬如营销部门订立销售计划，主旨在说明用什么方法把商品卖给哪一种人。其中牵涉到生产合于市场需要的商品，稳定地供应给客户，分析市场，掌握市场区隔，以寻找潜在的顾客，确定出售的方法，并建立企业忠诚度，做好售后服务，提供商品的附加价值，注意流通环境的变化，设计促销活动，订立营业目标，提供激励措施等。执行时可以分别从各个项目中，寻找比较容易接受的部门，例如生产部门中的研究开发单位，试图以更为便宜的成本来生产。或者选择比较容易接受的事项，例如调整销售的通路，考虑商品于何时在何处摆出多少数量的相关战术。由抗拒最小、收效最大的点着手，对执行很有利。

第三，水到渠成原则。凡是雷厉风行的结果，大多是五分钟热度，转瞬就会成为幻影。先渐进试行，然后顺水推舟，再趁热打铁，采取及时的行动，这样水到渠成，往往更加持久有效。譬如提高销售能力的计划，主旨在增进销售人员的挑战精神与自信心，可以针对营业人员访问顾客不得要领或对顾客有明显的好恶、安排时间不适当、访谈技巧有问题、自认为工作量太大、性格内向、不够积极、缺少自信心、对商品不了解、惧怕被拒绝等项目，逐一加以分析，找出真正的原因，以便对症下药。这时候可以由主管陪同销售人员一起访问顾客，或者在工作之余个别面谈，以护士看护病人的心情一直到痊愈为止。

总之，执行人员不可以完全无视计划的主旨和目标，坚持按照自己的意见去调整，而应该以计划的主旨和目标为基础，把它当作不可变的部分，再来审视当前的实际需要，加上自己的创意，使计划执行得更顺利、更有效。

遇到执行人员过分偏离主旨和目标时，主管必须马上指出其行为逾越界限，要求立即改善。不过这种过分偏离的执行人员，通常都相当能干，对自己的能力很具信心。他们的共同缺点是自作聪明而又自以为是，也就是自我意识十分强烈。若是当面浇冷水，要求马上改正，必然引起抗拒和不满的情绪。最好先给予相当的褒奖，再明确指出偏离的事实和可能的后患，在不伤其自尊心、顾全面子的情况下，用"聪明人共同的通病"来加以劝阻，比较容易被接纳。

对于擅自变更计划宗旨及目标的执行者，切勿宽恕，劝导不听时，必须严厉处分；如果再不改善，就应该调换或者劝告其自动离职。执行者我行我素，基本上是不可原谅的行为。但是，一切不用心、盲目全盘执行，同样会带来非常严重的弊害，也是不可宽恕的做法。

明辨可变和不可变，站在"不可变"的立场来找出"可变"的部分，这种以不变应万变的执行精神，才是正当的方式。可惜现在很多人不能够了解并掌握这个原则。

第三节
发挥无为的领导精神

执行计划时,通常可能遭遇的障碍,除了执行者对计划的主旨和目标不够了解、执行能力不足、工作意愿低落、执行过程紊乱以及执行者对计划者的心理抗拒之外,最重要的,莫过于执行小组主持人的领导风格。

现代单打独斗的可能性已经大幅度减低,大多采用团体的方式来执行计划。而团体不论大小,总要推定主持人。若是主持人拥有良好的领导风格,能够激起成员的工作意愿、提升成员的执行能力、消减对计划者的心理抗拒,同时加强对计划主旨和目标的深入了解,多多与计划单位取得密切的联系,相信计划的执行,已经成功了一半。

良好的领导风格,就执行计划而言,要点如下。

第一,对计划具有高度的执行热忱,即使是上级指派的计划,也应该视为自己分内的工作,热心地接纳,并且表现出强烈的意愿,要把计划执行得彻底而有效。执行小组的成员,在主持人这种积极态度的感染下，自然会产生比较正面的反应，愿意贡献心力，为执行计划而协同一致。当然，主持人必须平日多关心成员，能够合理地依照成员的能力来分配任务，成员才会感受到主持人的热忱。

第二，对成员具有无比的信心，相信大家的合作足以保证执行的成果良好。因为成员对主持人的期待，通常相当敏感。大家发现主持人的期待是正面而光明的，自然会提高工作意愿，用心去执行。若是觉察主持人根本看不起成员，对成员缺乏信心，大家就会不约而同地降低执行意愿，与主持人保持相当的距离。对于计划的执行成果，也不是很关心。反正做多少算多少，用不着费心计较。

第三，对执行的成果十分重视，责无旁贷地坚决完成，还要达成优良的结果。主持人有热忱，对成员有信心，再加上对成果很重视，成员就会倍加努力，用心好好执行。主持人若是对执行的成果，存着"好坏无所谓，尽力就好"的心态，成员也就只顾热心，表现努力，却未必真正用心，对于执行成果，自然产生不良的影响。

要表现出这样的领导风格，主持人最好采取无为的领导精神，才能够无为而无不为，创造出总动员的效果。

提起无为，大家就会想起老子，因为老子主张"道常无为而无不为"。从无为的观点来看管理，似乎是老子十分独到的见解。在好几次国际管理研讨会上，经常听见西方学者的质疑：无为真的能够无不为吗？有哪一位企业家采用无为的领导？因为他们从字面上来解释，把无为看成什么也不做，当然不能够明白无为的真义，而有所怀疑。

老子的观点，站在现代管理盛行的时代，尤其具有重大的警示作用。因为管理者经常不知不觉掉入"为管理而管理"的陷阱，做出很多并无实际效益的管理事务，徒然增加管理成本。领导者也常常"为领导而领导"，明明对领导没有效用，却要妄自作为，结果添增成员的苦恼。

领导者强做妄为，自顾伸张自己的意欲，没有干预的本事，却要任意干预部属，便是老子所极力反对的"有为"。他指出："国家的禁令越多，人民越贫困；政府的规定越多，社会越混乱。"我们在管理上，也可以说"上司管得越多，部属越无法用心做事；主管干预越多，部属越觉得无所适从"。执行小组主持人如果不能发扬无为的领导精神，不但对计划的高度执行热忱，不能感应部属尽心尽力；对成员的无比信心，难以激起成员的呼应；而且对执行成果的重视，也无法保证部属产生同样的期待。反而使得成员受到太多的限制，被捆绑得动弹不得，不能随机应变、因时因地制宜，以期计划有效落实而成果良好。

领导者无为，部属就自我化育；上司好静，大家就会自然上轨道；上司无事，大家才有时间把工作做好；上司无欲，大家便朴素过日子。可见无为并不是什么都不做，而是以好静、无事、无欲为内涵，不任意妄为。其要点如下。

第一，用"无为"的态度来领导部属，以产生"无不为"的效果。老子并不反对有所作为，他鼓励大家努力去为，贡献出个人的力量。但是，一定要"为而不恃"，不夸耀自己的才能，不张扬自己的功劳，也不占据努力的成果。老子看出人与人间争执的根源，即在人人扩张自己占有的欲望，因此主张"为而不争"，大家顺着自然的状况，发挥各自的才能，却不与他人争夺功名。执行小组的主持人，若能秉持这种"为而不恃""为而不争"的精神，用无为的态度来领导同人，大家才乐意各自尽心尽力，却不互相争夺成果。于是同心协力，当然无不为了。

第二，以"无欲"的心境来领导执行小组，大家自然朴实。不必经常猜测主持人的心意，只需按照正道去执行计划，便用不着有什么顾虑。主持人有欲，并不指本能性的欲望，而是指心智性的巧诈。无欲就是没有敲诈的企图，大家可以放心地做应该做的事情，不需要特别留意主持人是否有偏私，因此部属能够安心地自正。我们从很多实际案例，不难发现部属之所以不敢正直地办事，很多是由于害怕被主持人视为不合作而遭闲置或革职。所以主持人没有不正当的欲望，才能够保障部属凭良心做事。

第三，用"虚静"的状态来感应执行同人，大家比较容易虚怀若谷，彼此接受不同的意见，而集思广益。 主持人无欲，呈现"虚静"状态，抱持平常心，自然对部属的所作所为，具有更大的包容性。影响所及，部属之间也比较能够发挥谦虚的美德。大家平心静气地讨论，遇到不同的意见，也不至于引起争执。上下都不轻率急躁，对处理事情讲求"以静制动""以逸待劳"，既省力又有效率。

在具体表现方面，我们希望主持人至少做到三点：

第一，部属能做的事情，主持人绝对不要插手。 把空间让出来，让部属去充分表现，力求由下而上，而不是事必躬亲。部属有参与感、有成就感，是主持人最佳表现。

第二，主持人只提问题，不要给答案。 部属自然会寻找答案，而且全力以赴。主持人的责任，在用心考察部属是否找到合理的答案，否则就应该给予若干指点。

第三，主持人负起全部责任，丝毫不推卸。 部属不好意思连累主持人，才会尽力把分内工作做好，以免出错。

第四节

以团队精神来突破难关

单独一个人执行计划，固然可以充分发挥个人的自主性，不必受到同伴的牵制或阻挠。但是，单打独斗的效果毕竟相当有限，难以成就重大计划。于是团队行动就成为执行计划时的主要课题，谋求结合众人的力量，来突破执行时所遭遇到的种种难关。特别是中国人究竟能不能合作无间、协同一致的问题，立即浮上台面，亟待解决。

中国人能否合作？答案只有一个：很难讲，也就是不一定。中国人合作起来，同仇敌忾，一致对外，常常产生不可抵御的强大力量。然而中国人平时的表现，真的有如一盘散沙，各搞各的，谁也不服谁，再怎样号召，也团结不起来。这当中时机、情势、领导三大因素，起着关键性的决定作用。兹分别说明如下，以供参考。

第一，时机。中国人做事，最注重时机合适不合适。大家最担心害怕的，就是"违时行事"。做一些不合时宜的事情，常常凶多吉少。想要重新来过，发现时机已经成为过去；后悔没有用，挽救来不及。就合作而论，时机有利或者时机紧迫，合作很有好处或者非合作不能生存时，中国人团结一致，而且合作无间，表现出料想不到的高度团队精神。不但历史上有很多例证，今日社会仍然事实俱在。

第二，情势。中国人主张能屈也能伸，情势有利时，个个自我膨胀，似乎天地之间，唯我最大。情势不利时，人人自危，抱着"人在屋檐下，不得不低头"的心态，以不吃眼前亏为理由，躲躲闪闪，也不觉得委屈。就合作而言，情势不利的人，自然想尽办法要依附情势大好的人。情势大好的人登高一呼，马上四方响应。只不过可能是暂时性的依附，而不是长久性的归属。一旦情势变化，原先依附在身旁，好像长相左右的群众，很快就树倒猢狲散各奔前程而去。情势一变化，团结合作的情况立即随着变异，令人感叹的是成也在这些人，败也在这些人。因而责怪中国人势利。其实冷静想想，势利到合理的程度，何尝不好！

第三，领导。时机合适而且情势有利，中国人自然会团结起来。至于效果如何、能够维持多久，那就有赖于得人心的领导了。如果领导者能够以无为来带动众人的大有为，以无智来启发大家的竭智尽力，以无能来引发大家的总动员，执行时遭遇再大的困难，相信也能够聚合强大的团队力量，加以突破，顺利达成预期的成果。

越困难的计划，越需要强大的团队力量。然而团体行动，却常常由于彼此意见不一致，甚至产生严重的摩擦，导致计划的执行受到很大的阻碍和破坏。

一般人对事物的看法，大多是个别性而缺乏整体性，同时看的时候，也隐藏着各人不同的盲点。一方面看得不够全面，另一方面又看得不够透彻。于是各偏一隅，而又各执己见。这时候想要聚合团队的力量，恐怕非常困难。为了补救这种缺失，可以采用轮调制度，规定各单位人员，不论表现如何，都要接受不定期的轮调。首先打破"做不好才调"的抗拒心态，以免由于面子问题而产生若干调职后遗症。同时以不定期来消除"三年任满，两年以后就不做事情以求平安度过"的任期症状。晋升之前，先调到其他部门，再回原单位晋升，以扩大视野，也建立一些更可靠的人际关系。对于执行计划，必然有很大的助益。

在执行工作中，我们必须注意到有很多行为是看不见的，通常显现出来能够看得见的部分，还不及1/5。对于80％以上看不出来的行为，应该从心态方面去了解，才能够有效地修正、调整，以提高效能。

执行小组的主持人，应该明白自己的责任是带领所有的成员，而不是带领其中的少数同人。主持人的心，最好能够感应所有成员的心，而不是仅仅感应少数人的心。但是，成员之中，难免有个别差异的存在，并不是一声令下，便能够统一步调，协力向前的。比较可行的办法，仍然是通过最为亲信的第一层次，去影响相当可靠的第二层次，然后让第三层次的人员，自动来认同。

这种内外分层次、亲疏稍有差别的感应方式，主持人只能心里头想，却绝对不可以在口头上说出来。嘴巴只能说一视同仁，大家都一样。心里头则最好视工作的配合度、忠诚度和贡献度，把成员区隔为三个内外有别的层次。有事先找最内层的同人，也就是最为亲信的第一层次，私底下商量。再由第一层次同人，提出问题征询中层，也就是相当可靠的第二层次同人，看看他们的答案如何，来做相当程度的决定。最后依据外层，也就是表现平平的第三层次人员的认同与支持度，由主持人依最后裁决权达成决策。

这样由内而外，再由外而内，所做成的决定，通常比较容易获得协同一致的效果。哪怕小组的规模再小，也不能无视于个别差异而采取一视同仁的方式。在中国社会，一位主管带领一位部属，也有若干不方便当面直接沟通的地方，常常借助单位以外的同人，或者由主管的妻子出

第六章 无为的执行过程

面，和部属沟通。虽然不合乎正式组织的体制，有时候却相当方便而且有效。

由于中国社会特别重视伦理，大家从小生活在亲疏有别、上下有差等的气氛中，把"合理的不公平"看得比"不合理的公平"更重要。因此对于一视同仁的作风，一则很难相信真有此事；再则容易产生"好人坏人都分不出来"的错觉；三则人人都认为自己受委屈，没有获得主管关爱的眼神。通过亲疏有别、内外有差等的互动，反而比较容易像水中的波浪一样，由内感应到外、再由外回应到内，造成内外一致的团结气氛，发挥最佳的团队力量。

被领导的小组同人，必须明白团体行动和主管的领导方式息息相关，简直就是一体的两面。既然主管采取看起来不公平实际上却十分尊重大家的内外层互动方式，部属就应该心中有数。自己会被安排在某一层次，完全是自作自受的结果，不要再以主管不公正、有偏心来自我安慰，却应该以实际行动，来改变自己在主管心目中的层次地位。或者安于主管的配置而不怨天尤人，用心把自己的角色扮演好，至少无愧于心，对得起自己，不至于将来后悔。

上下、左右之间，都能够注意到这种看不见的互动气氛，比较容易彼此沟通，达到协调的地步，配合着团体的步伐，表现出协同一致的力量，以突破重重难关。

第五节

检讨执行的缺失作为下次计划的参考

中国人普遍知道检讨的重要性，却很不容易做好检讨。常常虚应故事，避重就轻，然后把所有责任都归于制度不够良善。不论任何检讨，结论始终只有一个："如果制度不能改善，恐怕以后仍将如此这般，很难改正。"

其实，中国式的检讨有其特性，不可不特别留神。兹将最主要的三大法则予以分别说明。

第一，有功劳，一定要和大家分享。只有大家都有份，功劳才容易被肯定，否则没有份的人，就会反弹。

中国社会，功劳永远是让出来的，让来让去，大家都有功劳，一起来分享，功劳显得很大，大家都愉快。如果存心抢功劳，就会引起你争我夺的现象，抢来抢去，大家都没有功劳，不但不愉快，而且火气很大，不容易摆平。

检讨的时候，有功劳一定要向外推，最好推给抱怨的人。依据交互主义的互动原理,向外推就可能产生向内拉的回应,而越多的人获得功劳就说会有更多的人回馈。大家抢光光,总会留下自己应得的一份。若是大家分光光而自己那一份也不见了,自然有人会出面主持正义,说公道话。这时候更应该谦虚礼让,保证可以拿回来更多的功劳。万一大家分光光,自己的一份也被抢走,居然也没有人说公道话,还有两条路可走:一是赶紧上递辞呈,走为上策。因为此地已经不适合久留,何必计较这等小事?二是趁此机会提出警告,请大家注意组织的文化竟然败坏到这个地步,对于组织风气的变革,相信也大有裨益。

第二,有缺失,最好自己承担。特别是居上位的人,若是勇敢地率先承担责任,干部大概会紧跟着承认错误,如此一层一层向下传递,大家都不推,缺失比较容易明朗化。但是,中国人所谓的明朗化,是指心知肚明,却仍然不需要明白地说出来。大家抢来抢去,缺失到底落在哪些人身上,只要当事人明了,依旧要顾全他的面子,以免撕破脸,弄得当事人脸上无光,反而恼羞成怒,死不承认错误,岂非自找苦吃?

居上位的人,可以在检讨会后,把犯错的人私下请过来,他大多会俯首认罪,不敢抵赖。若是他还不认错,不妨再度探索,看看更深入一层的情况,再把他请来,两三次下来,大概会突破心防,而真相大白。对不公开认错的同人,应该加以谅解;对单独相询仍不认错的人,却必须加以劝导。公开场合不承认,私底下承认,只要以后不再犯同样的错误,依然可以接纳。

检讨的时候,最好不要以人为对象。只要拿事实来分析,并且把过失归于自己,常常会把真正犯错的人将出来,无所遁形。过错是争出来的,人人争过失,责任十分清楚。大家都推来推去,结果大家都犯错,责任不分明。

第三,先提功劳,然后找过失,最后一番感谢,是检讨会的三大程序。

从主席开始，首先表示执行的成果良好，大家都有功劳。接着说明自己用心不够，照顾得不周全，以致还有若干缺失，亟待检讨改进。最后仍然十分感谢，希望大家一本初衷，积极努力。每一个发言的人，似乎也都遵循这个程序，以三明治的方式，把丑话包裹在两层好听话当中，听的人比较受用，自然听得进去而有效。

即使单独面对被检讨的人，最好也采取三明治方式，先褒后贬再感谢。被检讨的人，保住面子，比较容易认错。不过我们的目的，并不在承认错误或道歉。因为两者实际上都没有实质意义，做与不做，没有太大的差异。我们希望通过检讨，来寻找执行时所带来的缺失，把真正的原因找出来，详细记载，作为下次计划的参考。"不二过"才是检讨的有效功能，永远不再犯同样的错误，那才了得。

执行计划必然产生不相同的后果，与预期的相符，也要检讨原因，为什么如此吻合？是预测精准，还是调整、应变得宜？是原计划预留弹性，还是居上位者大力支持？与预期的不相符合，甚至完全相反，当然应该探索究竟，问题出在什么地方？至于那些半途而废，执行不到一半，就动弹不得，不能不宣告放弃的，尤其需要用心检讨，找出病源，以便根治。不可因为人事变动，反正当事人已经离职他去；或者人情因素，当事人是多年长官或老同事，便虚应故事，不做实质的检讨。以致因循苟且，重复犯错，因而养成胡乱计划、马虎执行的不良习惯，害己害人。

一般说来，执行结果不理想，主要有三种原因。

第一，计划本身有偏差失误的地方，执行时即使用心调整，也难以制宜。不论整体计划或部分计划哪个出差错，都会严重影响到执行成果不能符合预期的目标。这种缺失，必须明确记载，提供给计划人员作为前车之鉴，以免再犯。

第二，执行者擅自做主，任意变更计划的主旨和目标，已经属于离经叛道的行为。不论是整体或部分受到扭曲，结果必然大幅度走样。不管是有意或无意，都可能造成不良的后果。这种缺失，应该寻找出真正的原因，和执行者沟通，提供改进的经验，使以后的执行者知所避免。

第三，计划者和执行者都很用心，却由于内外环境的重大变动，以致无法按照原有计划执行。这种情形下，并不能完全指责计划者的预测不够精准，也不能归罪于执行者的应变能力不足。但是也应该检讨缺失，作为以后的参考。

缺失可以检讨，却没有必要承认失败。中国人很不容易反败为胜，因为一承认失败，心理上的压力很大，更容易导致兵败如山倒、树倒猢狲散的恶果。缺失可以改进，失败很难东山再起。我们只要把缺失检讨出来，作为下次改进的参考，何必一定要承认失败，弄得人心惶惶，鸡犬不宁，反而让对手有机可乘，或者造成自己乱了阵脚，岂非得不偿失？叫别人不怕失败，比较容易，要自己反败为胜，实在相当困难。有缺失，不用怕，换取一些宝贵经验，下次做得更好。检讨缺失，不在于找出谁的错，而在于培养更佳的计划和执行能力。小缺失可以避免大失败，常常检讨，积累经验，才有机会获得大成功。

中途检讨，还可以在发现重大缺失的时候，提出补救计划，以便采取挽救措施，使计划得以顺利完成预期的目标。所以检讨不一定要等到执行完毕或无法执行时才进行，在执行的过程中，分成若干阶段来检讨，其效果有时比终了检讨还有价值。而中途补救，当然比半途而废来得好。

第六节

采取全面无形的控制

中国人十分清楚"管理"的主要功能,完全表现在"控制"上面。唯有能够全面掌控,才称得上良好有效的管理;若失去控制,不再有把握地得心应手,已经谈不上什么管理,充其量只是摆摆样子,好看而已。

西方管理以"事"为中心,所以"控制"的重点在于"计划的执行过程和结果",大多对"事"而言。

中国管理以"人"为中心,对"人"的控制,往往重于对"事"的控制。因为事在人为,一切事都离不开人。只要把"人"控制得好,事情的经过和结果,也就比较有把握加以控制。人在做事,所以人比较要紧。

"事"的控制,重在"有形"。从建立标准着手,以确定理想的均衡状态,当作控制的基础。然后将实际状况与所定标准互相比较,辨认并分析差异的原因。于是设法加以校正,使其恢复正常的状况。

"人"的控制,比较侧重"无形"的部分。因为有形的部分大多有一定的标准，十分方便伪装或做假。无形的部分，比较变动不居而且缺乏明确的标准，以致很难伪装，不容易做假。根本就无形，从何做假？

中国人大多不愿意公开表明"控制"的意愿，没有人坦承自己在控制别人，可以看作"无形"的一种印证。既然要无形地控制，想控制无形的东西，当然不可以明言，不方便公开地承认，不能够形成透明的制度。

对"人"的控制，和对"事"一样，主要在抓住"差异性"。有任何风吹草动，马上提高警觉，加以研判分析，以期有效地掌握变数，而便于控制。

在内外环境变动不大、一切尚称稳定的时期，对"事"的控制，可以代表对"人"的控制。这时候"对事不对人"，还算行得通。因为"事"的变化不大，可以依据"事"的"差异性"来加以控制，就算把"人"的因素摆在一旁，不予理睬，也不致影响事的成果。

然而，环境变动快速时，人心的改变，往往比事情的变迁更为迅速而复杂。事情其实随着人心而转变，人心先变，事情才会跟着改变。控制人心，在快速变迁的时期，比就事论事要有效得多。再深一层看，好像控制人心，就等于左右事态的演变。这一点是现代管理十分忽略的事实，我们过分相信环境的力量，似乎大到可以决定一切。环境的力量固然大，人的意志力也很强。天定胜人和人定胜天的分际，很值得从事管理的人用心加以体会。

一般而言，大事由天主导，比较倾向于天定胜人，所以"时机"好不好是大趋势，人力很难加以操控。但是小事情由人主导，当然倾向于人定胜天，"情势"的好坏往往由人来开创，老天爷不会管那么多，才显得尊重人的自主性。我们所管理的事情，究竟是大是小，各位心中有数，大不到哪里去，所以由人心着手，来加以控制，应该是相当可能而且有效的。

人心看不见，所以无形。但是中国人对人心的变动，却十分有研究。我们常说"人同此心，心同此理"，意思是说大家都是人，处在相同的环境，面对同样的变数，按理说应该具有同样的想法，做出一致的反应。但是事实上往往并非如此，倒是"人心不同，各如其面"来得切合实际。西洋人听到"人同此心，心同此理"，大多认为有问题，他们习惯于"二选一"，在这两句话当中，选择"人心不同，各如其面"。我们中国人比较懂得"二合一"，把这两句相当矛盾的话，合在一起想。从"人同此心，心同此理"的基础，找出"人心不同，各如其面"的事实，形成我们独特的一套控制方法，从面的不同来查核心的差异，因而掌握可能的变化。

孔子认为，说话时眼睛不看着对方，不善于察言观色的人，基本上和瞎子差不多。意思是说对方的面部表情反映着他的心理变化，必须仔细观察，用心研判，抓住其真正的用意，才不致听错了，会错意，而产生误解。同时也应该适时调整自己的语言、态度，求得与对方同步，然后再测出其中的差异，作为控制的基准。

由于言语、态度仍然可以做假，所以控制的范围，随着职位的高升、责任的加重、距离的拉近而无限延伸。对于基层人员，责任不很重、距离比较远，我们不会花费太多精神来加以控制。这时候依照制度办理，三考三卡，好像就不成问题。中层干部，责任比较重，距离比较近，我们会花一些精力，考察他们的交友情况、家人相处情形以及下班以后的行为。高阶主管，责任十分重大，距离很近，有时候手表坏了、领带太名贵、家庭花费庞大、子女过分奢华，我们都不敢掉以轻心。有人向总经理表示：赌博是个人的行为，属于私生活的一部分，与公务无关。只要正常上班，工作绩效良好，赌博与否，用不着上级操心。总经理则回答：私人行为，到最后还不是我倒霉！越高阶层，越公私分不开，迟早牵连在一起，所以全面无形的控制，对高阶层人员，确有必要。

全面表示公私根本难以区隔，牵一发而动全身，必须样样管制，以策安全。有形的东西，大家都看得见，让当事人很没有面子，容易引起上级不相信的困惑。无形则由于大家都不愿意被控制，现在采取无形的控制，谁也看不见，不至于引起当事人的面子问题，减少抗拒的压力。就算有人提起，当事人也很容易否认，把面子保住，再做打算，比较不会引发无谓的抗争。

有形的控制，很容易被破解。为什么制度严密、执行严厉，仍然有非法之徒逍遥法外？就是因为一切诉之有形，大家看得很清楚，很快就产生对策，来突破有形的管制。无形的好处，在随时改变，还没有摸清楚之前，就已经有所转变，怎么能破解？如何能突破？

中国人不违法，偏偏很喜欢钻法律漏洞。上有政策下有对策，几乎很少有例外。任何规定，刚开始很有效，一阵子下来，被大家摸清楚了，很快就变得没有什么用处。这并不是五分钟热度，大家虎头鼠尾，而是制度本身的威力减退，当然降低效率。最好的方式，就是有法中无法，无法中有法，有规定，却在规定之外，设下许多不明文、不明言的关卡。看起来有制度，实际上将例外也一并纳入控制。说起来无形，却一触犯便变成有形。反正要紧的部分隐藏起来，依据法令，只说那些不要紧的话，当事人为了顾全颜面，大多依法就范。

第七章

有效的考核要领

考核的标准,必须以"对并没有用"为前提。在圆满中分是非,是中国式管理的考核重点。

中国式管理的考核心态,最主要的特征,应该是"救人而非杀人"。

中国式管理的考绩,通常分为"明""暗"两部分,同时进行。这种先顾面子再分好坏的原则,是考绩有效的最佳保障。

计划执行之后，当然需要加以检讨，已如上述。但是整体的考核，仍然有必要。因为每一件事情都要考核，不但促使大家只看眼前、斤斤计较，而且容易引起情绪上的反弹，认为紧迫盯人，压迫感太大。我们凡事都要检讨，目的在于不断改善，而阶段性的整体考核，大家才能够力争上游，持续求进步。

考核的标准，必须以"对并没有用"为前提。因为对未必圆满，结果和错并没有多大不同。错，当然不可以；对，真的没有用。大家才知道追求圆通与圆满。

中国人所重视的是非，是圆满中分出来的是非，而不是为了分是非弄得彼此不团结的分离式是非。表面看起来，不分是非，实际上大家心知肚明，清楚得很。因为考核的目的，在救人而不是用来杀人。使同人知过必改，重新做人，远胜于做不好就开革掉，绩效不好就应该走人的消极处理方式。

综合考虑表示考核的范围十分广泛，不论直接、间接，甚至于看起来毫无关系的事情，都包括在内。而且所有事情，都可大可小，令人不敢掉以轻心。用意在提醒组织成员，随时都应该反求诸己，多多反省，并且随时改正。人人如此，考核必然能够获得良好的成果。

考核的要诀，则是明暗、大小都要兼顾并重，以符合全面无形的原则。明的暗的一起来，大的小的都顾及，当然使人无所遁形，只好坦然面对。

第一节

先建立"对并没有用"的考核标准

西方管理在是非的判断方面，采取一种比较简单的标准："对就是对，错便是错。"要求的程度也较为容易达成："对就好了。"

中国式管理在技术方面，和西方所采取的标准和所要求的程度，并没有两样。但是在人的行为，也就是事的处理方面，则采取一种异乎西方的考核重点。

我们从小到大，不断地听到"对，没有用"这一类的话，却很多人忘记，或者无意间忽略，这一句话在管理上的效用，居然如此的重大。

"对，你只知道你对，谁不知道你对？但是，对有什么用？告诉你，对是没有用的。"

"对，没有用。"这种观念，对中国人而言，应该是十分熟悉的。回想一下，小时候在家里和弟弟吵架，父母总是以"一个巴掌拍不响"为理由，两个孩子都罚站。站着站着，终于领悟到"对，没有用"照样被罚站的道理。现代某些教育学者，搞不清楚这种用意，居然指称这种家庭教育不合理，弄得兄弟不明是非，实在是"以不知"来衡量"所不知"，难怪会说出一些莫名其妙的评语，让大家看不起，真是自作自受。

西方人当然缺乏这种素养，以至于当他们听到"对，没有用"时，大感不解之余，连忙问道："对为什么没有用呢？"而答案竟然是"对当然没有用"时，他们就更加紧张，急忙问道："对没有用，难道可以错吗？"

请看：对没有用，难道可以错吗？这不是"二分法"是什么？"对"和"错"是对立的，不是"对"便是"错"，反过来也是如此，天下事有这么简单的吗？

我们不慌不忙地告诉西方人："错是绝对不可以，但是对真的没有用。"可见我们已经摆脱二分法的陷阱，能够"把二看成三"，在"对""错"之外，看出"圆满"的境界，必须"在圆满中分是非"，才合乎中国人比较高标准的要求。

业务人员很对，把顾客气走了；部属的意见很对，却将上司气炸了；总经理的决策很对，各部门经理都气得不愿意接受……是不是都在证明"对，没有用"呢？

这样我们才能明白，为什么中国人"讨厌是非不分的人"，却也"不喜欢是非分明的人"。前者糊里糊涂，必然误事；后者则伤害面子，令人受不了。

不对，当然不可以。因为任何事情发生差错，总会带来若干不便，造成某种程度的损失，甚至导致重大的伤害。不对，大家都不高兴，没有人会认同。

然而对呢？若是伤害了某些人的面子，就会引起这些人的反弹，甚至于恼羞成怒，造成情绪化的回应。

可见对是不够的，不可以就此满足。对之外，必须顾虑到每个人的面子，不伤害任何人的感情，才算是圆满，不致产生意想不到的后遗症。

在圆满中分是非，是中国式管理的考核重点。

中国人的关系，可能是全人类当中，最为复杂的。我们有伦理关系、党派关系乃至于势力关系。嘴巴上不承认，心里头大家却都很清楚。

组织成员之中，伦理关系、党派关系、势力关系错综复杂。有大圈圈，也有小圈圈；有明圈圈，也有暗圈圈，要明白这许多关系，必须经过相当时间的认识，才能够胸有成竹。

在中国社会，是非本身十分简单，是就是是，非即是非。然而一旦牵涉到伦理、党派、势力等关系，是非就难明了，变得相当复杂。

如果希望在圆满中分是非，最好把握三大原则。

第一，平时要以广结善缘的态度，结识各种关系的重要人士，以便必要时商请助一臂之力。平日多烧香，紧急时才会比较心安。没有事情时，多找机会开拓人际关系，是圆满中分是非的基础。

第二，任何时候，都不要随便得罪人，以免山不转人转，有一天发生"不是冤家不聚首"的痛苦场面。由于各种关系牵扯不清，往往得罪了一个人，等于惹火了整个圈圈，岂非自找麻烦，和自己过不去？

第三，要慎重考虑，自己需不需要加入某种党派或势力圈？因为伦理关系是天生的，不可能一厢情愿地要当某人的亲人，就算干女儿也要别人认定才行。但是党派或势力圈则是后天形成的，可以由自己决定要不要加入。是否加入，其实是有利也有弊，必须衡量相关因素仔细考虑，不应该抱持着无所谓的心态试试看再说。有时一失足造成千古恨，有时也可能歪打正着，这都不是为自己负责的应有态度，最好尽力加以避免。

就算不打算加入任何派系，也应该对组织中的各种关系有所了解，给予相当的尊重，并且自己提高警觉。要圆满中分是非，必须格外小心谨慎，一切想好了才能开口，一切想妥当了才能动手。

组织要造成这种气氛，使每一成员都能够逐渐由"对就好"提升到"在圆满中分是非"的较高层次，就应该将这种要求列入考核，并且成为重点。

任何人把事情做对，只能列为乙等。若是进一步将事情处理得相当圆满，那就给予甲等。

我们相信"玉不琢不成器"的道理，知道"人才必须经过磨炼，才能出色"。组织内"在圆满中分是非"的人越多，大家愈能顾虑周全，彼此都想得长远些，后遗症自然大幅减少。

自古以来，有能力的人大多自视甚高。由于"艺高人胆大"，往往显得相当轻率，并且不把同人放在眼中，只顾自己锋芒毕露。这样的人，纵使短期内有所表现，时间一长，也将制造许多问题，使组织饱受大害。

把事情做对，固然已经相当困难。要求在圆满中分是非，当然更加不容易。但是，取法乎上，经常只能达到中上的程度。为求提升竞争力，必须以让大家都有面子为目标，使大家在计划、执行以及考核等阶段，都能够克尽心力。认清"努力工作没有用，用心做事才要紧"的真义，随时关心整体目标和各人的情绪变化，将工作绩效和情绪管理结合在一起，不但工作效益要高，而且大家都很愉快。时时刻刻，互相砥砺提醒：对，并没有用；在做对之外，还要重视圆满、圆融和圆通。

第二节
要求大家"在圆满中分是非"

表面上看起来,中国人是非不分,凡事马马虎虎,不愿意切实检讨,把是非判断得十分清楚。实际上,中国人最厌恶是非不明的态度,视之为可恨的"乡愿"。大部分中国人缺少检讨的功夫,不得已才马马虎虎,心里头则一百个不情愿。

中国人应该在"是非分明"和"是非不分"之中,走出第三条路来,叫作"是非难明"。由于难明,所以必须谨慎来分辨;难明还是要明,只是过程不一样,不可以做到分明的地步,以免有人因而没有面子,不够圆满。那时候是非就算十分清楚,也是没有用的。

管理有三个主要的历程,分别是"计划""执行"和"检讨",构成周而复始的循环,似乎中外皆然。但是西方人"检讨"起来,可以"明言",弄得"是非分明";中国人"检讨"的时候,对人、对事好像都有"难言"之隐,若是明言,势必得罪若干人而遭到报复。往往检讨了老半天,由于不敢直接抨击要害,以致"有名无实",草草结束,又招来是非不明的批评。最好掌握下述三个要点，才能够慎断是非，达成在圆满中分是非的检讨效果。

第一，在公开的会议中，将责任推给制度，而不直接指出犯错误的人，以顾全他的面子。西方人公开承认错误的做法，在中国人看起来简直是自取其辱。拘于士可杀不可辱的原则，中国人地位越高，越不能够公开认错，以免干部也跟着没有面子。这时候对外可以采取"弃卒保车"的方式，由干部来顶替，让他暂时不再对外行事，隐匿一段时间，反正在内部照样可以运作，对他并没有多大影响。对内则尽量采取"家丑不外扬"的方式，在检讨会议中，巧妙地把所有责任都推给制度，常常以"谁都没有错，错在制度不完善；如果制度不修改，今后仍然会不断地出现类似的缺失"为借口，让制度来背黑锅，以顾全成员的面子。

组织首长若是采取是非分明的态度，一定要当场把是非弄清楚，把责任的归属搞明白，就会弄得人人自危，充分体现"多做多错、少做少错、不做不错"的情况。所谓"水至清则无鱼"，便是"是非太分明，大家不敢做事，时时求自保，对组织反而不利"的写照。

成员如果明言此事是某人的错，某人没有面子，便会站起来说："既然此事是我的错误，那我现在就全部承认。我有不对的地方，难道你就没有？我是尊重你，不好意思明白说出来，你却不尊重我，挑得那么明，所以我也只好一一把它说出来，请你包涵。"然后不知是真是假，说了一大堆，大家迷糊中只有一个念头："谁叫你把他逼成这个样子？狗急都会跳墙，何况是人？"

中国人只要把责任推给制度，便可以放心地说出得失，虽然不必直接指出什么人应该负责；而被隐约触及的人，却心里相当清楚，在场的人，也都听得出来，只是不明言，暂时顾全他的面子，下一步骤比较容易施行。

第二，会后把应该负责任的人请来，私底下和他沟通，让他放心地把一切缺失说清楚。一般人只做到把责任推给制度，以为便告一段落，以致"后续工程"未能继续完成，而功亏一篑。

具有检讨功夫的主管，必须在会议上把责任推给制度，却牢牢记住在会后将应该负起责任的人找来，私底下问他，到底缺失在哪里。这时候做错的人，心里明白"主管不当场明说、指责，是给我面子。现在还要耍赖，恐怕他会翻脸无情，加重处罚，反而对自己不利。不如老实把缺失说清楚，说不定还能够获得宽谅"。

主管的态度很明朗，此时再不坦白，罪加一等；若是坦诚说清楚，大家想办法，比较方便下台。

在这种情况下，犯错的部属，大多不愿意"敬酒不吃吃罚酒"，除非后果真的非常严重，否则多半会自动说出原委，以试探的态度，先承认一部分错误，看看主管的反应，再一部分、一部分检讨出来。

主管的态度，可以决定部属"避重就轻"的比重，因此最好采取较为宽松的方式，使部属放心地陈述他的想法。尽量不要打断他的话，也不要抓住一点，就穷追猛打。等他说完一个段落，再提出若干疑点，让他继续说清楚。千万不要立即把相关人员找来当面对质，否则以后谁都不愿意说出实情，反而留下严重的后遗症。

第三，给他机会，让他能够"善补过"。除非事态真的十分严重，必须有所惩戒。不然的话，把缺失弥补起来应该优先于把错误的人付诸惩罚。

不要养成部属"用承认错误来求取谅解"的不良习惯，以为"反正做错了，承认错误就可以了事，怕什么？"因而养成"不怕犯错"的风气，也不见得有好处。

认真地把缺失矫正过来，设法把不良的后果修补起来，这才是检讨的真正目的。

有错误必须承认，这是中外一致的原则。然而，中国人不一定采取公开承认的方式，私底下认错以保留面子，似乎比较容易做到。承认之后，必须以"负责到底"的精神来寻求解决，这才是我们重视的课题。一方面记取教训，切勿再犯；另一方面力求补救，设法把缺失减到最低。这种"不二过"的精神，才是值得发扬的。人非圣贤，孰能无过？凡事十分谨慎，有过失要认真检讨，却不一定非公开出来不可。要紧在减少损失，不要造成遗憾。

把错误推给制度，因为制度是死的文字，不致产生情绪反应。然而，大家都知道，执行的人是活的，按照死的制度去执行的活人，当然必须负起责任。我们这样做，一方面暗示他此事大家已经心知肚明，只是为了顾全他的面子，不方便直截了当地明白说出来；另一方面也鼓励他，如果真的是正人君子，就应该会后自动找主管，坦诚地检讨得失，给大家一个清楚的交代。

中国人含含糊糊的目的，是为了有面子地清清楚楚。过程模糊化，结果仍然明朗化。阳的一面，好像有所隐藏、有所遮掩，无非是为了圆满，让大家都有面子。阴的一面，则纸包不住火，终究要揭穿，要照亮，要把一切搞清楚，才能够"前事不忘，后事之师"而知所警惕。

第三节
抱持"救人而非杀人"的心态

中国人做计划时,秉持儒家的精神,非把它做好不可。中国人执行时,体认道家的意识,自然会遭遇这么多的困难,不如随遇而安。中国人考核时,又自然而然,秉持释家的心态,反正已经造成如此这般的结果,就算把他杀掉,也不能改变既成的事实。阿弥陀佛,善哉,善哉,随它去吧!

打从学生时代起,我们就已经养成这样的习惯。每逢考试前夕,无不下定决心,要好好准备,考出高分,才对得起自己。一走进考场,发现"老师出的题目我都不会,我会的东西他偏不考",于是不慌不忙,每题都多少写一些,越是不会的题目,字写得越工整,让老师好加分。考完之后,面对公布的成绩,毫无愧色地认为:"老师若不挂掉几个,不足以证明他很认真负责",而自己则"我不入地狱,谁还愿意进入",为了拯救其他同学而牺牲一些,当然是善事一桩!

这种儒、道、释的循环往复(见图7-1),充分表现中国人的包容性，能够把复杂、繁多的东西，统整起来而毫不矛盾。

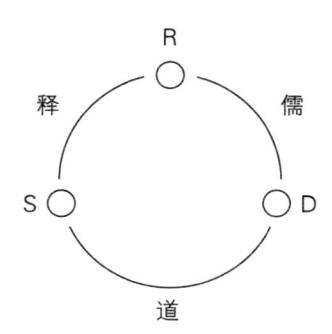

```
        R
      ○
  释        儒
S ○        ○ D
      ○
        道
```

图 7-1 儒、道、释的循环

中国式管理的考核心态，最主要的特征，应该是"救人而非杀人"。我们善体上天有好生之德，杀人有违天道，当然不可行。杀人在企业管理上相当于开革或辞退员工，结果还不是增加社会问题，所以非不得已，不要有开革、辞退这一类的念头。

于是，许多人抱怨：既然不能开革，记过、惩罚、降职等措施似乎对某些人来说不痛不痒，那么考核又有何用？还不是形式上做做样子，吓唬一下而已？

像这一类观念，证明许多人具有杀人的考核心态，认为"做不好就换人"，甚至"不但扫黑，而且要扫白"，好像自己永远不会被换掉，长久不会被扫到一样。出发点已经有所偏差，怎能令人心服，更谈不上心安。

考核是一种激励措施，用来救人，这才是积极的、良性的、正面的、性善的、人本的思考方式。

首先，考核必须配合事先订立的目标。没有目标，根本谈不上考核。没有目标的考核有如法官断案时采取自由心证，非常危险而不可靠。目标的订立，又必须是当事人自己的主意，不应该是上级主管替他订立的。

年终期末，让员工自己提出明年的年度计划，订立明确的目标。这时候主管有责任辅导每一位部属，寻找"可以获得良好考绩"的目标，成为"救人"的第一步骤。换句话说，明确地告诉部属，有效达成这些目标，并能获得优良的考核成绩，基本上已经划出员工的安全范围，要生要死，完全掌握在员工自己的手中。居于人类求生存的本能，员工自有办法生存下去。

人对别人的决定，只会尽力而为；人对自己的决定，才肯全力以赴。让员工自行订立计划，寻找目标，大家有了全力以赴的指标，不至于产生"自生、自灭"的彷徨。没有目标或者上级规定的目标，乃是操之在人而非操之在我的考核，难怪员工心中不够踏实。

其次，给员工比较清楚的衡量标准。让员工随时可以自行评量，更随时得以补救、调整，确保预期的效果。这是以考核救人的第二步骤，最好在订立目标、计划的时候，一并商量决定。我们不敢奢望一切衡量标准都能够做到数量化的地步。但是比较清楚的衡量标准，确实有其必要性。总要有一个双方都能接受的标准，才容易实施而减少怨言。

秤要有秤砣，这秤砣代表被考核员工的心。大家认定秤砣是公正的，心里就会坦然地接受；否则便产生怀疑，甚至不接受考核的结果。

及时提醒员工的缺失，让他调整过来，补救得宜，这是救人的第三步骤。主管不可以只顾忙自己的，无心照顾到所有的部属。常听到"我当时正忙着，没有注意到，你自己怎么也如此不小心"这一类的话出自主管之口，实在不合适。部属固然应该自己小心，然而主管的重大职责，在于监督、确保部属顺利完成工作。

提醒必须及时，不然误了时机，提醒已经失去时效，变成纯属指责，于事实并无补益，不算是救人了。

及时提醒之外，还要注意部属是否有把握加以补救，若是有困难，必须适当给予帮助。甚至调派他人，或者亲自参与，帮助部属渡过难关。

总之，一切以"确保部属圆满达成预期目标，获得良好考核成绩"为共同努力的目标，随时随地站在部属的立场，善意提醒，即时辅助。不但考核的结果皆大欢喜，而且在整个考核的过程当中，与部属建立牢不可分的一体感，同心协力，群策群力，皆顺利展现。

主管抱持"看你有多大能耐"的心态来考核部属，已经形成敌我对立的不利态势，离心离德，从此开始而越走越远。主管站在高处，看部属互相斗殴，然后评定胜负。这种"不顾部属死活"的考核心态，部属自然以"套招""虚功"来应付，只要大家都不重视考核，考核的威力就会大大降低，终至成为形式了。

放眼望去，自生自灭的人间惨境到处可见。部属浮沉于同人之间，主管见死不救便是缺乏人情温暖，彼此不关怀的工作环境，令人觉得冷酷而又孤寂。

子女的成就，是父母的荣誉；部属的成就，同样是主管的荣誉。父母救子女，为第一要务；主管救部属，同样列为第一优先。主管不应该"管部属这个人"，却必须"管好部属所做的工作"，因为部属个个争气，表现良好，才是主管领导有方的实际绩效。

这样说起来，部属考绩不佳，主管脸上无光，必须部属考绩良好，主管才显得光彩。可见主管用救人的心态来考核，不但对部属有利，对主管自身也大有助益。

存心杀人，须知人是杀不完的，往往终究杀了自己。存心救人，也要觉悟人是救不完的，唯有念兹在兹，不厌不倦，以"当一天和尚，撞一天钟"的心情，丢弃"功劳"的念头，更不必寄望部属"知所回报"。以平常心救人，才是菩萨心肠。中国人以"释家"思想来考核，满心"救人"而非"杀人"，其真义在此。

第四节

采取"综合考虑"的原则

有些人喜欢说"全方位思考",主要是来自"八卦"的启示(见图7-2)。站在多方面来考虑,其实就是综合考虑。中国人凡事求圆满,因此,为了面面俱到,必须综合考虑衡量标准。

综合什么呢?凡是想得到的,不论直接、间接,甚至看起来毫无关系的,都包括在内。因为"太极"是其小无内、其大无外的,所以"沾不到边的东西,也可能被视为息息相关。"

当事人再怎么想,也有想不到的事情,一旦被提及,都可能列入综

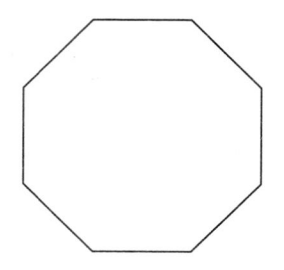

图 7-2 综合考虑

合考虑之中，形成"无妄之灾"。

中国人要求特别高，几乎接近"零缺点"。完美无缺才是圣人，我们以圣人为效法对象，当然不可以有任何污点，否则一经渲染，小可以变大，大到遮住了所有的优点，造成"一失足"的千古遗恨。

然而，我们又认为"神仙打鼓有时也会打错"，圣人也可能犯错。于是"无伤大雅"、小节无妨略有变通，以"大人不记小人过"的气度，大事可以化小，小到不必小题大做，给予"戴罪立功"的机会。

品质必有上限、下限，但是中国人的综合考虑，其范围之广、弹性之大，简直令人咋舌。往往听说"做得好的不一定留任，做得不好的不一定去职"，理由是"综合考虑"的结果，不得不如此，使人不敢不相信"一切都是命"。若非这样解释，永远也说不通。

但是，高阶层主管绝不承认如此这般综合考虑的结果，居然和"神秘莫测"而又"无可奈何"的"命"有关。他们异口同声地说综合考虑不但合法，而且具有科学精神，理由是法治时代，一切依法办理；科学时代，凡事必须有科学依据。

主事者与当事人对"综合考虑"的认知，差距如此之大。那么旁观的第三者又将如何？这个也很简单，对主事者有好感的主流派，多半认为"理应如此""舍此别无其他更好的选择"，顶多指称"虽然不理想，仍然可以接受"。同时受害的当事人，多属非主流派，马上指责"私心太重""有失公允""形成小圈圈""派系的利益作祟"，而"深表遗憾"。

说中国人"不一定"，实际上以上所说的种种表现，自古迄今，可以说起码十分固定，一定如此。中国人的不一定，表现在"今天采取主事者的观点，明天可能站在当事人的立场来思考"，以及"上午是主流派，下午可能突变为非主流"，这种"不一定"，更加深了综合考虑的不一定性。审查被提名人的资格时，可以批评得一文不值，简直一无是处，而在投票时，却投同意票让他顺利过关。旁边的观众一头雾水，到底是审查时乱骂，还是投票时乱投，答案则是千篇一律的综合考虑。虽然他实在坏得不能再坏，但是居于全方位思考，还是投票让他通过。一则考虑提名人的面子；再则骂也骂过了，何不放他一马；三则让他太难堪之后又太难过，岂不结成死仇，以后如何在其他场合见面；四则有一天可能轮到自己被提名，希望审查人也同样骂归骂、投归投，以免自己受害；五则通过恶毒的责骂，已经达到自己的目的，现在让他高票当选，可以损益平衡，维持良好的关系，何乐不为。一下子可以列举许多正当理由，可见真的是居于综合考虑，丝毫没有不负责任的念头。

中国人最好坦白承认，我们既没有条件实施"法治"，也不愿意、事实上也不能实施"人治"。我们是"人治大于法治"的社会，特别是衡量标准，是以人为主，而不是以法为主。

衡量标准当然应该以综合考虑为依据，因为唯有通过全面性的思考，才有办法不偏不倚地衡量出得失、利害与是非、善恶。而综合考虑，即不可以挂一漏万，当然不能限于既定的文字条目，根本连衡量的项目都不确定；当然谈不上量化，最后所呈现的数字，也不过是综合的、概略的、比较的、相对的一种代表符号而已。

中国人的业绩，除了工作表现、人际关系之外，还要扩充到天人关系。所以上班除了好好工作、好好做人之外，还要讲求"人在衙门好修行"，好好修行一番。

这样一来，中国人工作多顾及人缘，而行事多讲求自然，也是综合考虑的衡量标准之下必然的修养。居于天人合一的大系统之中，人人都理应如此，才能够因应综合考虑的全面考察。

我们常常批评"考试领导教学"，但是教学的结果若是不能通过考试的要求，难道就是好的？如今"衡量标准决定个人的行为"，是不是同样证明"有这样的衡量标准,必然产生中国人的一些管理行为",甚至"能够通过综合考虑的衡量标准,必须具备中国人的某些管理行为",我们还有什么好抱怨、好怨叹的?

人、事、地、物、时,还要加上随时加进来的变数,我们称其为"程咬金系统",因为它经常事先没有任何预警,忽然间从半路中杀将出来。凡此种种,都是综合考虑的衡量项目,怎么可能明文规定,一切透明化、制度化、数量化呢?那不是过分强人所难的要求吗?

综合考虑既然是正确的、必然的,有其事实上的需要,而综合考虑的项目也必须无所不包,又随时可以排除某些项目。为了综合考虑的缘故,非将这些项目暂时排除或搁置,以收"戒急"之效,我们当然也不应该有什么话说。那么,我们就应该依循综合考虑的精神,做好万全的准备,以便顺利通过衡量标准而对得起自己。这时候及早学习中国式管理,便成为当务之急,不可不善体中国的自然生态、社会风气以及文化特性了。

最要紧的,还是主持综合考虑的人,必须真正公正,而又敢于承担"不公平"的罪名,勇敢地说出"保证公正,实在无法公平",大家就比较容易产生信任感。多找一些人商量,就算有人批评为"找人背书",也比独自一个人"闭门造车"来得好些,这也是中国人要有"班底"的一种理由。连班底都组不起来,可见已经到了"众叛亲离"的地步。然而有班底又会招来"小圈圈""核心人物朋比为奸"的指责,如何在这两者之间,找出合理的平衡点,才是综合考虑经不经得起考验的主要关卡。

第五节
鼓励大家"反求诸己"

凡事非检讨不能进步，但是事在人为，一检讨起来就和人有关，很容易因牵涉到面子问题而难以施行。

人总是爱面子的，一个人如果到了面子也不爱的地步，几乎缺乏"羞耻之心"，大概会越来越可怕。

爱面子是人之常情，检讨事情的时候，常常想起"此事系某人所为"，或者"谈这件事根本就是冲着我而来"，很快就和面子挂钩，紧密地结合在一起。

我国先哲，深知这种人性的特点，所以一再告诉大家，检讨的唯一可行方式，在"反求诸己"。

曾子说得好："吾日三省吾身：为人谋而不忠乎？与朋友交而不信乎？传，不习乎？"

中国人的"自主性"很高，不喜欢被管，不接受别人的摆布，喜欢自作主张，由自己来拿定主意。自主性高必须伴随着自律性强，自己管好自己，所以"修己"非常重要。不喜欢被管，当然要自己管自己了。

　　自律才能自主，律己越严，越能够从别人的尊重中获得高度的自主。养成自律的习惯，每天以三件事情来反省自己：替人计议事情，有没有尽心？对朋友有没有不诚信的地方？传授给别人的东西，自己是不是够纯熟？这三件事分别反省检讨，以求日有进步，日新又新。

　　孔子主张"君子不器"，认为一个人不能够像器具一样，随人使用。盲目顺从上级的指使，随时接受他人的摆布，和器物有什么两样？所以中国人认为完全听从命令的人，是"奴才"；对上级唯唯诺诺，人家就会嘲笑为"谄媚"。孔子说："事君尽礼，人以为谄也！"可见中国人逢迎、巴结、讨好上级，并不是正当的行为。反而应该"君使臣以礼，臣事君以忠"，上司看得起部属，部属对得起上司，才是正道。

　　自律的人，必须做到孔子所说"见贤思齐焉，见不贤而内自省也"。见到比自己表现得好的人，要用心向他学习；见到比自己表现得差的人，不必嘲笑他，反过来看看自己有没有不足之处，以免有一天表现得跟他一样差。孔子说这种话的时候，贤和不贤有一定的标准，大家才有办法比较，现在贤和不贤的标准乱掉了，缺乏一定的标准，比较起来，好像更加困难。

　　现代化的见贤思齐，逐渐变成"见到西洋人的所作所为，务须尽力学习"，见不贤而内自省则形成"见到中国人的行为，赶快从丑陋面来加以解说，以表示自己与众不同，不是普通的中国人"。缺乏自信的人，实在没有资格说什么"他山之石，可以攻玉"，因为他山、自山的来龙去脉，没有一样弄得清楚，何以攻玉呢？

　　孔子当年十分感慨地说："算了吧，我看了那么多年，还没见到一个知道自己的过失而又能够自责的人。"大多数中国人，不检讨则已，一检讨便是别人的错；自己绝不丑陋，而别人却丑陋不堪。可能吗？

自己检讨自己，一旦发现错误，岂非没有面子？所以借口诿过，就成为保全面子的常用计策。不料死不认错，已经成为"不要脸"，和"没有面子"脱离关系了。不要脸是不讲理的代名词，死不认错当然是不讲理，中国人最不喜欢这种人。

要保持爱面子而不至于不要脸，最好记取孔子"不二过"的教训。人非圣贤，孰能无过？只要切实检讨，记住，不再犯同样的错误，便没有什么面子问题了。

遇到缺失，先承认这是我的错，大家比较不紧张，面子问题比较不那么要紧，也就各自认错。在大家各自检讨声中，寻求错误的重点，应该比较方便。

过失是争出来的，不是推出来的。大家争责任，责任自然分明；彼此推责任，就会归咎于权责不清。大家争着承认过失，大大小小的缺失都会说出来，很容易认清过失的真相，下次比较容易避免；大家互踢皮球，把缺失推给对方，推来踢去，始终抓不住要点，不久便会重蹈覆辙，一犯再犯。

率先指责别人的错误，无非在以其他人的面子问题逼迫其防卫自己，找借口规避责任，甚至反过来咬自己一口，把责任完全推过来。

中国人"二合一"重于"二选一"，总觉得"一个巴掌拍不响"。任何缺失，似乎都不是某一个人独力造成的。认真检讨起来，好像大家都有错，只不过或多或少，程度上有一些差异而已。

只要有人勇敢地承认错误，其他的人比较容易受到感应，也勇敢地跟着承认起来，反正大家都有错，后果比较容易承担，怕什么？认了。

孟子提出"居上先施"的定律，认为某些事情，由上级先做，部属自然放心地追随。上司率先承认自己的缺失，部属当然接二连三地坦承自己的过错。

孔子最担心的是"不善不能改",发觉自己不对,还不能革除。要改变自己的不对,必须有面子地承认不对的地方,才会下决心加以革除。

上司先认错,部属自然不好意思,这时候面子问题变得很奇特,忽然间觉得不承认错误反而没有面子,跟着上司坦承自己的缺失,才是有面子的人。这是促使部属自省的有效动力。

常见的情况是部属承认错误,上司立即加以指责,同时把所有责任都推给他:"他自己承认的,还有什么话讲?"这才弄得部属不肯承认缺失,也不愿意承担责任。上司这种常见的"不善",是不是应该"能改"呢?若是一直"不能改",部属又怎么敢改变呢?

孔子对自己的愿望,不过是"可以无大过"。可见"小过不断"并不是什么骇人听闻的事情,我们常骂人"大过不犯,小过不断",好像是不可原谅的罪过。其实"多做多错"不正是"小过不断"的根源吗?上司不喜欢"小过不断",部属只好以"不做不错"来保护自己,又有什么不对的地方?

容许部属犯错,部属才敢多做。只要是无心的小过,最好不罚,部属才敢自省,也才敢坦白承认。

有意的、违法的、大的过错,当然要罚。罚大的,不罚小的,大家自我检讨的结果,才会放心地说出来,只要下决心革除"不二过",就可以无大过了。

第六节

要诀在"明暗、大小兼顾并重"

西式管理的考绩,主要在奖励功劳。贡献度越大,考绩越好,年终奖励越多。但是在员工心目中,难免具有"算账"的味道。一年下来,算一算总账,到底功过如何?而且还有"杀人"的威胁性,只要表现不佳,就有被裁掉的可能。像艾柯卡那样高阶的人物,都会被撤换,何况一般的泛泛之辈。

中国员工都十分谦虚,不敢说自己有什么功劳。因为我们很明白,功劳是上司给的,不是自己所能够抢得到的。上司认定有功,我们就有功劳,这时候还要谦让一下,功劳才会更大。如果自己夸口有功,上司便会提高警觉,把功劳抢回去,淋一淋冷水,让我们头脑更加清醒,毕竟所有的功劳,都可以轻易地一笔勾销。

我们不敢居功,认定自己有功劳。因此,我们常说:自己没有功劳也有苦劳。而且每人每年,同样拥有365天,可见大家的苦劳都差不多,至少自己不能够输给别人,否则就等于不认定自己的苦劳,因而觉得相

第七章 有效的考核要领

当疲劳。

鉴于这种"功劳"人人想要,却不便启齿;"苦劳"人人敢要,只是不以此为满足的心理需求,中国式管理的考绩,通常分为"明""暗"两部分,同时进行。

明的考绩,是考核"苦劳"的部分,大家都差不多,通常依照年资的深浅,给予"大家都一样"的考绩奖金,使大家支领起来,觉得有面子,没有输给别人,而认为很公正。

暗的考绩,反而是用来考核"功劳"的部分,有大有小,差距很大。由于采取"暗盘"的运作,私底下发放考绩奖金,让大家都不至于没有面子,因而觉得相当公平。

中国人的要求标准比较高。有明的考绩,大家都差不多,这时候大家觉得很公正,却完全不公平。因为这种齐头式的奖励,等于鼓励大家混日子,看谁活得比较久,年资长些,奖金就多一些。有暗的考绩,有多有少,大家认为很公平,却觉得面子上受到伤害,没有办法向家人交代,只好猛发牢骚,指责上司不公正、偏心。有明加上有暗,面子和实绩兼顾,当然既公正又公平。

明的部分,依据各人的年资,大家发放同一标准的奖金,激励作用不大,所以不能多给。这一部分,使得员工拿回家的时候,不至于由于领得比别人少而没有面子,主要在对家人有所交代,表示自己天天上班,表现得很好,并没有不如别人的地方。如果家人听说其他的人另外有暗的奖励,而且数额还比明的更大,当事人可以否认:"没有这回事,不要听信别人胡乱说。"然后下定决心,明年要好好努力,把那暗的奖励争回来。等到第二年得到暗的奖励,这才放心地向家人夸耀:"去年我看老李比我更需要钱用,所以把功劳让给他。今年我稍微表现一下,你看,这还不是立刻到手。"够神气,够威风,更加有面子,对不对?

暗的部分，依据各人的实际表现，贡献大的发得多，贡献小的领得少，而且差距可以拉得很大，更加具有激励作用。王永庆为台湾地区的经营之神，有很多值得学习的地方，其中善用暗盘的激励，使大家不得不全力以赴，便是十分有效的方式。

明的暗的一起来，一方面顾全大家的面子，一方面激励大家好好表现。这种先顾面子再分好坏的原则，是考绩有效的最佳保障。

对中国人而言，让他有面子，什么都好商量。这时候再来分高下，他会努力表现。让他没有面子，很容易引起情绪化的反应。这时候再公正，他也觉得自己受尽委屈，始终认为不公正，所以不服气。

考绩不可以用来"算账"，因为算完账，不管得失如何，功过如何，时间都已经流逝，一去不复返，是一种无可弥补的损失。

上司应该善用考绩来激励部属把握时间把工作做好，不可以等到时间流逝，才来一五一十地算总账。

一年之始，上司便应该进行考绩，而不是等到一年结束，才翻开旧账，逐条清算。

每年的12月份，实际上就是第二年的开始。这时候上司应该把部属个别请来，跟他谈一谈明年的工作计划，告诉他有哪些工作等待他去做，让他明白只要把那些工作做到什么样的标准，他就有功劳，可以获得一些暗盘的奖励。这种先给予期待的考绩精神，不但可以把他留下来，不用担心过完年开工的那一天看不到他的踪影，而且让他心里有充分的准备，要按照所期待的标准，好好地演出，绝对不可以失常或产生误差。

先给他期待，让他好好去达成，然后再来奖励他。这种"立于不败之地"的考绩方式，才能够鼓励员工，稳当地表现，必然地获得，丝毫没有下赌注的不安定感觉。因为功劳是上司期待自己去达成的，从而更加有把握。

考绩不必用来"杀人",反而应该用以"救人"。表现好的人,让他更好。表现得不理想的人,也不必急于"杀掉"他,再给他期待,再给他机会,把他救活过来,毕竟"人是旧的好",常常换新人,不如把旧人激励好,使其继旧开新,有新的良好表现。

美国人重视"个别"考绩,日本人重视"团体"考绩。中国人呢?个人与团体兼顾并重。考绩的时候,先考团体然后才考个人,大家才会乐于接受。

先把单位的目标定下来,依据目标达成率来考核各单位的成绩。考核出来的成绩,成为这个单位中各个成员考核的依据。通常单位考核列为优等的,这个单位的成员,都应该获得优等。就算其中有一两位表现得不够理想的,也让他们沾光,蒙受单位的福荫,以增强其集团意识。单位列为甲等的,这个单位的成员,80%为甲等,20%为乙等。单位列为乙等的,成员20%为甲等,50%为乙等,30%为丙等。单位列为丙等时,成员全部考成丙等。其中的百分比,可依单位的性质与历年的表现来加以匹配。采取单位和个人合一的考核,配合明暗的措施,考核才能有效。

第八章
圆满的沟通艺术

在沟通方面，我们最重视圆满，也就是设法让每一个人都有面子。

沟通要求圆满，首先必须在真实性质之外，考虑其妥当性。

对不同阶层的人，采取不一样的申诉方式，是伦理的因素，而不是势利的表现。

会而不议、议而不决、决而不行运用得恰到好处，自然有妙不可言的功效。

就硬件来看，全世界的管理都差不多，大致上没有什么不同。但是从软件来分析，以中、美、日为例，各有不一样的做法，不能稍有懈怠，否则就会失效。

其中最大的差异，可以说在于沟通、领导和激励。换句话说，希望走出具有华人特色的管理之路，必须在沟通、领导、激励这三方面多下功夫，确实掌握中国人在这些方面的特殊习性，才能够合理而有效的进行管理。

在沟通方面，我们最重视圆满，也就是设法让每个人都有面子。因为只要在沟通的时候，有人觉得没有面子，就会引起情绪上的反弹，制造很多问题，不但增加沟通的困难，而且产生难以预料的不良后果。

沟通要求圆满，首先必须在真实性质之外，考虑其妥当性。真实固然重要，不妥当则再真实也可能受到伤害。妥当与否？实在很难说，所以不明言常常是沟通的基础，唯有站在不明言的立场上把话说清楚，才不至于一开口就伤人，结果害了自己。

对不同阶层的人，采取不一样的申诉方式，是伦理的因素，而不是势利的表现。

最常见的会议沟通，务须冷静下来，重新审视，会而不议、议而不决、决而不行的真正用意，运用得恰到好处，自然有妙不可言的功效。

圆满很不容易达成，却值得大家好好用心追求！

第一节
妥当性大于真实性

中国人普遍认为自己十分诚实，却老觉得别人在骗来骗去，这究竟是什么道理？

一个中国人十分诚实地把心中的话说出来，其他的人并不认为如此，总认为他在骗人。尽管重复说好几遍，而且信誓旦旦，一再宣称自己说实在话，仍然引起大家的怀疑。自己越保证，别人越不相信，奈何！

产生这种差距的原因，在于中国人有一个表达原则，那就是"妥当性大于真实性"。基本上我们认为在说一些真实的话，实际上却大多在表达一些妥当的陈述。

"明天请支援我三个人。"甲说。

"实在没有办法，我自己也忙不过来，人员调动不开，非常抱歉！"乙回答。

甲很不高兴，因为事先私底下协调，乙已经答应在先，为什么忽然变成这个样子，令人费解。

第八章　圆满的沟通艺术

乙完全没有不诚实的感觉，他只是把话说得妥当一些，并没有欺骗的意思。

私底下协调，当然可以明说没有问题。如今当着老板的面，我如果答应得爽快，直接把真实面说出来，老板会不会认为我这个单位人多事少，想办法把人减少一两个呢？若是如此，岂非自找麻烦，还要惹人笑话？

乙这样回答，是一种妥当的表述，但是听不懂的人，真的以为他在拒绝支援，不免失望而觉得他不诚实。

明眼的老板，自然意会到甲不可能那么冒失，事先没有征得乙的同意，便冒冒失失地当众提出支援的请求。他也应该知道乙不是言而无信的人，只是基于保护自己，以免引起不利于己的误会，才如此回应。

高明的老板，不宜立即介入。他会静待甲的后续动作，看看他的修己功夫好不好。

甲如果不高兴地说："怎么啦？我昨天向你提起的时候，你不是答应得好好的？为什么现在反悔了？"表示甲的修己功夫很差。对同人连起码的信任感都没有，让他吃吃苦头是应该的；而且如此真实地明说，以后怎么和乙相处？只好说："人员调度的事宜，你们两个再研究研究。"暂时予以搁置，看看后面的进展如何。

修己功夫良好的人，应该明白乙并不是不可信任的，他只是把话说得妥当一些，不算骗来骗去。这时候会反省自己，把话说得太真实了，不够妥当。因此赶快接着说："我知道你很忙，但是我确实有需要，请务必支援。"其实这一句话早就应该说出来，不可以等到乙的点醒，才紧急补救。

老板看出甲的涵养和乙的功夫，这才施展出自己的本事，说："我实在抱歉，让大家忙成这个样子。你明天尽可能支援他两三个人，你这边如果忙不过来，我来想办法好了！"

甲若是高明，一开始便应该这样说："我知道你很忙，但是我实在需要你的支援，能不能会后我们再来商量一下人员的调度，好不好？"

乙大概会这样回答："你每次再忙也都设法支援我，我虽然忙碌，支援你也是义不容辞的。"

然后老板说："让你们老是支援来支援去的，实在不好意思，这样吧！有什么我能够做的，叫我来帮忙好了，千万不必客气，反正我闲着也是闲着。"

大家都说妥当话，是不是在和谐中圆满解决问题呢？那也未必。每次都这样，便是"大家虚情假意"，口中传说一些好听话，完全没有解决问题的诚意。假惺惺，说的话听起来够肉麻，大家都厌恶，不可能收到圆满解决问题的效果。

说妥当话，必须具备实际解决问题的诚意。甲事先和乙商量，不能公开地进行，是顾虑乙的立场，让他比较方便表示意见，所以乙满口答应，乃是因为老板不在场，也没有其他人听到，当然放心地直接表明乐于支援的态度。人情做到底，因此答应得十分爽快。

没想到甲竟然糊涂到在老板面前如此直截了当地说出要求，这种"明天请支援我三个人"的真实话，等于公开宣示"我们两人事先已经充分沟通，而且乙答应得很爽快"，完全不顾乙的立场，乙当然消受不了。

把"明天请支援我三个人"这一句真实话，稍微修饰一下，说得妥当些，变成"对不起，我应该事先请问你的可能性，不过去看过你两次，看见大家都很忙碌。现在冒昧请教，能不能明天想办法支援我两三个人？一天就好，后天一早就归还"。

中国人刚刚见过面，常常避不提及。而刚刚见面，没有必要说得那么清楚明白："初次见面，幸会，幸会。"令人觉得明显地"划清界限"，恐怕也值得商榷。含糊一些，岂不是留下更大的弹性空间？

乙明明和甲事先商量过，现在甲这样陈述，当然不是存心欺骗，而是在老板面前，侧面描述乙单位忙碌的情况，让乙能够放下心来，答应"尽量想办法"。

私底下说一些真实话，公开场合调整得妥当一些，这叫作公私两便。有人脑筋转不过来，硬是搞不清楚："怎么讲得好好的，又变了？"其实一点儿也没有变。

老板听见部属的妥当话，一方面高兴部属互相尊重，同时也尊重老板；另一方面则要确实查明，这妥当性与真实性之间，到底有多大差距？若是差距很小，有必要调整一下人事；如果差距很大，便要提高警觉，部属善于演戏，必须合理地拆穿西洋镜，才能够纠正歪风。

管理从某一种角度来说，便是"控制其差异性"。任何差异，都值得注意。采用合理的成本和方法，来加以控制，使差异的变化，合乎控制的标准。

语言或文字沟通，同样需要合理的控制，才能收到预期的效果。妥当不妥当，便是合理不合理，所以仍然以合理的妥当、合理的真实为拿捏的尺度。

中国人不会问客人"会不会喝酒"，因为没有一位客人会诚实地回答："我很会喝酒。"很可能问了等于白问，根本得不到真实的答案。

"喝什么酒"比起"你会不会喝酒"所得的答案比较可靠。"不喝酒"和"不会喝"之间，有一些差异性，必须仔细分辨，给予妥当的处理。

沟通三要则

"我告诉你，你不要告诉别人"，"你如果要告诉别人，就不要说是我说的"，还有"你如果告诉别人是我说的，我一定说我没有说"。

这三句话,在中国社会,似乎到处可闻,随时听得到。它代表沟通的三个要则。

第一,我说的话,你相不相信,或者相信到什么程度,要不要转述,或者转述到什么地步,都必须由你自己决定,不要赖在我的身上。我告诉你不要告诉别人,事实上并没有什么约束力,只是好意提醒你,你自己做主。

第二,你如果决定要告诉别人,表示你已经充分明了、相信我所说的话,并且经过考虑,要告诉别人,这时候你所说的话,已经是你自己研判之后的资讯;而你所要告诉的对象,也是你自己所审慎选择、决定的。一切都与我无关,所以不必要再把我拉扯进去,说什么是我说的。

第三,如果你一定要告诉某人,却又指名是我说的。鉴于这个对象,根本不是我选定的;要说哪些话、说到什么程度,也不是我所能控制的,因此我只有表态:我并没有说这些话,至少我不是这样说的,语气、用语都不相同。

沟通,必须自己负起责任,才能赢得大家的信赖。老是引述他人的话,自己不负责任,并不是良好的态度。中国人坚持这三个沟通要则,不要从负面去扭曲它的本意,而应该从正面去理解它的真正用意。不引述自己不清楚的事情,说出来的话自己负全责,不是很好吗?

第二节

以不明言为基础

西方人喜欢公开化、台面化、透明化，把一切摊开来，有话明讲。因为是法治社会，是非十分明确，对就是对，错便是错，没有什么好隐瞒，也隐瞒不了什么。

中国社会的道理，大多是相对的。对中还有一部分错，而错中也多少有一些对。不透明化还好商量，一旦抖出来，谁也不见得好过。"以后还要在其他场合见面"，成为最有效的半透明保留原则，何必嘛，是不是？

西方人请客，帖子上印得十分清楚：6月6日敝人生日，欢迎各位光临我家吃蛋糕，参加生日舞会。

中国人请客，帖子上简单明了八个大字：敬备菲酌，恭请光临。内容非常不透明，不知道为何宴客。

接到帖子的人，若是打电话去问请客的缘由，主人一定笑着说："没有什么啦，大家聚一聚，真的没有什么。"这一来大家全都明白：一定有事，不然为什么一直说真的没有什么。主人笑的意思倒是相当明显：你还问我，叫我怎么说呢？难道你不可以自己去打听，还来问我，岂不是叫我为难？

明说，实在很为难，因为听的人非常不高兴。

西化的中国人，帖子上也印得十分清楚：6月6日敝人生日，敬备水酒蛋糕，恭请光临寒舍。

看的人多半会摔在地上，请就请好了，为什么说生日，摆明要我送礼。我最讨厌借故发请帖收礼图财。中国人一不高兴，说的净是不好听的话。

不明言有什么好处？分析起来真的是好处多多。

第一，不明言才不致使自己站在亮处，曝光太多，让人家一目了然，很容易加以掌握，甚至抓住弱点。明言的人，把什么事情都说出来，在中国人眼里，真是十足的"口没遮拦"，不但可怕，而且迟早被人家套得光光的，落得什么筹码都没有，任人摆布。

第二，不明言才有回旋的余地，不至于逼死自己。反正话还没有说出嘴，怎么改都可以，才够灵活。明言的人，把话都说清楚了。一旦发现对自己不利，根本没有改变的可能。所有的话都是自己亲口说的，既变更不得，又抵赖不掉，岂不苦恼？又招人笑话。

第三，不明言才能够引出对方的本意，因为他搞不清楚底细，才肯原原本本地说出来。啊，原来如此！明言的人，率先把自己的意见说出来，别人就不愿意明白表示不相同的意见，只是口头上顺着明言的人，心里头依然有他自己的念头，奈何他不得。

一个社团如果从不明言到底有多少财产，成员还会糊里糊涂地按期缴纳会费。如今一旦透明化，许多成员就觉得既然有那么多财产，为什么还要会员缴费，其实还可以把财产所得的盈余和利息，按月发一些活动津贴，才是名副其实的主权在会员，照顾会员的福利。

何况透明化的结果，必然引起很多人的怀疑。真的百分之百透明？有没有隐藏？结果虽然透明化，过程呢？好像并没有透明化。于是进一步要求过程也拿出来公开，以致争论不休，闹得难以收场。

中国社会缺乏西方世界的平等观念，所以民间信仰，大多将众生平等寄托在西方极乐世界。现实的社会，再怎么说也是"大小眼"，根本不可能公平。

大人物办事，一定比较快速。身体强健的学生，才会对体弱的同学拳打脚踢。大客户来临，马上打开贵宾室。金主财阀，便可以左右重要的决策。

这些事情若是不明言，大家不去注意，或者注意到也炒不热，炒热了也形成不了气候，自然不了了之。至少让排队的小人物、体弱的受害学生、挤在那里猛吸二手烟的小客户、对决策毫无作用的贫苦大众，保留一些面子。不至于吃亏还要把吃亏的情况暴露出来，受到二次伤害，形成"被人家吃定"的惨局。

不明言当然不是认为这种情况是可喜的、值得鼓励的现象。而是知道不可能一下子改过来也不需要完全加以改变。因为差异的程度，如果减低到合理的范围，往往比完全没有差异还要好。完全一样相当于齐头式的假平等，只有合理的不公平才是立足一样的真平等。

从历史来看，特权只会移转，根本无法完全消除。高呼消灭特权、打倒特权的人，一旦大权在握，也是坐享特权。只不过此时此地，已经觉得这些不算什么而认为十分公平而已。

西方人以法为依归，接受"恶法胜于无法"的观念。只要合法，就无所谓不公平，大家在法律面前一律平等，当然可以明言事实，力求公开、透明。

中国人重理，以合理为评量标准，不接受"恶法胜于无法"，却要求不合理的法必须立即修正。否则法本身已经不公平，依法也不能令人信服。

理的特性，变动性相当大。公说公有理，婆说婆有理，见仁见智，岂能同日而语？在这种情况下，不明言才能兼顾各种不同的立场，令公婆都觉得有面子。一旦明言，就会造成几家欢乐几家愁的结局，对说话的人非常不利。一明言便成"烈士"的案例，说来令人心寒。

不明言当然不是迷迷糊糊，因为中国人最厌恶糊里糊涂的方式。不明言是心里清清楚楚，却表达得含含糊糊，所以是一种清清楚楚的含含糊糊。

西方主张明言的另一种支撑力量，是大家相信专家的认定。凡有疑问，经过公听会、听证会的公开讨论，可以获得让大家接受的结论，果然真理越辩越明。

中国人也不轻易相信专家，因为资格的认定，非常不容易。公听会、听证会中各说各话，专家之间的谈话，往往找不到交集点。中国人解决问题，其实是公听会、听证会后的"搓圆子汤"，摆平比真实性更为重要。

不明言的目的，在于"让应该知道的人，知道内容；让不应该知道的人，知道皮毛"。这种"以应该不应该为标准，来施行公开不公开的划分"，不但合理，而且符合中国社会"大小眼"的特性。

中国人知道纸包不住火，迟早会水落石出。所以明言与不明言，最后是一模一样的。不明言根本不足以欺骗任何人，它只是让大家觉得有面子，纯属短暂的过程。

第三节
采取不同的申诉方式

西方人遭受指责和批评，反应的方式比较理性，通常会先检查一下自己的所作所为，看看有没有错误。发现自己确实有错，就坦白承认，而且设法道歉。若是没有错误，便理直气壮地申诉"我并没有错误"或者"错不在我"。

中国人不应该这样，否则到头来必定吃亏，对自己不利。因为一般说来，理性的态度只会出现在教科书上面，实际上中国人的态度相当"情性"。

我们受到指责和批评的时候，首先要先认清对象，搞清楚"指责我的人究竟是谁"。中国人习惯于"把事和人连在一起考虑"，因为"事在人为""有人才有事"。我们每听到一句话，最先开口问的是："谁说的？"

指责的人职位比我高、形势比我强，或者声望比我隆，最好的因应方式，便是"做错了，赶快向他道歉，并且设法获得谅解；没有错，则保持沉默，不说话"。

位高势强的人，习惯于接受道歉，不喜欢听到申诉的声音，这是人之常情。道歉还不一定肯接受，认为"道歉就可以了事，好像太过简单"。所以要想办法，或者通过适当的第三者，取得相当的谅解，才可能无事。

保持沉默，对上级而言，已经等于申诉。居上位的人，觉得很奇怪："这个人怎么搞的？我说他做错了，他居然不说话，既不来道歉，也不找人来寻求谅解，真是好生奇怪！"

中国人的高明处，就表现在懂得用不说话来引发上级的好奇心，诱导他自动前来了解事实。而且由于没有申诉的声音，比较不容易引起上级的不满情绪。上级以较为平静、宽容的心来检查我们往往会接受"原来并没有错"的事实，笑着说："你没有错，要讲啊！为什么不讲呢？"部属有机会让上司说出这种好心好意的话，当然是最大的收获。这时候就算答以"是啊，我并没有错误"，至少也收到申诉的效果，最重要的是，不至于产生后遗症。如果高明地回答："有啦，还是有一些缺失，需要改进。"保证连升三级，一帆风顺。

听见上级指责，发现自己没有错误时，立即理直气壮地申诉，在中国社会往往最为吃亏。上级发觉自己指责错误，当然不可以恼羞成怒，却必须接受自己判断错误的事实，逼得他要向部属道歉："对不起，你没有错，是我自己看错了。"将来倒霉的，必然是部属。

上级发现自己判断错误，已经觉得没有面子。不得不向部属道歉，更加没有面子。中国人没有面子的时候，最想得到的，便是把面子找回来。他一心一意地去找这位部属的错误，相信不出两三天，就被他找到了。他会笑着说："我前几天说你有错，你还不肯承认。现在呢？还有没有话讲？"这种结果，完全是部属咎由自取。到这个时候，才知道申诉有其后遗症，太晚了。

第八章　圆满的沟通艺术

指责的人职位和我一般高、形势和我差不多、声望也隆不到哪里去，常见的反应是："好，我承认我有错，你难道一点错误都没有吗？"于是毫不保留地把对方的错误，也宣扬开来，弄得对方下不了台。

"我老早知道你犯了错误，只是为了保持你的颜面，不说出来。想不到你不顾我的面子，公开抖出我的错误。鉴于彼此彼此的交互法则，我当然也比照办理，照样抖出你的错误，让你不必怪我无情，因为这是你自己找来的。"中国人的态度，一向十分讲理，而我们所尊奉的道理，即在彼此彼此，"你如何对待我，我即同样对待你"，说出来大家都能够谅解。

中国人有错误不是不可以说，而是："应该说，但是不可以这样说。"有错误不指出来，怎么改进？有错误就抖出来，大家都难看。所以有错误一定要说，只是要说得够技巧，不使人没有面子，才算圆满。

"这种结果，是制度不完善的证明，如果制度不改，恐怕会一直错下去。"把责任推给制度，点醒他的错误，让他自己去改善，是我们常用的方式。

指责的人职位比我低、形势比我差、声望不如我，这时候首先要考虑一下，他是不是有人在后面撑腰，不然怎么会如此这般？如果是，要特别小心，不理会指责的人，却直探后面那位撑腰的高手，以便适时化解，他自然会制止指责的人，甚至叫他道歉了事。

若是背后并无高人，那么本着"不教训不行，否则别人可能学样"的精神，一定要把脚伸出去，踩得他永远不能超生。有时候"不发威，人家就会把我当成病猫"，大家一起来找麻烦，岂非防不胜防？

教训的方式当然也因人而异，有明有暗，有立即有延迟，有阴柔也有刚烈，必须谋定而后动，以免伤及自己而后悔不已。

西方人蒙受不白之冤，喜欢依法申诉。中国人则心里明白，法只能保护一时，得罪了人，却会引来长远的报复。息事宁人，表面上看起来很懦弱，实际上往往是根本化解之道。在法的方面获胜，若是在人的方面失去太多，恐怕会得不偿失。诉之于法，原本是不得已才用，中国人常常通过法庭外的和解，用意即在避免或减轻因申诉产生的后遗症。

错在自己，当然不能申诉，否则越描越黑，弄得自己更加没有面子；错不在我，也不全然可以申诉，要考虑一下，申诉的结果会不会影响到上司或同事。真正应该负责的人，已经听到指责的声音，可能已经设法化解。如果经由他的努力，自己照样可以获得澄清，为什么不稍微等候一下，让它自然消解，更为省力省事！

申诉并不影响他人，这时再想怎样申诉最为有效。对上、平行、对下不过是三个大方向，还要仔细研究对方的背景、未来发展和指责的用意，来调整自己的申诉方式。有时候不申诉反而能够获得一位良师益友，或者得到一位能够提携自己的上司，因申诉而坐失如此良机，不如忍一时而造福自己。

能不申诉便不申诉，并不是怕事。用不同的方式来申诉，主要在保护自己。怕事不好，惹事生事更不好。先保住自己，再来有效地申诉，可能冷静下来之后，不想申诉了，反正有一天水落石便露出，急什么呢？

第四节
最好做到会而不议

会而不议，基本上包括两种不同的情况：第一种是"开会时大家不开心议题，也不用心商议"。见面打哈哈，别人发言时打哈欠，被问时笑哈哈，听得高兴时哈哈笑。这种情况，不但不能产生会议的正常效果，反而容易被有心人利用，作为不法勾当的背书工具，当然是不好的现象，应该受指责，更应该想办法加以改变。

第二种意义则是"会前已经充分沟通，建立共识；开会时又没有什么变数，不必多商议即能获得大家都能接受的答案"。请问，这有什么不好？

这两种截然不同的气氛，实际上都和主持人的领导风格密切相关。主持人希望大家"会而议"，大家会前就心怀鬼胎，秘而不宣，彼此互不沟通，以期会议中各显神通，让主持人刮目相看而视为杰出人才。"会而议"演变成为大家互相攀比、各争功劳的局面，就会引起恶性的竞争，造成同归于尽的凄惨结果。因此，鉴于"上有政策下有对策"的精神，成员为求自保，逐渐形成"会而不议"的第一种情况，可以看成"会而议"的一种反动。反正"会而议"可能死得很惨，不如会而不议听天由命来得省力又省事，当然很快就有志一同的同流合污了。

请看事实的演变，主持人刚刚宣布大家要认真开会、踊跃发言、大胆直说时，大家都心存观望，面面相觑，谁也不敢贸然尝试。主持人不得不以身作则，有话直说，于是少数急进者冒险跟进，无非是一赌自己的前程。主持人为求激励大家，对这些急进者加以鼓励，大家就风起云涌，热烈响应。这时候对的也说，不对的也说，知道的固然滔滔不绝，不知道的为了前程，也只好充内行，抓住一点大做文章。历史上大鸣大放的结局，在主持人下不了台阶或者恼羞成怒的紧束政策下，不知道增添多少冤魂！"会而议"产生许多"一开口便成烈士"的教训。大家三缄其口，顾左右而言他，不谈正经事比较安全，构成中国人喜欢聊天却害怕开会的普遍心态。

第一种会而不议，问起来大家都厌恶，打听起来却又众人皆如此，这不是矛盾吗？不矛盾，是理所当然，势所必然，迟早会产生这种后果。因为中国人的习惯，喜欢直言，却又消受不了，觉得很没有面子，有时会恼羞成怒。请听这两句话，便知其中奥妙：

1. 你的意见很好，当然应该说出来。

2. 但是，你怎么可以这样讲呢？

你应该讲，却不应该这样讲。讲得我生气，当然算你倒霉，江山代有冤死鬼，都是祸从口出的直言不讳者，叫人怎么敢"会而议"呢？议得合意还好，若不合意，"你怎么这样讲"的罪名，有谁承担得起？

还有，中国人"会前、会后都比较容易沟通，偏偏会议时大家面对面，最难沟通"。为什么一定要强人所难，务求"会而议"呢？会前、会后比较不容易引起面子问题，会议时大家聚集在一起，面子最容易产生问题，当然也最容易出问题，最好会而不议，比较安全。

我们常说"见面三分情"，却没有人说"会议三分情"。会前、会后的见面，属于非正式的，不必分输赢的，就算分出输赢也没有别人在场亲眼看见，必要时可以否认，当然能够放心地以三分情来彼此缓和一些压力。会议时的见面，属于正式的，随时要分出输赢，而且在那么多人面前，更不容许自己丢人现眼，因此三分情使不出来，反而要故作一切依法，对事不对人，结果不但增加沟通的困难，而且更加容易得罪人。

对中国人而言，会议固然是自我表现的良机，却也同时是埋葬自己的场所。两者之间，如何妥为抉择，经常是对前者毫无把握，因为决定权在上级，而后者则自己比较容易规避，只要记住"少开口没有人会把你当哑巴"，便能够确保"无过"。考虑的结果，大多采取"会议中少发言，会后再来加以痛批"的"自我平衡"策略，安全第一，不是吗？

我们的建议，中国式会议最好以"3∶1∶3"的过程来进行。意思是会议如果预计一个小时，大家就要在会前花三个小时来充分沟通，会议时获得一个富于弹性的共识，会后再花费三个小时，依据这个共识来进一步彼此沟通，寻找可行的途径。会前沟通，应该是开会有没有效果的基础，不可以把一切希望，寄托在会议上面，以免造成"会前不用心，开会乱讲话"的恶果。

主持人首先要确立自己的开会政策：一是不召开不必要的会议，能不开就不要开。只有必要的会议，才允许召开，以免浪费时间、人力和物力，造成成本的增加。二是不容许没有效果的会议，否则要追究申请召集会议者的责任，为什么让会议开得没有效果？使大家对会议不敢掉以轻心，反正到时候看到什么情况再出什么主意，何必会前多操心？或者会前埋头苦思，准备在开会时一鸣惊人，压倒所有同僚，成为主持人的爱将，却又成为大家的共同敌人。这两种情况，都可能产生会议的反效果，必须加以避免。三是既不鼓励也不压制大家发言，有话请说，要说到大家都有面子，没有人发脾气的程度，才算发言高手，有资格在会议时发言。否则会前就应该把自己的意见告诉承办人员，让他去承担风险。无话可说或者有话不敢说的人，让他们尝尝一片沉默的可怕，主持人越不开口，大家便越不自在，看以后大家会不会逐渐改善。主持人少说话，大家才不得不开口。主持人爱说话，大家心知肚明，找大家来听训的，开会不过是好听的名堂，省省力气吧！

开会要求产生效果，必须会前多多沟通。这时候比较没有顾虑，比较不容易当场令某些人难堪，比较不会引起主持人的立即判决，沟通起来，多半比较顺畅。

会前沟通的良好基础，在于"谁也不必居功"，因为主持人不会把会议当作"斗兽场"，让大家在会议中做困兽之斗。功劳是推出来的，不是争出来的。大家心存不争，或者懂得用让来争，自然会前能够毫无保留地实话实说。只要会前充分沟通，达成某种程度的共识，会议时大家依此共识放心地补充和引申，不致当面有过节，当然没有人引起面子问题。这样的会而不议，才属常态，成为中国式管理会议的最佳方式。

第五节
用"议而不决"来达成一致

会而不议，却能够获得共识，使大家下定决心，要按照共同的认知而用心达成任务。既不必在会议中大费唇舌，也不用担心言词得罪同人，引起会议抵制的麻烦。由于会前沟通得宜，会议中轻轻松松，就顺利通过，实在是大家都愉快的会议方式，合乎安人的要求。

若是会而有议的必要，非议不可，主持人就应该提醒自己：此事尚未达成共识，不是会前沟通不良，便是彼此之间仍有歧见。最好不要做成决议，以免造成后患。

凡是和中国人相处较久、比较了解中国人的西方有识之士，都会体会到中国人没有办法讨论的特性。韩非子在《说难篇》中，列举十五种情况，以显示表达意见不妥当足以危害自己性命的可能性，到今天为止仍然存在。譬如会议中有人赞成也有人反对，会后在外面流传整个的过程，常常引起当事人的不满，认为开会时的主张，何必在会后向他人张扬，是不是想夸示自己的高明，而置同人于难堪的境地？如果造成权益受损者的反弹或威力，岂非更为不利？工作中的若干阻力，来自会议过程中意见的冲突或不和，应该是许多人心有同感的事实。中国人常把议决看成会议中派系的对决，将通过与否和派系的面子与实力联系在一起，情绪的激动往往取代理性的判断，是议而不决最有力的支撑点。

主持人是会议的召集人，不应该成为议案的裁决者。如果主持人可以裁决，与会的人就会遵循韩非子的提示，将主持人急于要办的事，说成对大众有益而极力吹嘘其好处。同时把主持人不想办的事情，描述成毛病一大堆而加以反对。一切以猜测主持人的好恶为依归，还有什么公理可言？主持人有权力裁决而不行使，才是尊重大家的表现。

通过举手表决来获得决议，是促使大家离心离德的主要祸根。众目睽睽之下，居然要中国人公开地举手表示自己的意见，实在是强人所难。若非派系强力动员，不遵从就要受到处罚，否则何必如此？这一举，不知道得罪了多少人，要遭受多少折磨，真是谁也料不定！

比较可行的，是无记名投票。虽然说增加若干麻烦，至少可以藏匿自己的心声，用"口头说尽好话，却投票反对"，或者"表面上反对，却投下同意票"来混淆视听，以策安全。但是依据实际经验，无记名投票的结果，经常被推算得和记名投票相差不多。因为通过换票、亮票、连票等花样，已经将无记名投票牢牢绑住，暗地里相当透明，谁也不敢放心地投下自己想投的票。

只要有心控制，所有表决方式都逃不出预先的决定。不论采用哪一种表决方式，大家都心知肚明，恩怨也将记载分明，等待时机报答或报复，似乎很少搞错。我们依据史实，不得不承认中国人在这一方面的神通广大，能够在民主的气氛中，做出十分严密的控制。越是高阶层人士，控制的效果越好，令人出乎意料。

主持人不必裁决，却应该发挥"以不裁决来裁决"的魅力，在不伤害任何人面子的情况下，达成决议，才符合"圆满中分是非"的标准，不至于引发不良的后遗症。

遇到会议中对某些议题不能迅速达成决议时，主持人最好明白宣示"既然大家对这个议题还有不同的意见，不如会后好好沟通，改天再找时间商议"。因为中国人"会前好商量，会后也容易沟通，就是会议中面对面，很容易引起意气之争，反而不好商量"。

散会的时候，主持人大声对某甲说："有没有时间，到我办公室谈一谈。"大家便充分知晓，主持人对某甲的意见情有独钟，比较支持。但是他用这种不明言的表达方式，一方面表示顾及大家的面子；另一方面也表明此事仍有商量的余地，不一定某甲的意见必然获得支持。

某甲到办公室，主持人依然不明白表示支持的态度，只是再询问一次："对这个议案的意见如何？"这时候某甲如果自信满满，丝毫没有谦让的心态，主持人应该提醒他："这么好的意见，为什么还有人不赞成？"希望他再进一步，寻求大家都能够接受的答案。若是某甲谦虚地表示："其实我的意见并不周全，至少可以再折中一些。"主持人就给他时间，让他自己去沟通。万一某甲的意见真的很好，却又难以沟通时，主持人可以打电话请来不赞同的人，让双方坐定，轻松地说："我始终听不清楚，你们两个人的意见有什么不同，能不能再说一遍，让我仔细听听？"相信两人很容易就达成协议，不再强调自己的独特之处，或者坚持自己的高明见解。

主持人应该有判断力，却居于尊重大家的立场，并不明显地表现出来。与会人士，应该具有"提出好意见，也能够让大家乐于接受"的本事。有好意见，却不能让大家听得明白，终究是"有能力，却缺乏本事"，未尝不是一种遗憾。主持人有裁决权而不动用，大家有面子地接受良好意见，才能够全心全力地支持决议，真正发挥协同一致的合力。

凡是伤害面子的决议，势将引起某种程度的抗拒，产生某些形式的阻碍，最好先行预防。

议而不决，实际上是议而决的，也就是用议而不决的形式来达成议而决的目标。采用这种方式，至少有以下三大功能。一般人不容易了解，才会盲目的批评。

第一，加强大家的会前沟通。如果不这样做的话，到时候有人不同意，不论是真是假，主持人都不予裁决，既延误了时间，又要被追究责任。为什么拖到这种地步还寻找不出可行的决定？徒然增加自己的苦恼。主持人议而不决，却将责任推给部属，岂非有效的绝招？

第二，减少大家的意气用事。一旦动用表决权，就会造成若干人的紧张气氛，制造出几家欢乐几家愁的局面。被逼得紧了，就会想反正豁出去了，管那么多做什么？于是意气用事，也在所难免。在这种情况下，决议的品质严重受损，才是伤害组织目标最为不利的后果。

第三，促使大家重视会后沟通。议而不决，当然不是永远不决定。大家都知道非决不可，只是暂时不决，留待大家会后沟通，以利下次会议时，能够会而不议就达成共识。主持人能决而不决，主要在考验大家有没有达成决议的热忱。如果希望早日获得决议，必须及时做好会后沟通，以免耽误时间，使许多工作难以推行。

真正的议而不决，是高品质的议决。要求全体人员同心协力，最好议而不决，在圆满中获得决议，方为上策。

第六节
"决而不行"才能及时应变

决议之后,不管遭遇任何变数,都盲目地坚持依决议而行,属于办公心态,却完全没有做事的诚意。

"为什么这样办呢?不是出现了一些变数,为什么不考虑一下,调整调整,让它更加合理呢?"

"没有办法呀,决议如此,我只能遵照办理。"

这样的对话,充分显示只求不违反决议,并不留心大家的感觉,也不关心事情的后果。坚持决而行,实在不是什么了不起的事情。决而不行,有时候反而效果更好。可见决而行和决而不行,不必二选一,却应该二合一。有时候决而行,有时候决而不行,更加受人欢迎。

议决案行得通,没有出现什么重大的变数,当然应该依决议而行,不能够擅自变更,以免引起大家的怀疑和指责:明明这样决定的,为什么不切实执行,却要节外生枝?是不是有什么私人的因素?会不会因私害公?

万一决议之后,产生某些重大的变数,坚持依决议而行,可能招致若干不利的恶果。这时候当然不能够盲目决而行，却应该依实际情况而权宜应变，即使决而不行，也应当受到鼓励，而不是一味依照决议案来加以评估，限制其应变，把好意看成坏意，影响执行的效果。

在决而行和决而不行之间，有一个取舍的标准，就是我们常说的"合理"。合理的决而行与合理的决而不行，都是正当的行为。反之，不合理的决而行与不合理的决而不行，都应当受到质疑，追问其动机，并且及时加以制止。问题是合理不合理的界限，十分难以认定。大家为了明哲保身，大多坚持决而行，以避免承担责任。真正有心做事的人，才愿意决而不行，却受到不明事理人的恶意攻击和批评，难免心有不甘。

当今之世，属于快速变迁的时代。任何决议案产生之后，难免出现若干变数。如果抱持决而行的心态，就会无视内外环境的变数，盲目依据决议案而行。这种态度，其实相当不负责任，不应该受到赞扬。

不如采取决而不行的心态，站在不按照决议案的基础，依照决议案而行。这时候才有相当的警觉性，对于决议案的任何细节，都能够以合理与否来加以检验。合理的部分，当然决议案优先，不容擅自变更。不合理的部分，则应该按照下述三步骤，依循而行。

第一步，审视实际的变数，寻求合理的应变方案。 自认为找到以后，不可以马上付诸实施。因为自己的权限，在依决议案而行，不能够擅自变更。万一造成意料之外的恶果，就算自己愿意承担责任，也将对不起组织，对不起上司。

这时候必须将自己寻找所得的调整方案，拿出来和有关同人商量，取得大家的认同与支持，才能够视为腹案，向上级主管请示。务求获得上司的同意，才可以据以实施。既能权宜应变，又不侵犯上司的裁决权。两边兼顾，应该是最合适的工作态度。

第二步，获得上司的许可，并不能从此放心地依调整方案而行。 因为上司许可之后，仍然可能产生若干变数。必须按照边做边调整的方式，每当变数出现时，就依据第一步的精神，再次提出调整的腹案，同样和有关同人商量，向上级报告，随时做合理的调整。

第三步，如果上级主管不允许变更，对调整方案不表示同意，承办人不可以因此而放弃自己的想法。因为如此一来，上级主管就会怀疑承办人员的能力和决心；形成习惯以后，对承办人员越来越不信任，也就越来越容易否定调整方案，增加承办人员权宜应变以求合理的困难度。所以每当上级主管不同意时，应该先答应遵照指示，肯定上级主管的正确性，然后再合理坚持自己的看法，一而再，再而三，坚持到自己有把握的程度为止。以表明自己并不是信口开河，随便说说而已，却是有几分把握，必然做几分的坚持。使上司对自己所提出的腹案，不敢等闲视之，而能够给予相当的重视。

决而行，比较适用于环境稳定、短时间就能够完成的议案。有些事情大家不太关心，结果如何大家也不是很介意，这时候决而行，好像比较省事。何必小题大做，煞费苦心，是不是？有些事情大家密切关注，结果如何攸关许多人的利益得失，这时候决而行，比较省力。何必为这么多人扛责任？得益的人不感谢，受害的人必然强烈反弹，把焦点放在自己身上，何苦来哉！

决而不行，比较适用于环境变动，或者长时间才能够完成的议案。有些事情依决议案而行，连承办人自己都觉得好笑，当然应该权宜变通，加以调整。有些事情不变通大家受害，变通之下人人受益，何乐而不为？有些事情与众人无关，少数当事人又乐于改变，为什么一定要依照决议案办理，弄得当事人抱怨，惹局外人笑话？

不要在决而行和决而不行之中，用二选一的方式来选择其中一条路。因为选定之后，必然失去弹性，很不容易因应事实的需要而有所应变。我们最好秉持中国人擅长的二合一思考方式，将决而行和决而不行合在一起想，合在一起看待，走出一条可以决而行也可以决而不行的途径，随时权宜应变，以求制宜。

同样二合一，也有本与末的区分。稳定环境中以决而行为本，决而不行为末，站在决而行的立场，来进行决而不行的思考。变动环境则应该以决而行为末，以决而不行为本，站在决而不行的立场，来评估决而行的可能性。

稳定时期，大家的心里比较期待决而行，这时候决而不行，若非提出坚强的理由，大家很难接受。变动期间，大家的心里必须充分准备，接受决而不行的措施，否则盲目指责决而不行，反而增加工作人员的畏惧，不敢放手调整应变，对决议案的执行，有害无利。

把决而不行和"上有政策，下有对策"对应着看，便可以看出其中相同的道理：只要为公而不徇私，就是合理的应变；若是为私而非为公，那就相当可怕，必须及时加以制止，以免后患无穷。公正合理，是人人喜爱的随机应变；徇私舞弊，是人人痛恨的投机取巧。最好辨别清楚，唯有公正合理的决而不行，才是可行之道。

有些人不明白决而不行的道理，把它列入中国人会议三大缺失：会而不议，议而不决，决而不行。我们正本清源，看清楚这三大特性之后，才猛然觉察其中深奥的用意。如果应用得当，可以使会议的效果出人意料的好。

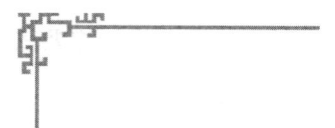

会议成本十分昂贵

在一片降低成本的声浪中，我们不应该忽视会议的有效性，以免浪费昂贵的成本，却缺乏警觉而未能改善。

一上班就开会，会议通知单上面只有开会时间而没有预计的散会时间，该与会的人员没有邀请或不能到会，不应该邀请的却亲自与会，主持人、记录不称职，与会人士不遵守会议规则，迟到、早退或者废话太多这些常见的现象，都是会议无效的主要原因。

可惜长久以来，我们反而把注意力集中在抨击会而不议、议而不决、决而不行上面，不但迷失了方向，而且极力使自己会而必议、议必有决、决就必行，更加严重地降低了会议的效果。

特别是中国人，会前会后都比较容易沟通，反而在会议中十分难于沟通。多少人由于迷信会议就是要讨论、商议，以致每次开会必得罪若干人，甚至越开越造成派系的对立，造成许多不必要的困扰。

为什么不能设法利用会前的充分沟通，做到会而不议却能够建立共识、达成决议而不损及面子呢？

有效的会而不议，其实才是用心准备、重视会议效益的良好表现。我们凭什么否定它的功能与价值？

会议中出现变数，竟然无法达成会而不议的预期效果，这时候秉持议而不决的原则，能决当然要决，（不决要含决在内，才是中国式管理的精神，可决即决，有阻力便不决，不决也不是真的不决，而是暂时不要决，不久之后自然会决，急什么？）不能决的就让它议而不决，等待会后沟通，可决时再决。

决议能够顺利执行，当然决而必行。会议之后产生若干变数，使执行遭遇一些困难，或者执行时发现决议案有所偏差，为求提升执行效果，做出一些合理的调整。请问这样的决而不行，有什么不好?

　　有计划,有充分的准备,同时还具有必要的本事,能够有把握地有效达成会而不议、议而不决、决而不行的有利状态,应该是一种值得尝试的方式。

第九章
圆通的领导风格

中国式领导，说起来就是一连串心与心的感应，是心的互动。中国式管理的领导，就是从一视同仁开始，带出差别待遇，以塑造班底的历程。

按照情、理、法的架构来领导，不但合理，而且可以促成同人的自动，达到无为而治的最高领导境界！

请问：领导和管理，哪一样比较重要？

回答：认为领导比管理更重要的，通常比较重视人性面，采取人治大于法治的态度，很温馨，有人情味。

认为管理比领导要紧的，大概以制度为依归，采取法治的观点，强调依法办理，视人情为畏途。

把领导看成管理的一部分，未免太相信一般教科书的论述，还不能从管理实务充分体会真正的运作。

中国人希望通过好好做人来好好做事，十分重视领导，也就是注重人性的提升和发扬。凡事讲求合理地推、拖、拉，表现出圆通的风格，着实不简单。

首先，必须认清领导比管理更重要，把同人当作人看待，不要存心想要管他。然后，从"一视同仁"逐渐带出"差别待遇"，公正却难以公平，使大家在合理的不公平气氛中，知所奋进，说起来也是另一种形式的激励。

最要紧的在于凝聚员工的共识。依据实际状况，选用圣主型、贤相型或者互动型的方式，顺应中国人的心理需求，把大家的想法，自动地凝聚起来。

用心防止小人当道，慎防把好人看成坏人，却将坏人看作好人。

按照情、理、法的架构来领导，不但合理，而且可以促成同人的自动，达到无为而治的最高领导境界！

第一节
领导比管理更重要

可以将领导看作管理的一部分,把它当作管理过程中的一种功能、一种活动。具有这种观点的人,大多认为管理重于领导,也就是制度面比人性面更重要。

也可以将领导和管理相提并论,把它和管理来做比较,甚至认为领导比管理更为重要。持有这种观点的人,大多把制度面的管理当作人性面的领导的基础,也就是以制度管理为依据,来实施人性化的领导。

中国式管理既然以人为主,主张因道结合,而且依理应变,当然领导重于管理。巩固领导中心,一向是十分重要的事情。而领导者的风范与魅力,对领导的良窳尤其具有决定性影响。历史上最有名的楚汉之争,之所以刘邦能够获胜,项羽必然失败,充分证明领导的力量非常重大。

领导要紧,并不表示管理不被重视。我们常说"管理不能不制度化,但是制度化的管理,是不是好的管理很难说"。意思就是说,完全依赖制度化的管理,充其量只能管好制度内的事宜,对于制度外的事情，很难顾及。领导要以制度为基础，却抱持"有制度和没有制度一样"的心态，既管到制度内的事项，也管好制度外的事宜。天下事有例行就有例外，不能不兼顾并重，以免顾此失彼。制度是让基层员工遵守的，职位越高，弹性就越大，领导者常常大到可以擅自变更制度，造成"情况特殊，下不为例"的特例，才显得有魅力，也够气魄。

这样重视领导，岂不是人治思想在作祟？如果所遇非人，那该怎么办？这一类的疑问，只要把人治和法治合起来想，就化解掉了。中国式管理不是人治，而是人治大于法治，在法治的基础上实施人治。至于说所遇非人的疑虑，在现代社会，反而不像往昔那样难以克服。

第一，世袭的人治，风险很大。万一继承人智商、德行有问题，实在是组织的大不幸。现在主张传贤不传子，当然自己的子系确属贤能之士，传给他也不至于误事。往昔那种对于人治的恐惧，应该可以消除大半了。

第二，权力使人腐化，人治赋予的权力太大，很容易站稳之后，变得专横、独裁而又因私害公。现代人自我膨胀，不像往昔那样容易忍受不合理的领导。民意高涨，大大发挥十目所视、十手所指的束缚力量。对于位高权重的领导者，自然构成相当有力的警戒。

第三，人治的重点在人，一旦交替，常常产生不确定的风险性。接棒不顺利，可能导致整个组织的不安定。现代知识普及，资讯流通，大家对接班人的理解，还比往昔来得清楚，对于交棒时可能产生的变数，也更加容易预测及事先防患，降低了相当程度的风险。

中国人重视事在人为，认为所有的事都是人做出来的。而且深切体认制度的缺点，在于容易僵化而不合时宜。特别是变动快速的环境中，人治重于法治，往往比法治重于人治更具权宜应变的弹性，不可以由于对人治的畏惧，而偏重法治，丧失了事在人为的优势。

中国式管理，同样看重制度。不过我们更进一步，知道领导有方，制度的功能才能发挥，而制度的缺失也自然减少。领导不得要领，制度的优点发挥不出来，反而互相掣肘，增添许多制度的不良效果。

依中国人的观点，领导是发挥安人潜力的历程。我们很早就明白事情是大家合力做出来的道理，知道唯有群策群力，才能够把事情做大、做好。要求有效地群策群力，必须有组织，形成集团，而且要产生领导者来领导这个集团。从历史上看，每当我们有强人领导的时候，大家都衷心盼望，不要太强才好；而当我们失去强人时，大家却又热切期待，早日出现新的强人。这种矛盾心理，反映着中国人一方面不欢迎英雄式的强人，一方面则十分欢迎集团性的强有力领导者。

什么叫作集团性的强人呢？就是"能够发挥集团力量的领导者"而不是"自己最了不起"的独裁者。

安人的集团领导，必须具备下述三大特性。

第一，坚守"深藏不露"的原则。 领导者当然具有高明的智慧与判断的能力，但是必须保持"不会显露得让干部没有面子"的素养，唯有在"不伤害部属自尊"的前提下，才能够"表现自己的能力"。这并不是单纯地"什么都不显露"，一副"毫无能力"的样子，部属反而不服气，倒过来欺上瞒下。深藏不露应该是"把露和不露合在一起想"，该露才露，不该露就不露，才能显露得恰到好处，使部属安心地放手表现，却又不敢不充分尊重主管的最后裁决权而衷心拥戴。

适当的显露，使干部信服；适当的不露，使干部爱戴。所谓恩威并济，实在是深藏不露的具体效果。

第二，以"得人心，做好人"为最高目标。 老板做好人，干部扮演坏人的角色，原本就是中国式管理的良好配合。好人才能得人心，而得人心者昌，并能获得大家的拥护。得人心从做好人开始，老板自己扮演好人的角色，不得罪人，不伤害别人的感情，不使人没有面子，当然比较容易得人心。然而老板做好人，必须干部愿意充当坏人来密切配合，否则干部和老板争着当好人，结果老板就逃不出做坏人的厄运。因此，好人有两大使命：一是干部自愿配合，不出卖老板；二是老板保护干部，使其不致由于扮演坏人的角色而受损害。两者同时兼顾并重，老板的好人角色，才有办法长期顺利地扮演下去，发挥安人的良好效果。

第三，包容组织内不同派系的消长并合理安抚。组织是人的结合，而有人就可能产生派系。领导者不但不需要铲除这些派系，以免徒劳无功。反而要以大肚能容的态度，加以合理的安抚。只要大家服从领导中心，领导者就不必随意批评或指责任何派系，以免丧失公正的立场。用心了解各种派系的势力消长，却不明白地表示出来，口中无派系，心中有派系，以大家长的心情来安抚各方，一切秉持公正合理，就不必担心了。有时候善意运用派系力量，也是一种领导艺术。

得人心，产生向心，增强信心，坚定决心。中国式领导，说起来就是一连串心与心的感应，是心的互动。

第二节

通过核心班子好办事

主管对待部属,究竟应该"一视同仁",还是采取"差别待遇"的态度?答案如果是"二选一",从其中选择一种,那就偏离了中庸之道,不合乎中国式管理的要求。因为新任主管,在不了解部属的情况之下,当然应该一视同仁;若是领导一段时间之后,仍然停留在一视同仁的状况,岂不表示主管"好人坏人都不会分",而且简直是非不明,连最起码的判断力都没有,还当什么主管!反过来说,新任主管立即采取差别待遇,大家就会怀疑是依据哪些标准,也许原本就是成见、偏见在作祟,当然不服气。这样说来,运用中国人擅长的"二合一"思考方式,把一视同仁和差别待遇合起来,应该比较妥当。

中国式管理的领导,就是"从一视同仁开始,带出差别待遇,以塑造班底"的历程。在一视同仁和差别待遇之间,画上一个箭头,不就真的二合一了吗(见图9-1)?

新任主管,不论所领导的成员有没有原本熟识的、是不是自己的亲信故旧，务须首先采取一视同仁的态度，和每一位成员都保持同等的距离。这样做，至少可以收到下述三种好处：

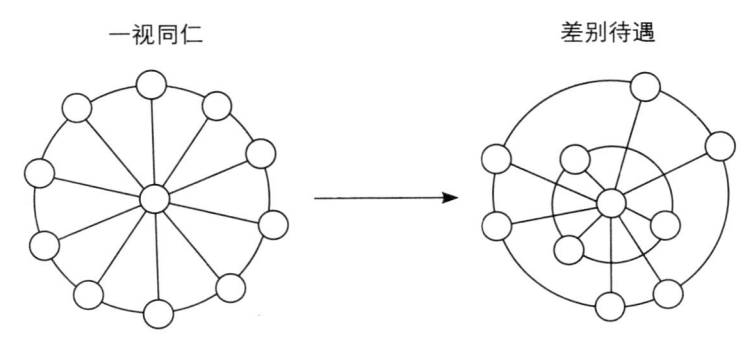

一视同仁　　　　　　　　　　差别待遇

图 9-1　二合一的领导方式

第一，使组织成员感受到主管的公正性。对待大家的态度，既没有成见，也没有偏见，大家当然乐得放心地表现。若是刚上班便对某些人特别照顾，其他成员看在眼里，不舒服的感觉油然而生，也就有所保留，不愿意竭尽所能，以致士气衰落，生产力降低。

第二，使具有亲戚、朋友、老同事、同学、同乡以及同好关系的同人提高警觉。让他们认清"亲戚归亲戚，故旧归故旧，处理公务时，必须秉公办理，不徇私情"的道理，自己约束自己，千万不要凭着亲戚、故旧的关系或交情来干扰公务的进行。新官上任，先来个下马威，让所有的人，都看清楚这位新官讲求公正，不讲私情的一面，避免套交情、讲关系的负面作用。

第三，任何事情，如果从归路出发，比较容易摆脱旧有的包袱。新任主管，先采取一视同仁的态度，事实上就是一种归零的措施，表示主管更替，一切从头开始。以往的种种，暂时告一段落。大家不必将原有的关系一成不变地向后延续，却能够把握良机，做出合理的调整，使组织注入新精神，焕发出崭新的生命力。

某些新任主管，一开始就掉入差别待遇的陷阱，对单位内的亲朋故友采取比较信任的态度，不但给其他成员以"搞小圈圈"的恶劣感觉，而且使这些亲朋故旧，得以有恃无恐地玩弄特权。结果形成"私的班底"，造成营私舞弊的不良形象，甚至于把新任主管卷入不法的事件，以致上任不久，便被这些亲朋故旧抓住把柄而动弹不得。班底有时候会牵连主管，造成很大的伤害，其实是"私"字作祟。私的班底，千万不可为。

新任主管，若是一年半载下来，仍然坚守一视同仁的心态，组织成员就会觉得这位主管完全是公办的，却不具备办事的精神。因为办事的人，一定会依据办事的用心程度与效果评量，来区分同人的贡献度，并且给予不同的礼遇。物质报酬也许受到制度的限制，不便弹性分配；精神上的礼遇，当然依据各人不一样的表现，而有所差异。可见领导的差别待遇，不但有必要，而且可以产生某种方面的激励作用。分析起来，也有三大好处，兹分别说明如下，以供参考。

第一，同人的绩效考核，固然是调薪、升迁的依据，但是名额的限制、薪资的结构，在此都受到约束，缺乏弹性运用的机能。 如果在领导上采取差别待遇的心态，对特别有贡献的同人，特别给予礼遇，在激励上必能收到相当的效果。这种精神方面的差异，弹性较大，应用起来，十分灵活方便，而且不受法令制度的限制。

第二，按照工作的表现给予不同的精神待遇，才是公正、合理的态度。 促使同人自愿为共同目标而努力，自动发挥最大的潜力，以争取上司的最佳礼遇。否则任凭怎样努力，不论如何尽心，主管始终一视同仁，对大家无疑是一种难以忍受的打击，导致众人灰心丧志，只求把工作应付过去，毫无创造、改善的奋斗精神。

第三，从消极思考的方向来考察，组织成员被划分为大圈圈、小圈圈，似乎是一种私心、成见的不良表现。 其实，从积极思考的角度来

第九章 圆通的领导风格

看，我们很容易发现，只要出发点是公正的，一切以公为衡量标准，建立公的班底，不但具有激励作用，而且对团队精神的提升十分有助益。大家因公（道）而结合，比较容易同心协力。

主管最好口头申明一视同仁，内心则坚守差别待遇。逐渐从实际贡献的表现，将同人区分为三层：最内层属于核心人物，主管以"没有你我会死"的心情来加以礼待，给予特殊的照顾；第二层为"有也好，没有也好"的一般成员，如果不能再努力，提高贡献度，只能给予一般的照顾和客气程度的对待；最外层则为"快走快好"的待提高部属，若是不知自省、自律，希望他们另谋出路，不要待在这里混日子。主管只要站在公的立场，确实依据公共目标来考核，不夹杂私心，公正地区分同人。相信大家会认同这种作风，此为合理的不公平。

最内层的核心人物，通常叫作班底，是十分值得主管信赖、依靠的少数同人。日本人指称"企业由少数人维持"，中国式领导，似乎把这一句话发挥得恰到好处：让少数有心而且用心的人士，构成坚强的第一道防线。

有了班底之后，主管还必须进一步善用班底的力量。任何事情，主管都不要擅自决定。先把自己的看法隐藏起来，当作腹案。将自己的腹案变成问题，用来征询班底，让他们在互动中找出合理的答案，经主管核可后，再由班底去执行。主管越依赖班底，班底越奋发图强而增加可靠的程度，这才是良性的互动。

主管不可以不信任班底，却也不能不闻不问第二层和最外层同人的意见。一方面表示一视同仁；另一方面也开启最内层的门，让更多的同人，可以通过为公的贡献而成为班底的一分子。当然，这种动作同样具有防患作用，使班底提高警觉，不但不能够营私舞弊，而且应该更加用心，否则第二层、最外层同人会向主管反映，影响主管对班底的信心，对整个单位都有害处。

第三节
凝聚员工的共识

从某种角度看来,中国人很难凝聚共识。因为中国人的心态,普遍重视"自主性",喜欢自作主张,甚至擅自做主。我们认为人的尊严,主要表现在"我自己可以做主"。这种"人本位"的观点,使我们坚持"人若不能自主,还多谈什么尊严!"老早脱离"神本位"而具有"天大、地大、人亦大"的概念,使中国人一个个十分自我膨胀,总以为"非我莫属"而"当仁不让"。这种"不认输,不服气"的民族,要凝聚共识,真是谈何容易!中国人是一盘散沙,似乎因此而认定。

幸好,我国先哲有鉴于这种看起来不甚好其实并不坏的民族性,指出凝聚共识的唯一途径,那就是"凡事站在合的立场来分,不要站在分的立场来合"。

西洋人重"分",奉行个人主义,他们要凝聚共识,采取"少数服从多数"的原则,通过听证会、公听会以及投票的方式立法之后,共同遵照实行。

第九章 圆通的领导风格

中国人重"合",个人主义之外,还强调集体主义。我们从《易经》"阴卦多阳,阳卦多阴"的道理,体会"大多数人都是愚昧的,只有少数贤明之士",因此不能"少数服从多数",听证会、公听会难以沟通,每次投票表决都要大动肝火,甚至打群架、火并!

我们劝合不劝分,并不是否定"分"的存在,而是"能合即合,实在不能合再分",分合之中有轻重、先后的区别。只有"合中有分"才能够凝聚员工的共识,所以中国人主张"世界大同",却不寄望"世界一同"。因为,"大同"之下允许"小异",才能够在"共同性"之外,尊重并容纳各自的"特殊性"。

凝聚共识,同样需要大同小异,以符合中国人"上有政策,下有对策"的习性,并显示众所欢迎的"包容性"。包容性越强,越容易凝聚共识。

首先,我们必须承认,由于中国领域太大,种族、语言、文化都十分复杂,以致中国人普遍缺乏"归属感"。以什么为中心来促使自己有所归属呢?从小就耳濡目染要"治国、平天下",怎么可以用归属感把自己束缚起来呢?自古以来,中国人一方面坚持"不事二主";另一方面却又面对随时可能"改朝换代"的危机,使我们不得不舍弃归属感而重视"依附感"。暂时找到可靠的人士,依附一下,随时衡量情势的移转,以"西瓜偎大边"的心态,适时改变自己所依附的对象,这不是"识时务者为俊杰"吗?

中国人的共识,通常以派系为主。然而中国人的特性,是"有派系,却没有固定的派系"。居上位者谁也不敢承认有派系,更不知道自己此时此地到底拥有多少群众。因为一夜之间,自己的派系可能解体,而所拥有的群众也各自解散,正好印证"水(群众)能载舟(派系首领),亦能覆舟"的道理。

员工的共识，来自依附感而不是归属感。**形成中国人凝聚共识的第一要件是：要让员工觉得靠得住，不能片面要求员工必须靠得住。**

组织学者常说：组织成员认定所属的组织是属于自己的，才会产生认同感。中国人好像不会这样傻，我们知道组织永远属于高阶层那些少数人，不可能属于自己。高阶层是坐轿的人，我们则永远是轿夫。高阶层人士心目中有我的存在，我就依附他、靠他、听从他，和他达成共识；高阶层人士心目中没有我，我便伺机远离他、不听从他，就不可能和他达成共识。

有人因此批评中国人太势利，过分现实。历来替君王寻借口、找理由的伪君子，大多持有这种论调。如果明白《易经》三才之道的天、人、地配合的原理，便知道员工具有这种"合则留，不合则去"的心态，根本谈不上"道不同，不相为谋"的层次。多数人不属于道义的结合，仅仅是"树大好遮阴""大树底下好乘凉"的过客，能待多久就算多久，按所依附的大树有多少福荫而决定。一般员工并不了解什么叫作"忧患意识"，只希望能够安居乐业，不但是人之常情，而且可以对高阶层人士构成相当的制衡力量："你如果好好照顾我，我就听你的，我们自然有共识；否则，凭什么我一定要听从你呢？"这十分符合中国人所信奉的"交互主义"。

中国人每听到一句话，大多会关心地询问："谁说的？"证明中国人"依据这一句话是谁说的，来判断它的正确与否"。老实说，在中国社会，如果不知道这句话是谁说的，又怎么能够判断它是对的还是错的呢？

这样我们才明白，高阶层人士每隔一阵子便要喊出一些近乎口号式的话语，目的在测试他究竟还拥有多少支持者。喊出来之后，看看反应如何，能不能凝聚共识，以便确认自己此时此地的声望，也就是凝聚共识的影响力，然后衡量情势，做出一些比较有把握的决定。

表面上看来，中国人喜欢争权夺利，实际上我们所真正关心的，是塑造对自己更加有利的形势。大势所趋，权和利都成为囊中物，高明的中国人，口口声声不为权不谋利，却善于"造势"，因为形势比人强，可以决定一切。

中国人凝聚共识的第二要件是：要善于造势，使大家跑不掉，不是用法律、规定、契约来约束大家不要乱跑。

"人在屋檐下，不得不低头"，规定中国人鞠躬，还不如把屋檐压低，让他自然非鞠躬不可。

事实证明，当形势大好时，员工的共识凝聚得有如钢铁一般，精诚团结而又万众一心，令人赞叹中国人果真"输人不输阵"，一盘散沙被水泥充分融合，照样显得坚牢无比。然而，形势衰弱时，员工的个人意识高涨，人人都有不同的意见，随时伺机另起炉灶。

大凡热心参与的人越多、说闲话的人越少，便是形势良好共识凝聚的指标。而袖手旁观或置身事外的人越多、各种意见毫无顾虑地表达出来，即是形势不利、共识脆弱的警示。

怎样造势，才能凝聚员工的共识呢？"一视同仁"式的组织，首长和成员保持同等距离，看起来相当公平，却令人十分纳闷："难道好人、坏人看不出来？""差别待遇"式的组织，固然被某些不得意的人讥讽为"大圈圈里有小圈圈，小圈圈里还有黄圈圈"。然而，不同圈圈所造成的形势，正是能不能凝聚共识的关键。

员工对首长不可能有充分的认识，大家习惯于"眼睛向上看"，看大、小圈的安顿公正不公正，看第一圈的人对首长恭敬不恭敬。

大小圈圈的安顿是否公正合理，是员工对首长的最大考验。若是大家认为公正，依附感就会增强，认为"只要好好表现，总有出头的一天"，因而觉得"这个组织值得依靠，而不想离去"。这时候很容易凝聚共识，凡是上头说的话，一定是不可逾越的真理。

最靠近首长的圈圈，表面上必须对首长毕恭毕敬，让底下的人看不出什么矛盾，找不出什么缝隙，大家才会放心：原来他们的看法相当一致，只好死心塌地，依附着他们而凝聚共识。

许多人看出中国人善于奉承拍马，而且喜欢用听话的小人，其实不然。这不过是表面的现象，做给底下人看的，用来"安大家的心"。实际上，单独和首长相处的时候，必须言无不尽，首长才会放心。这种阴阳的运作，使中国人经常人前背后各有一套，一不小心，就会形成表里不一致的小人。

对中国人来说，组织必须发挥组织力，才是员工凝聚共识的具体表现。中国人生长在黄河流域，对"水"的体认最为深刻。水的力量，一波一波向外发扬，所以组织的力量，也要一层一层向外扩张。掌握次一层的人员，亦即凝聚次一圈人员的心力，对主管而言，十分必要。

中国人是应考专家，大家精于猜题，而且善于答题。首长怎样命题，如何给分，用不着明言，大家都乐于猜测。愿意应试的人，没有不对考试和评分标准达成共识的；只要公正，用考试的精神来凝聚共识，没有人会产生异议。

凝聚共识的第三要件是：在适当选用最亲信的第一内圈，通过这些高层人士来建立共识，然后层层相扣，向外圈传布出去，很快就会凝聚共识。

建立共识的方式，可以视首长自己的条件和意愿，采取下述三种办法，加以灵活运用。

第一，圣主型。首长自己确有过人之处，说出来的话，第一内圈无不忠诚响应，而且十分顺利就能够一圈一圈像水波一般传布出去，自然

第九章 圆通的领导风格

可以采用"小圈密谈"的方式,以圣主的智慧来塑造共识。

第二,贤相型。首长自认并无过人之处,或者说出来的话,大家都有不同的意见,简直压不下去。这时候可以仿效当年"三请孔明"的故事,请出大家公认的贤人,委托他来建立共识,作为辅助的贤相。

第三,互动型。当今民主时代,最好的方式应该是互动型,由首长和第一内圈的高层人士互动来建立共识。一方面集思广益,另一方面减少大家对首长独裁的疑虑。只要首长和第一内圈的意见融洽,所建立的共识很快就会向外传播,获得大家自动的依附。

希望中国人"被动"地凝聚共识,实在十分困难。能够让中国人"自动"地凝聚共识,才能坚牢可靠,任谁也无法破坏、离间或者销毁。

这被动与自动之间,正是中国员工能否凝聚共识的主要关键。历史证明,凡是强制地、高压地、利诱地建立共识,都不能持久,而且具有十分明显的阳奉阴违的现象,形成"嘴巴上说的一套,实际上做的又是一套",只要稍有风吹草动,共识立即破坏、消亡,经不起任何考验。相反地,若是组织员工出自内心,以自动自发的心态来达成共识,那就众志成城,持久不衰。

怎样促使员工自动自发地凝聚共识呢?主要原则在于"首长只出题目,不给答案,让干部去猜题,并且找出合适的答案"。而且干部也要依样画葫芦,把自己找到的答案隐藏起来,鼓励员工去找答案。

秉持《易经》"由下而上"的精神,每一阶层都切实遵照"主管命题,部属做答"的法则。

让员工猜题和解答,不但有参与感,而且充分把中国人的应考精神融入塑造、凝聚共识的过程中,让每个人都具有成就感和满足感。

主管如果关心员工,就会看得起员工,让出足够的空间,使员工有所表现,尽量以"你的看法怎么样"来激发员工的参与感。员工觉得备受重视，便会自动自发地用心猜题和解答。把自己的心和上级主管的心联结起来，自然很容易凝聚共识。

主管人员最需要的修养在于"不明言"。有答案马上宣示出来，大家觉得被动，于是想尽办法，要抗拒、改变、否定主管所提示的答案。

"有成必有毁"，主管明白地宣示自己的看法，大多数被部属的反抗、扭曲和质疑淹没，不得不采用高压或利诱的手段，造成大家拍马、逢迎的后遗症。

高明的主管，具备"有答案，却懂得暂时不要说出来"的修养，只把问题抛出来，看大家如何回应。

上司"深藏不露"，部属"揣摩上意"，看起来好像"含含糊糊"，却绝对不是"糊里糊涂"。

通过这种"含含糊糊"的猜测、模拟过程，寻找出"清清楚楚"的结果，才是自动建立共识的精神。许多人看不懂，一直批评中国人不清不楚，浪费时间。殊不知如此这般，才合乎人性的需求，算得上人性化管理。

天性喜欢"自动""自主"，设法通过"自动"的过程满足"自主"的尊严所凝聚的共识，自然坚牢可靠，而且持久不坏。

上级"不明言"，底下人自动猜测，是一种历久常新的游戏规则，也是凝聚共识的最有效途径。

首长一切说清楚，干部完全顺从，即为"奴才"；稍有意见，便成为"叛逆"。这该如何是好？让部属不至于甘心为奴，也不致冒险叛逆，自然容易心安理得地凝聚共识。

如果认为"时代变了，员工不愿意猜测主管的心意，就算费尽心思出题，大家也不愿意找答案"，那么，戒急用忍，先亮出"没有底线"的底牌，让大家畅所欲言，等待答案合乎自己的意思后，才依据大家的意思达成共识，不也是一种民主型的凝聚共识吗？

第四节

防止小人当道

自古以来，身为主管的人，无不以"亲君子，远小人"为座右铭。时刻以此为诫，以求"明哲保身"。无奈小人的拍马屁伎俩委实高超，往往弄得上司防不胜防，受到重重包围还浑然不知。

所谓"上台容易下台难"，固然可以解释为："上台靠机会，只要获得上级关爱的眼神，便可以一步登天，顿时忘记自己到底有多大的能耐；而下台靠艺术，却由于整天交际应酬，迎来送往，没有时间也缺乏兴趣继续充实学识，以致让熙熙攘攘的官场气焰冲昏了头，搞不清楚何时、何地、如何下台。

不但不能美妙地步下台阶，反而怒气填胸、怨气满腹，甚至大喊冤枉，深感悔恨。"也可以解读成："上台时脑筋还相当清醒，态度仍然十分严谨，尚未为马屁精所包围，所以一下子就登上台去，显得相当轻松、容易；但是下台时已经习惯于马屁精的细心照料，匆促间发现马屁精忽然有如猢狲般散去，留下自己一个人，连下台的台阶都摸不着，岂非十分困难。"

遍查所有正史、野史、传记、自述，从来找不出一个"自动立志亲近小人，喜欢重用马屁精"的人物。历史的记载，也证明所有上司都深明洁身自爱的大道理。然而不幸的结果是，大部分人为马屁精所迷惑，造成不知不觉"残害忠良，伤害君子，而自己也为小人所害"的惨局。中国历史之所以治少乱多，主要原因在此。

小人毕竟不是"有为者当如是"的显明目标，所以我们同样找不到"从小立志成为小人"的"典范"。

没有愿意亲近小人的上司，也没有立志成为小人的部属，为什么有史以来，不断形成"小人当道"的局面？其关键因素，即在一般人所深恶痛绝的"马屁文化"。其中"说好听话"和"奉承拍马"的分野，很不容易区别，以致自己受害、社会不安，而国家也难以求治。

试举一例：凡是能够腾出部分时间为上司分忧分劳的部属，必然获得更多的升迁机会。

请问：为上司分忧分劳，算不算拍马屁？

自己本分的工作，弄得乱七八糟，却经常跑到上司那里左右问"有什么事情要我帮忙的"，当然是拍马屁。

分内的工作做得很好，还有多余的时间和精力为上司分忧分劳，谁敢说他拍马屁！相信大部分同人都会认为这位仁兄确实不简单，有机会升迁，非他莫属。

问题就出在这种判断标准上，现代人越来越搞不清楚。当上司的，看见部属热心分忧分劳，不管他本身工作有没有办妥，便认定他是好部属；做部属的，不管自己分内工作有没有做好，就厚着脸皮要为上司分忧分劳。结果造成上司让"小人有机可乘"，而部属则"不知不觉成为小人"。原本不想接近小人的，为小人所包围；而一向不想当小人的，

第九章　圆通的领导风格

竟也成了小人。

更加可怕的是，看见经常和上司长相左右，不管上班、下班都为上司跑腿的人，一个个都晋升了。这时候不检讨自己，不深一层寻找真正的原因，却轻易地认定"凡善于拍马屁的，必然快速获得升迁"，将一切责任归罪于"马屁文化"，虚构出一个"马屁酱缸"。这种自欺欺人的做法，才是中国人一方面深恶痛绝，一方面却也难以自拔的原因。

再看一例：在上司面前，说一些恭维话，上司乐于接受，彼此更加亲近，遇有机会就会优先加以提拔。

请问：恭维上司，算不算拍马屁？

电影最喜欢描述古往今来那些犯颜直谏的忠臣所遭遇的悲惨、凄凉的境况。然而，电影导演，十个有八个喜欢听恭维话，对批评的意见拂袖而去。

据说阎罗王非常厌恶拍马屁，某次审判马屁精鬼时，拍案大怒："你生前为何专门拍马屁？快从实招来。"马屁精鬼连忙回答："因为世上的人都喜欢如此，我才不得不拍马屁；如果像大王如此公正廉明，而且明察秋毫，有谁还敢拍马屁、说好听的恭维话？"阎罗王怒气顿消，笑着说："是啊！这也难怪你老爱拍马屁！"原来非常厌恶拍马屁的阎罗王，也难逃马屁关。

同样一句话，当然应该说得好听一些。恭维话如果是为了公益的顺利达成，不算拍马屁。若是为了私利，或者居于建立更为亲密的关系，以便为非作歹，那不是拍马屁，又是什么！

说好听的话，上司才听得进去。部属尝到甜头之后，用说好听话来隐瞒事实，求取私利，或为非作歹，便成为存心不良的马屁精。

上司听惯了好听的话以后，对比较难听的话，听不进去，甚至产生厌恶感，更加提供马屁精用说恭维话获得各种利益的渠道。于是本来不想当马屁精的人，不知不觉也成了马屁精。

再说，公余时常陪伴上司从事正当休闲活动的人，晋升的机会也特别多。

上司爱下象棋，陪他，有输也有赢，让他斗志高昂。首长喜欢爬山，马上把爬山的装备收集起来，和他所用的差不多，当然牌子、质量要差一些，和他一起爬，体力也维持同样的水准，让上司觉得还年轻。至于打高尔夫，更应该平日多练习，不要走漏风声，然后在适当机会，稍微表现一下，让上司依据"会打高尔夫的年轻人，不会做坏事"的准则，对自己刮目相看。

往昔靠饮酒、跳舞、打麻将来接近上司，自从公务人员革新生活习惯以来，大家转变方向，以正当休闲活动来包围上司，照样可以造成拍马屁的机会，达到拍马屁的目的。而这些后果，也都是不知不觉产生出来的。

当主管并不是简单的事，好不容易获得这种难得的机会，当然要好好表现一下。每一位主管在接任的时候，无不下定决心把工作做好。而且对喜欢拍马屁的人，存有高度警戒。因为真正有能力的人，用不着如此卑躬屈膝。忠言本来逆耳，为什么老是说这些恭维话？各人有各人的工作，大家把分内工作做好，就已经很不容易。各人有各人的兴趣，活动的时候，不应该勉强任何人，以免造成不便或痛苦。

可见，能够担当主管的人，都已十分清楚这些基本的道理，并且深具信心，不致开自己的玩笑，为小人所蒙骗。可惜不多久之后，便陷入马屁精的迷魂阵中，却依然不能自觉。

请听许多干部的心声："我们老板样样好，只不过常常把好人看成坏人，却将坏人看成好人。"

无心重用马屁精，实际上已经被马屁精重重包围；甚至非常讨厌马屁精，所以自信不会上马屁精的当，结果部属冷眼旁观，却发现老板居然自己骗自己。

古代马屁精猖狂，想尽办法要接近皇帝。没有人敢告诉皇帝应该怎样防止马屁精，只好设计出以下三样东西，让皇帝自己去体会预防之道。

第一样，帽子。让皇帝戴一顶高高重重的帽子，提醒他责任比别人重，不可以掉以轻心，否则帽子可能会掉下来。

第二样，珠串。眼睛前面垂下一排珠串，提醒皇帝只有两个眼睛，已经被珠串遮掩得看不清楚。一方面自己不可能完全看清事实，另一方面更应该防止被人家进一步蒙蔽。

第三样，护耳。双耳各有一面护耳，提醒皇帝总共只有两只耳朵，无法听尽所有的事实；何况已经有所遮蔽，不可容许其他的掩盖。

设计的人，深知马屁精的一贯策略，即在"首先蒙蔽上司的眼睛，让他依靠自己的眼睛，用自己的眼睛来取代上司的眼睛"，然后"掩盖上司的耳朵，以自己的耳朵来代替上司的耳朵"，再伺机"砍断上司的左右手，用耳语、谣言、恶意中伤把上司所信任、依赖的亲信人员拉下马来"，最后"让上司把重要的责任交下来，使自己得以称心如意地分忧分劳"。

鉴于以上的道理，我们建议上司防止马屁精当道，不妨采取下述三大策略。

第一，不要强调自己的大公无私，反而应该以"是不是真的大公无私"来考验自己的部属。自信大公无私，而且以此为标榜的上司，事实上最容易为马屁精所控制。只要尽量在上司面前做一些有利于公的事情，说一些冠冕堂皇的辞令，便可以获得上司的信任，这种事对马屁精来说，根本轻而易举，丝毫不费力气。

不必说什么大公无私，也不让人家看出自己究竟是怎么一回事，却能够因人、因时给部属一些考验：

故意叫他去做违法的事，看他如何因应；

提出一些危险的讯息，看他的反应如何；

虚拟某些好处，试探着要他去夺取，看他动不动心。

部属未经考验，看起来都大公无私，一旦考验，便发现有些人是经不起的人，一下子就原形毕露。凡是经得起考验的，才能够相信他真的不是马屁精。

第二，经得起考验的部属，由于外力的引诱，难免产生变化。 原本好好的人，一下子可能变坏了。必须时时注意其"差异性"，遇有风吹草动，马上提高警觉。

不信任部属，部属不敢动歪念头，就算乱动也产生不了什么作用。信任部属，他自己不敢动歪主意，别人也会一再动他的脑筋，利用他的关系，来实施一些坏点子，所以不得不预为防范。

上司必须密切注意部属的"差异性"。一向如此的，为什么最近有不同的样子？向来这样的，怎么这两次走了样？若能不放过任何风吹草动的变数，部属即使有意或无意变成马屁精，也将毫无机会。

第三，上司必须时时保持谦虚的态度，存着"多听一些不同的意见，至少多一些参考"的心态，在"不受中伤，也不护短"的空间中，维护部属的安全。 部属是不是变成马屁精？上司往往不是第一个洞悉的。有时候"当所有的人都已经知道，只剩下上司一个人，还被蒙在鼓里"，那才是令人遗憾的事。

对于外人的评论，不可不信也不可尽信。只要时刻提高警觉，便是"保护部属不致变成马屁精"的最佳方略。

主管把"部属是不是马屁精"的注意力，转变为"全方位防止部属成为马屁精"，才能够"既保护自己不为马屁精所包围，也保护部属不致成为马屁精"，两全其美，大家都喜欢，彼此都安全。

改变思考的方向

1. 李叔叔来找父亲，父亲避不见面，叫小孩子告诉李叔叔，父亲不在家。我们不必立即断定这位父亲不应该如此教坏自己的孩子，从小就教他说谎，长大以后还得了！

反过来让孩子知道，李叔叔也有不对的地方，为什么做人做到这么差劲，父亲明明在家，却不愿意见他？

2. 老板被马屁精包围，弄得是非不明。我们不应该欺小怕大，把责任都推给这些马屁精，却应该想一想，为什么老板这么糊涂，被马屁精包围，自己还不明白？

3. 小人当道，君子失势。我们不应该把全部责任都推给这些小人，也应该问问这些君子，为什么一点本事都没有，活该被小人欺侮。

换一个方向想想看，很可能获得不一样的答案。

第五节

用情、理、法来领导最为合理

由情入理的领导，必须配合情理走不通时的依法处理，才算周延。合起来说，其实就是情、理、法的领导。

一般人的习惯，喜欢把情、理、法分开来看，并且比来比去，检视究竟哪一项比较重要，因此造成很多误解，产生很多不必要的错误。

情理法是一个具有结构性的完整系统，不容许分割，也不应该分开来看。

首先，法居情理法的末端，末即是下，成为情理法的基础。离开法就没有什么情理法可言，没有法的基础就不可能由情入理。做人必须规规矩矩，做事应该实实在在，这些都在提醒我们：法十分重要，不能够轻忽。

依情理法系统，管理必须制度化，也就是这个道理。有了制度，才能够有所依据地衡情论理。

其次，情居情理法的开端，表示领导从情入手，充分顾虑对方的面子。在情面上获得沟通，彼此情感交流良好，自然易于达成合理的共识。

法是用来执行的，不是用来挂在嘴巴上说的，因为谈法伤感情，一旦感情受伤害，谈起道理来更加困难。面子很重要，有了面子，大家比较容易说道理，所以把情放在前头，作为领导者与被领导者的桥梁，更有助于彼此的沟通协调，增进和谐的愉快气氛。

再说，理居情理法之中，依《易经》揭示"居中为吉"的法则，应该是情理法系统的关键所在。我们可以说：情是用来讲理的，才称为由情入理。而法也是用来讲理的，才合乎合理合法的精神。

中国人很少单独说合情，大多把理拉在一起，称为合情合理。可见有面子就更应该讲理，否则成为大家厌恶的死要面子不要脸，一定不受众人的欢迎。

我们也很少单独说合法，大多把理拉在一起，成为合理合法。因为我们只接受合理的法，不接受不合理的法，虽然对法的要求标准高一些，却也相当合理。

对被领导者来说，最好做到下述三点。

第一，上司给我们面子，主要是促使我们自动讲理。只要上司对我们客气，给我们面子，我们就应该赶快自己反省，自己约束，做出合理的反应，以符合上司的期望。反应合理的人，势必获得上司的赏识，放心地持续由情入理，彼此都十分愉快，而工作也进展得相当顺利。这样大家都有面子，才是情理法以情为先的主旨。

第二，上司不给我们面子，最好不要立即反应，让上司难堪。这时候最好冷静，看看上司的处境，是不是有什么难言之处，或者是另外有什么用意。往往部属冷静，不在情绪上做出不良的反应，也是给上司面子的一种表现，上司也会自动讲理，做出合理的调整。就算刚开始有一些失控，很快也会平静下来，彼此都有好处。

第三，上司不给我们面子，我们冷静镇定，不在情绪上做出不良反应，上司依然故我，仍然不给我们面子。这时候更应该反省，为什么弄得他如此蛮不讲理？这种十分强烈的动作，往往不是针对眼前这一件事情而发，却大多由于多次的累积才爆发出来。部属更应该冷静，想办法化解上司的心结，不能够赌气、闹情绪，用"反正已经这样，何必有所顾虑"当借口。因为凡事都是自己惹出来的，自己必须负起责任才是。

对领导者来说，最好做到下述三点。

第一，不可以轻视部属，认为有权管他，不必客气。以免引起部属的不满，反过来增加领导的困难。上司一定要尊重部属，也就是看得起部属，才能够引起部属良好的反应。既然看得起他，就应该顾虑部属的面子。凡事依照"给他面子，促使他自动讲理"的法则，由情入理，使部属愉快地自动自发，彼此都很愉快。

第二，把部属的情绪稳定下来，应该列为行事的首要。部属情绪稳定，通常比较理智地面对事务；若是情绪浮动，往往以情绪化来反应，不甚合理。主管的最大能耐，应该是以自己的稳定情绪来稳定部属的情绪，而不是部属原本情绪稳定，却搞得他们很不安宁。凡事先缓后急，总比欲速则不达来得好。千万不可以急躁，弄得大家的情绪十分不稳定。

第三，上司给部属面子的时候，部属并不一定就能够自动讲理。因为人毕竟不完全理性，有时候相当糊涂，并不十分清醒。上司必须一再提示，所以应该发挥耐性，使部属清醒过来，不可以脸翻得太快，使人产生不敢信赖的感觉，反而不好。法永远是最后的手段，道德法律毕竟是情非得已才动用的，不宜时常显现。

第九章　圆通的领导风格

上司、部属双方面对情理法都有相当的了解，也都有意按照"先由情入理，不得已才翻脸无情，依法处理"的程序，并且注意以上所述的要点，相信彼此配合、良好互动的结果，很快就能够形成有效的领导与被领导的局面。

处理事情的时候，最好先查明法的依据。这种法治精神，最好不要直接表现在"依法行事"上面，令人觉得缺乏人情味，终至人人自保，不敢自动自发。最可怕的，则是逐渐养成"只要合法，什么事情都可以做"的不正当态度。因为"合法"并不一定"凭良心"，而凭良心要比合法重要得多。

查明法的依据，最好把它放在肚子里，当作腹案。处理事情的时候，不要把法的规定直接说出来。否则大家依法办理，久而久之，不喜欢动脑筋，只认真查法律条文，办事的品质必然低落，而组织的风气，也将逐渐败坏。到那时才后悔，恐怕已经太迟了。

上司把事情变成问题和部属商量，部属自动提供答案，才显得有面子。上司样样发号施令，部属依照指示办事，完全是被动心态，当然没有面子。

和部属商量，是给部属面子。部属有了面子，应该自动掌握真实的现场状况，和相关的人员商议，获得具体的、可行的答案，还要带着腹案向上司请示。这种情况具有特殊的意义，那就是"你给我面子，我也应该给你面子"的交互行为。以给上司面子的心情来请示，和一般的想把上司考倒的请示，实际上有很大的不同。

当然，情理法的领导系统，并不完全反对发号施令。只是用在紧急的时刻，不用在平常时期。因为只有不常常发号施令，一旦发起来，大家才知道它很紧急。

情理法 vs 法理情

大家应该听过这样的言论："做任何事情，我们常常讲要兼顾情理法。中国人一向比较注重人情，所以把情放在前面。但是，现代化的法治社会，一切依法办理，所以必须修正为法理情。"

抱持这种言论的人，大概不明白情理法的真义，才会引起这样的误解。因为理居其中，表示最为重要。情理法和法理情，实际上并没有多大的差异。

我们最好将两者合起来想：凡事做之前，先想合不合法。若是合法，再在法令许可的范围内衡情论理。但是，寻找到合理的解决方案之后，要付诸实施时，应该依照情理法的架构来运作，以求和谐、顺利和圆满，达到圆通的境界。

第六节
最高境界在于促使部属自动自发

由于情理法在中国人心中已经成为十分熟悉的东西，以致常用而不知，反而不明白它真正的妙用。

本书第一章第二节已经说明，人都喜欢自动自发，只是不敢、不能或不愿自动。

明显地发号施令，对方有被动的感觉，当然不能自动。不做任何表示，静待对方自动，对方又不敢、不能或不愿自动，同样自动不起来。

在这种情况下，我们最好通过情理法的架构，小心运作，对方自然就会自动自发，实在十分奇妙。

我在第二章第五节中说过，中国人重视"情性"，习惯于"依据心里好过不好过来判断"。因此，孔子倡导"情治"，主张"用情来感化"。

情相当于面子，特别适合于爱面子的中国人。

中国人普遍不喜欢被管。主管一开口说话，如果引起部属的反感，就会觉得管太多了，为什么连这个也要管？一旦具有这样的感觉，部属不但不肯接受主管的意见，甚至可能恼羞成怒，表现得相当不讲理。

为了避免引起部属的反感，我们讲求由情入理，以取代直接和部属讲理，把风险降到最低，以策安全。

情就是面子。给部属面子，当然不会引起反感。面子给足了，让部属情绪稳定下来，这时候再来讲理，比较不至于引起情绪性的反弹。方便得多，也有效得多。

譬如部属迟到，主管明明看见，也应该巧妙地装作没有看见。这种本领难不倒中国人，因为从小就被训练得十分机灵，随时可以适当地掩饰自己的真面目。

装作看不见，并不是打马虎眼，也不是不追究也不纠正。而是看见了怎么办？不理会不行，放任部属迟到，当然是主管的罪过，况且上级还可能怪罪下来，如何承担？理会也不行，迟到的部属情绪不平稳，马上加以指责，恐怕会恼羞成怒，反而收不到预期的效果。

再说，迟到的部属有时会说出十分正当的理由，令主管觉得不分青红皂白立即加以指责实在很不应该，这时候怎么办？继续指责下去，等于自己恼羞成怒；如果安慰对方，甚至坦白承认自己过分鲁莽，又何必！

装作看不见，其实是一种礼貌：给部属面子，让他主动过来说明，然后给予合理的处置。既然是一种尊重，就应该表现相当的宽容性，允许迟到的部属先把紧要的事情办妥，再来说明迟到的原因。否则迟到已经不对，再因迟到而耽误紧要的事情，岂不是罪加一等？

部属主动向主管说明，主管有机会明白原委，加上这时候情绪比较平静，有助于合理的判断和处置。

若是部属隔了一段时间并没有向主管说明，主管就应该主动去找他，以免造成不良风气，也有亏职守。

过去找他也好，把部属找来也好，不必单刀直入，问他为什么迟到、又为什么不来说明。难道主管没有看见,就可以不了了之吗?因为这样一来,部属心中不服,认为主管太奸诈,既然看见,为什么要假装没有看见?当面抓就是,为什么要这样耍手段、玩花样?

人总是希望以别人的错误来模糊自己的缺失,这种模糊焦点、转移目标的方式,人人都会,也常常运用。

主管最好这样说:有人告诉我,你今天迟到了,有这回事吗?这不是更加奸诈,更加缺乏诚信吗?且慢,说别人说的,部属比较承受得了,情绪也因为比较有面子而维持稳定。

主管这样说,显然站在他这一边,当然比较有面子,总比直接责问来得好受。主管这样说,其实也是一种礼貌,一种对部属的尊重。部属最好明白主管的好意,不要自找麻烦,追问是谁说的,企图转移目标,把怨气发泄到那打小报告的奸人身上。

如果部属真的追问:谁说的?主管也应该轻松地表示,谁说的?我记不起来了。这也不是欺骗,本是一种礼貌,一种对部属的尊重。意思是点醒部属,不要再兜圈子,赶快自动说明为宜。

主管对于部属的过错,本来就不应该放过。不然的话,部属追随主管一段时间,好本事没有学到,却养成一大堆坏习惯,良心何在?但是纠正部属的过错,也不应该让部属难堪,下不了台。所以由情入理,才是兼顾的表现:一方面纠正,另一方面顾及部属的面子。

中国人的特性,是十分讲理。只要情绪平稳,有面子,大家基本上都相当讲理。但是情绪不稳定、没有面子的时候,那就很容易恼羞成怒,甚至蛮不讲理。

由情入理,就是先给他面子,稳定他的情绪,是让部属自己讲理的有效途径。聪明的部属,应该明白主管的用意,当主管极力给予面子的时候,赶快头脑清醒地自动讲理,彼此都愉快,而且事情也获得合理的解决。

主管有新的业务,要交给部属去办,也不应该不给部属面子,用命令方式,使得部属很不愉快。即使不当面推辞,也会敷衍应付而不尽心尽力。最好采取商量的方式,询问部属交由什么人办理比较妥当?部属如果觉得自己是合理的人选,大多会当仁不让,自告奋勇,由于有面子而不觉得委屈或不平,更加乐意把它办好。若是部属推给别人,主管必须平心静气,听听他的理由,不可以忽然变脸,说什么我对你客气,你还想推脱之类的话,以免显得完全没有诚意。只要部属推得合理,主管就应该欣然接受,才叫作商量,而不是片面指定。

通常主管越尊重部属,给他越多面子,部属居于互相互相、彼此彼此的交互原则,也会反过来更加尊重主管,显得心目中的主管很有分量,双方皆大欢喜,合乎人性化管理的要求。

由情入理,先给面子再讲理。这种方式,最好由主管先开始,蔚为风气,大家才放心跟着流行。

为什么要由主管做起呢?理由十分明显。若是部属先行表示,处处给主管面子,难免引起拍马屁的猜疑。中国人大多数不愿意当马屁精,怕被人家贴上马屁精的标签。因此,很不喜欢先对主管表示有情,才显得有骨气,有自尊。虽然历史上已经有太多的案例证明这些硬骨头迟早被粉碎,但是前仆后继,似乎刚硬、正直人士并未因为这些教训而改变初衷。所以,孟子才提出"居上先施"的法则,希望主管率先向部属表现有情,充分给予面子,以挽救这些真正有骨气的君子贤士。

主管给部属面子,没有人会说是拍马屁。部属紧跟着给主管面子,大家会认为礼尚往来,并不是拍马屁。于是部属才会放心地给主管面子。主管的影响力,在这方面占有很大的比重,也不必吝于表现。

我们常说先礼后兵、柔能克刚以及敬酒不吃吃罚酒等。基本上都是

第九章　圆通的领导风格

由情入理的延伸，比较容易获得对方的同情，因而自动讲理，更加省时省力又省事。

有些主管喜欢耍威风、摆架子，常常因此而气坏了自己的身体，而更可怕的，则是因此招来一批小人，把自己重重包围住。小人看准主管这种作风，不但充分迎合，而且非常忍耐。不用多久的时间，小人把这样的主管团团围住，主管却经常浑然不自觉。我们推崇由情入理的领导，实在是为了远小人，免得主管自己受害。

我们采取由情入理的领导方式，并不表示不重视法律制度，或者拿情和理来干扰，甚至于破坏制度。我们只是认为：

人生最要紧的，是当下；当下最重要的，是生活；而生活最可靠的，是人情。

一口气上不来，什么都没有了。对人来说，当下这一口气，当然最要紧。现在的事情若是不能解决，过去的尊荣和未来的希望，几乎都等于零。我们常觉得中国人很现实，如果从这个角度来考察，应该可以更加理解。

人活着，主要就是过生活。生活过不好，其他的事情有什么用？我们现在为了事业、赚钱、名誉等，弄得不能好好生活，实在是本末颠倒的做法，很不值得。

生活好不好？标准在哪里？如果以物质来衡量，那就永无止境，越追求越痛苦。这些年来，我们的物质生活不断提升，但是大家都抱怨生活过得并不好。可见生活得好不好，精神方面的比重不能够忽视。于是人情成为生活中十分重要的因素。人而无情，何以为人？不幸的是：长久以来我们由于贫穷、艰辛、痛苦，竟然扭曲了人情，却反过来鄙视人情，也害怕人情。

"情"字心旁，带一个青字。我们从"请"表示言之美者、"倩"表示人之美者、"晴"代表日之美者、"睛"代表眼之美者，可以推知"情"就是心之美者，也就是有良心的意思。

有良心的人，充满了人情，生活总是好的。物质生活再穷困，遭遇的情况再艰辛，只要有良心，其实不难心安理得，生活得十分愉快。所谓苦中作乐，并不难。

任何人为了生活，不能不谋事就职。一天之中，在职场所占的时间往往超过1/3。扣除睡眠、休息和处理家务杂事，我们可以说一生之中，大部分时间在职场中度过。若是职场中无情，缺乏人情味，就算功成名就，赚了很多钱，从做人的角度来衡量，终究得不偿失。为了工作，失去了那么多，合算吗？当然不合算。

你心中有我，我心中有你，便属人间至情。上司与部属之间，若是心目中有彼此的存在，并且占有合理的分量，那就是有情职场，大家精神愉快，当然值得。

良心看不见，但是面子很容易感觉出来。中国人特别爱面子，也可以解释为重视良心的表现。不必因为人情不容易处理，常常由于拿捏得不准，引发不良后遗症而心生害怕，以致把自己打入无情的非人身份。

中国人有面子的时候，大多凭良心，所以表现得相当合理。这是我们实施由情入理领导的基础。

但是，人毕竟不是圣贤，难免有糊涂、不够清醒的时候，有面子却不知道自律，做出不合理的反应。这时候我们设身处地想想，很容易发现自己其实也常常如此。再进一步将心比心，更能够体会稍微给一点面子，如果收不到预期的效果，便翻脸无情。若非动机不纯正，用给面子做钓饵，来引人上钩；便是忍耐力不足，很容易动肝火，都不是好现象。

部属迟到，主管装作没有看见，是一种有情的表示。不愿意让部属难看，充分给他面子。部属如果领情，就应该自动向主管说明。如果部

第九章 圆通的领导风格

属没有这样做，主管不能够光火，也不可以指责。用旁敲侧击的方式，暗示部属应该合理地有所因应。这也是人情的一部分，让部属有面子。部属敲不醒，主管才好好启发他，请问他如果这样一而再地给面子，还不能够点醒他，有没有其他更好的方式？相信部属听懂之后，必然能够欣然接受，逐渐领悟到由情入理的要领，并且心悦诚服地合理因应。

万一部属真的不领情，完全不理会由情入理的精神，譬如主管告诉部属有人说他迟到，究竟有没有？部属追问什么人说的，主管告诉他记不起来了，部属依然执迷不悟，一定要主管说出这个打小报告的人是谁，甚至直接指称根本就是主管本人，还要嫁祸他人。这时候主管应该坦白承认，真的是自己的意思，并且说清楚：看到他迟到，不方便马上责问，是出于一番好意，让部属主动说明，比较有面子。等了半天又不见动静，这才假借他人来问他，同样是一番好意，希望减轻部属的压力。现在既然要一直追问是谁说的，主管就承认根本就是自己说的。同时请问部属，如果这条路走不通，到底要怎么走，才能够达成和谐沟通的目的？相信部属有所领悟之后，也会觉得自己十分不讲理而有所改变。

如果部属仍然坚持不领情，不理会主管的用意。这时候情理已经走不通，主管当然保有依法处理的权力，把规定搬出来，按照条文来处置。

主管有新的业务，要交给部属办理。不管主管如何由情入理，部属总是百般推辞，坚决不接受。主管于是翻脸无情，依法规定部属必须如期处理。相信大家也会支持主管这种强硬的态度，而不致认为其专横不讲理。

情理行不通的人，有了面子却依然不知道讲理。这种人近乎不要脸，成为大家看不起的对象。给要脸的人面子，不给不要脸的人面子，才不致成为乡愿，使自己也成为大家看不起的对象。

由情入理，如果不能够配合依法办理，很可能成为没有是非，或者不敢分是非的乡愿。主管必须具有道德勇气，在情理走不通的时候，翻脸无情而依法办理。

翻脸无情，难道不是无情吗？那又何以为人呢？可见翻脸无情，有其先决条件，不能够翻脸像翻书本一样，太轻易、太草率、太鲁莽，都是不近人情，不妙。

我们常说仁至义尽，便是翻脸的先决条件。只要仁至义尽，没有人会觉得翻脸无情太过分。但是，尚未做到仁至义尽，便翻脸无情，那就太可怕了。大家对他敬而远之，有如鬼神一般，发挥不出领导的亲和力。

一点再点，点不醒还要好好开导部属，对主管而言，当然是仁至义尽。这时候部属仍然执迷不悟，难怪主管翻脸无情。旁观的人，不但不觉得主管无情，反而认为部属不值得同情。身为部属，最好明白由情入理的运作方式，力求合理因应，以免落入大家都不同情的惨境。那时候再表示悔悟，实在有一些太迟，误人害己！

先由情入理，再依法办理，称为先礼后兵，也是以柔克刚的做法。但是礼要有节，柔也要有刚来支撑，才能够产生优良的效果。所以依法办理，也是有其必要的。

第十章
合理的激励方式

自我激励在所有激励当中，是最具效力、最有把握的一种方式。

忠诚可靠对个人而言，是一种"信用度"，必须依靠自己的行为表现，一点一滴累积起来。

把忠诚可靠而又具有能力的人组合起来，还需要进一步用安和乐利来激励大家，由利而乐，是提升到和与安的层次。

管理既然是修己安人的历程，修己的目的又在职场活动中，依修、齐、治、平的一贯大道不断提升自我。那么安人的作为，也应该激励同人与组织同步成长，同样持续提升每一成员的修养层次，才能长久维持己安人也安的良好状态。

中国式管理，从计划开始，经过执行，到结果的检讨与整体的考核，处处充满着激励，便是随时随地都在激励同人向上提升，永远不落伍。

把激励和计划、执行、考核合在一起，将激励和沟通、领导同时进行，不但合乎中国人合大于分的原则，而且省时省力，兼顾并重，更加符合管理的要领。

中国人有很多看起来十分奇特，深思起来非常有道理的行为、态度，大多含有激励的作用。必须先弄清楚它的真正用意，并且表现得合理，才能产生良好的效果。

合理的不公平，其实是具有激励作用的一种措施，使中国人不肯认输而力求上进。因为大小眼的待遇随处可见，不得不持续提升自我，以求获得更好的款待。

第一节
随时随地都应该激励

对中国人来说，竞争力的源头，即在"我愿意"。凡是自己愿意做的，大多不辞劳苦，不计较报酬，不畏艰难，更不可能不用心。在这种情况下，简直无事不可能。竞争力之高，恐怕很不容易找到对手。凡是自己不愿意做的，一副心不甘、情不愿的样子，推三阻四、斤斤计较、困难重重，理由一大堆，根本不可能用心。如此这般，哪里有什么竞争力？

全世界的人，都有情绪变化。但是比较起来，中国人的情绪起伏程度最大。如果不能够时时注意，处处加以激励，很容易陷入低潮而什么都不做，影响到修己安人的管理效果。

心理学家认为，人类每种行为都有其原因及过程。主管想要激励员工，必须了解部属的需求。这话并没有错，可惜没有进一步指出：西方人的需求比较固定，比较容易满足；中国人的需求，非但变动得很快，而且十分不容易满足。自古以来，我们便立下极为远大的目标，必须日新又新、精益求精，以求止于至善，当然不可能轻易地满足。何况满招

第十章　合理的激励方式

损更是大家耳熟能详的道理。人人不敢自满，以致激励所获得的效果，往往是"不满意，但能够接受"。人人得寸进尺，给一千望五千，普升一级还企盼多多提拔。

刚刚获得激励时，中国人大多能够心存感激，口口声声承蒙钧长关爱，而且培植的恩德永铭五内。不久之后，似乎时过境迁，记忆逐渐模糊，竟然由于看不到上司关爱的眼神而觉得自己已经被遗忘，因而辗转难眠。

中国人为什么会这样？说起来和我们的激励方式具有非常密切的关系。表面上看起来，中国人十分势利。人情的冷暖、世态的炎凉，令人触目惊心，以致人人不敢大意。反过来说，正由于中国人随时可能翻脸不认人，随时可能给人家脸色看，这才使得中国人怀疑心极重而警觉性极高。对于自律、自反、自主的人来说，未尝不是另一种形态的激励，我们称之为自我激励。

自我激励在所有激励当中，是最具效力、最有把握的一种方式。特别是现代一切讲求 DIY（do it yourself），更是合乎时代要求的最佳激励。毕竟寄望他人来激励自己，还不如自己激励自己来得简便而有效。

曾子所说的每日三省吾身，固然可以当作自律的习惯，已如前所述。实际上也是十分有效的自我激励。每天再忙碌，也要留给自己一个小时，至少 20 分钟，冷静地想一想：今天计议事情，有没有尽心尽力？对朋友、同人、家人，有没有不诚信的地方？所学习到的东西，有没有把它变成习惯，以便纯熟地应用？做得好的地方，给自己一些掌声，自我激励一番，振奋自己的斗志，增强自己的信心；做得不够理想的地方，就应该不后悔也不找理由搪塞，认真检讨自己为什么会这样的原因，做根本性的改善。

个人如此，组织也应该这样。单位主管最好利用下班之后的一小段时间，和同人喝喝茶、聊聊天，反省一下今天的所作所为，有哪些值得喝彩的，以茶代酒，感谢大家的帮忙，必然有助于提升士气，促进更密切的团结一致。遇到不如意事，也趁机检讨改进，互相劝勉，彼此鼓励，然后互道再见，明天更有一番新的气象。

下班时不急着离开，利用短暂的时间，自我激励，总比匆促离去，准备明天让上级责骂来得好。

欧美人士，只要基本人权受到保护，个人能够独立发展，人与人之间互相尊重，衣食温饱，又有休闲、娱乐的自由，就觉得相当满足，可以安心享受生活了。

中国人呢？基本人权算什么？自古以来，我们便享有最大的自由。除了不能造反、按时纳粮以外，根本天高皇帝远，没有人管，事实上也管不了。历史证明，争自由、争民主、争人权，都发端于西方，表示中国人在这些方面的需求，实际上并不大。

以自由为例，西方人倡导"不自由，毋宁死"，认为独裁非常恐怖。但是对中国人而言，自由和独裁固然不一样，却没有像西方人那样强烈的对比，似乎没有那么大的区别。自由使人可以公开骂人，而独裁也禁止不住大家关起门来躲在房间里偷偷地骂。有人说今天是民主时代，言论自由，什么话都可以说。难道专制、独裁压制得了大家的言论吗？怕死不怕死是一回事，气起来还不是忍不住偷偷地说？要不然，为什么大家那么害怕隔墙有耳，而且最恨那些告密的人呢？

我们的太极思想，其实是"阴中有阳，阳中有阴"，也就是说"民主中有独裁，独裁中有民主"。合理的表现，则是"必须控制的部分，独裁；不必控制的部分，民主"。既可以避免独裁的恶名，又能够不让民主妨害想要或者必须控制的部分。当然，也有等而下之的："控制得住时，独裁；控制不了时，民主。"天下事原本就是"形势比人强"，大势如此，不得不然。

自我激励之外，也需要他人的激励。中国人的设计，可以说最为方

第十章　合理的激励方式

便有效。那就是上司的脸色变化，不必花费任何金钱或物质，便能够达成激励的目的。

脸色不好看，部属就会自动调整。天底下还有比这种激励更方便的吗？有人批评这种作风太过官僚，已经不合时宜，为什么不想一想：有些人脸色再不好看，也不会产生任何作用？可见用脸色的变化来暗示，促使部属自反自省，并且及时做出合理的改变，恐怕也不是任何人都做得到的。这种不明言的激励，随时随地都可以使用，而且不会惊动不相关的人，岂不简便、安全而又有效？部属能够做到让上司不方便明言、不必惊动别人而更加使自己难堪，其实也值得自我激励一番。

用暗示代替明白表示出来，实际上表示一种尊重、一种包容，对双方面都有好处，一切尽在不言中，若非具有某种程度的默契，实在不容易做到。

情绪的起伏，随时有变化。为求持续性地保持"我愿意"的高度竞争力，有赖于随时随地做好激励的措施。求人不如求己，所以自我激励最有效。但是缺乏自我激励的人很多，因此用脸色来暗示，采取没有声音的激励，更能够顾全大家的面子，就成为常用的方式。

脸色的暗示，一定不能明言，否则就会失去效用。主管脸色不好看，部属若是明白请示："是不是对现况不满意？"主管还要加以否认。嘴巴推说"牙齿痛"或者"身体不舒服"，而脸色则继续保持不好看的样子。部属仍然不明白，主管可以通过亲信告诉部属赶快自动调整，不要在"是或不是"上面浪费时间。

不明言彼此都有面子，以后相处会更加融洽。一旦明言，就有扯破脸的可能，彼此心中有疙瘩，到了紧要时刻，很可能产生反叛的念头，说不定招来大祸。

随时随地自我激励，加上随时随地彼此不明言的互相激励，运用得合理，可以保持恒久的情绪稳定，对提升生产力和竞争力甚有助益。

第二节

先求忠诚再求能力

中国式的激励，随时随地以不同的方式进行着。而主要目的，则在发现忠诚可靠的人，以便多加关心和照顾，建立可以依赖的班底。

如果我们询问高阶层人士："用人标准是什么？"通常的答案都是："没有什么啦，肯干就好。"乍听之下，好像中国主管用人，首重部属是否肯干，实则完全不是如此。

肯干的含义，包括能干在内。一个不能干的人，越肯干大家就越倒霉。因为他可能越帮越忙，弄得许多人要替他收拾残局，浪费了许多人力，耽误了许多时间。

中国人最害怕"不能干的人，还要充能干"，常常寄望大家应该"称称自己的斤两"，不要"光占位置不做事"。万一果真发生这样的情况，我们还盼望他"少做一些，少管一些"，以免制造更多的困扰。

可见中国式管理和西方式管理一样，都重视"能力"，不过不主张"能力本位"而已。

第十章 合理的激励方式

进一步请教高阶层人士："用人的标准是肯干,那么忠诚可靠又如何？"答案充分表现中国人"不明言"的沟通精神："那还用说吗？那是不用说的。"

中国人往往将"最要紧的放在心中",叫作"心中有数",嘴巴上只说一些不重要的,甚至于没有用的话。不用说的"忠诚",远比说出来的"肯干"实际上更要重要得多。不了解中国人的人,怎么能够通过"访问""问卷"等方式,来调查、分析、说明中国人的真正想法呢？不是高阶层人士故意说得好听,而是民族性使然。

儒家最讲究的,便是一个"诚"字。部属的动机和信仰,对主管而言,当然比他的行动还要来得重要。中国主管不敢轻易相信部属,却又非相信不可,因此多半以"将信将疑"的态度来考验部属。凡是经得起考验的,才相信他；否则另当别论。而考验的重点,放在"动机纯正与否"和"信仰是否坚定"上。两者缺一,大多经不起主管的考验,不能责怪主管不信任他。

诚不诚？从忠不忠来考察,似乎最为方便。"忠诚"二字,于是成为可靠的先决条件。主管从部属的忠诚程度,可以预先测试出他的可靠与否,好像是一条简易有效的途径。西方人讲忠诚,是对"事"而言；中国人讲忠诚,指对"人"的比重,远大于对"事"。一个人敢公开声明"不对任何人忠诚,只对工作忠诚",等于公开宣布,随时可以由于工作的需要,而背叛所有的人。

忠诚和能干的组合,有四种："既忠诚又能干""只忠诚不能干""不忠诚却能干"以及"不忠诚不能干"（见图10-1）。

由于"忠诚"属"德"而"能干"为"才",所以我们简称为"有德有才""有德无才""无德有才"以及"无德无才"。中国式管理,以"有德有才"为第一等人才,"有德无才"为第二等人才,"无德无

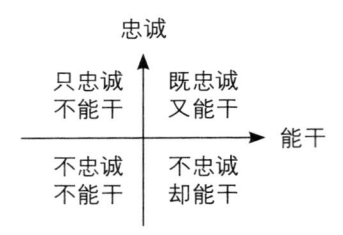

```
            忠诚
             │
     只忠诚  │  既忠诚
     不能干  │  又能干
    ─────────┼─────────  能干
     不忠诚  │  不忠诚
     不能干  │  却能干
             │
```

图 10-1　忠诚、能干的四种组合

才"为第三等人才,而以"无德有才"为第四等人才(见图 10-2)。居于"德本才末"的准则,有德(忠诚可靠)者列为第一、第二等,无德(不忠诚、不可靠)者列为第三、第四等。同样有德,当然重用有才(能干肯干)的人,若是一样无德,那就选用无才(不能干、不肯干)的人,比较不会惹事、闯祸,令人较为放心。

一等人才：有德有才

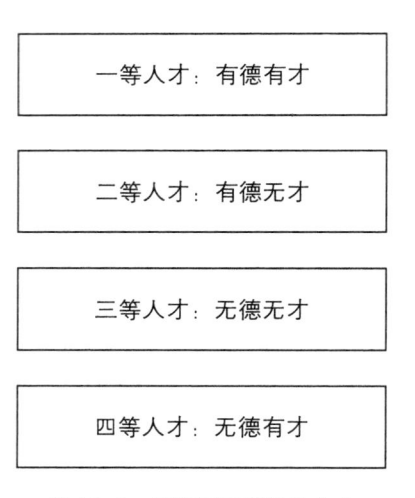

二等人才：有德无才

三等人才：无德无才

四等人才：无德有才

图 10-2　四种不同等级的人才

　　中国社会,常见"无才"的人居高位、担重责。仔细分辨,其中有"有德"的人,也有"无德"的人。有德的人,取其忠诚可靠,虽然没有能力,找一些能干的部属,照样可以补足。无德的人,取其不能干又不肯干,想做坏事也做不出来,比较不用担心与操心。

第十章 合理的激励方式

有能力的人，经常受到各种打压，主要是上面的人对其很不放心。每过一段时间，总要叫人试探一下，看看他安不安分、有没有不良的企图。在中国社会，有能力的人很不容易出人头地，便是因为缺乏"潜龙勿用"（先遮掩一阵子）的素养，在没有弄清楚周遭的环境之前，便轻举妄动，贸然把自己的能力表现出来。一旦引起疑惧，很不容易摆脱"非主流"的色彩，终于不得已而逼上梁山，与主流为敌。幸运的遇上"招安"，不幸的只好以乱世为借口，半隐半现，以求"自安"了。

中国人一向主张初出茅庐的年轻人，最好"多看、多听，少开口"，便是希望有能力的人，不要过分相信书本上的理论，以为真的"书中自有黄金屋，书中自有颜如玉"，忽略了社会的特殊性，以致"一开口便成烈士"，从此过着被放逐的生活，而苦恼不堪。

孔子说："人不知而不愠，不亦君子乎！"即在针对"喜欢出名，不做平凡的人；有一点能力，马上想表现出来"的人性弱点，劝导年轻人不要随便露出锋芒，以免不小心得罪了权贵人士，弄得一生坎坷，阻碍重重。就算怨天尤人，也是枉然！

有能力的人，必须"君子藏器于身，待时而动"。有能力是相当难得的，不能轻易表现，以免害死自己。有器在身，还要待时才可以动。那就是先让上级觉得忠诚可靠，然后才相机表现，自然青云直上，仕途顺畅。

说到这里，有人就会产生误解，以为表现能力之前，必须善于逢迎、讨好上级，打乖乖牌，而不知这些正好是不忠诚、不可靠的标志，千万不要因为这种错误的见解而耽误了自己的大好前程，以免徒增悔恨。

忠诚可靠的坚实基础，在"不完全听从上级的指示"，也就是孟子当年所说的"事君的义，不要顺"。孟子论部属的人格，分为四级，以专图讨好上级的部属为最下级。认为上级有过失，不加以谏阻，还是小罪。如果有意承旨，在上级尚未有某种过失时，便曲意奉承，想出许多讨好的点子，使上级犯过，那就更加罪大恶极。

不要顺的意思，并不是"要不顺"。存心不顺从上级的旨令，等于叛逆，当然不忠诚也不可靠。不要顺的主旨，在"不要以顺为主要的态度"，以致应该顺的和不应该顺的，都不加辨别，而盲目地顺从。

忠诚可靠对个人而言，是一种"信用度"，必须依靠自己的行为表现，一点一滴累积起来。不要顺从是适当地坚持自己与上级不同的意见，从合理坚持中建立自己的信用度。完全顺从根本不负责任，当然不可靠；盲目坚持易流于刚愎自用，不忠诚；所以不要顺从最合理。

第三节

逐渐提升安、和、乐、利的层次

把忠诚可靠而又具有能力的人组合起来，还需要进一步用安和乐利来激励大家，由利而乐，更提升到和与安的层次。

第一章第三节所说人生最高目标在求得安宁，而管理的最高目的也在安人。足以说明安和乐利的层次性，以利为基础，却把安放在最上层。

《论语·里仁篇》有一句话："君子喻于义，小人喻于利。"意思是修养良好的人，乐于追求义理；而修养较差的人，乐于追求利益。想不到被后世儒者不小心加以二分化，弄成"义利之辨"。好像管理只能讲义，不可言利，以至于管理者也跟着口是心非，说什么不重利益。

不错，孔子认为一个人如果一味追求利益，必然会招致许多怨恨（放于利而行，多怨）。但他也不讳言，政府顺应民众的期望而给予利益，是一种美德（因民之所利而利之，斯不亦惠而不费乎）。

可见孔子所反对的，只是"不合义的利"；对于"合义的利"，他不但不反对，反而加以鼓励。前者的代表是"不义而富且贵，于我如浮云"，后者的陈述，则为"富而可求也，虽执鞭之士吾亦为之"。

中国式管理，不必不敢言利，也不必完全排斥功利主义。只要不是"暴利""邪利"这种不合于义的利益，只要是合乎义理的"合理利益"与"正当利益"，当然可以公开表明，全力追求而问心无愧。

"合义的利"说起来相当抽象，不够具体，也不容易了解。我们常说的"安和乐利"，却相当清楚明白，把合义的利描绘得十分具体而易于查验、考核。

首先，管理所追求的利益，依程度的高低，可以分成小利与大利；从价值的判断，可以称为邪利与正利；自其维持的时间短长，可以分成近利与远利；而按其所得的多少，也可以分为暴利与当利——应当获得的合理利益（见图10-3）。目标光明正大的团体，其组织目标，自应以大利、正利、远利与当利为规范，不应该因贪图小利而妨害大利；因追求邪利而作奸犯科；因顾及眼前的近利而牺牲长远的利益；因有机可乘而猎取暴利。

小利	邪利	近利	暴利
大利	正利	远利	当利

图10-3 利益的种类

其次，在寻求大利、正利、远利与当利的时候，必须预先考虑，获得之后可能带来快乐，也可能会带给大家不快乐。"乐不乐"，是确定所要求取的利益之后，所应该事先思考的第二问题（见图10-4）。

能够带给大家快乐的利，当然可取；不能带给大家快乐的利，便不可取。问题是"大家"的含意，有广有狭。往往少数人快乐而多数人不乐，对这少数人而言，依然是"大家"。因为在他们心目当中，已经把多数的其他成员忘掉了。

第十章 合理的激励方式

图 10-4 第二层次

为了避免这种"独乐""寡乐"而非"众乐"的缺失,必须再度提升思考的层次,想到"和"的问题。和不和是衡量独乐、寡乐和众乐的最佳指标,因为独乐和寡乐终将引起不和,唯有众乐才能获致和谐。当然众乐并不代表"齐头式的假平等",却无可否认地追求"立足点的平等",以免产生"不患寡而患不均"(这个均字也是指真平等而言)的怨叹与怀恨,使大家不能和谐(见图10-5)。

图 10-5 第三层次

和谐很容易掉入和稀泥的陷阱,大家多少分到一些好处,看起来都很快乐。究竟是真的和谐,还是变相的和稀泥?必须提升到第四层次,用"安"来加以评估。能安的和,才是真的和谐;不安的和,就是可怕的和稀泥,把大家麻醉得因循苟且、不求上进,当然会产生不安的后果(见图10-6)。

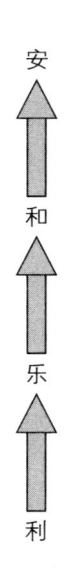

图 10-6　第四层次

任何利润或利益，只要一层一层往上审问：能不能创造快乐？会不会产生和谐？是不是带来安宁？如果答案都是肯定的，自然合乎义理而可取；若答案之中有否定的，最好赶快深入追究：问题出在哪里？及时调整和补救，才能合乎"修己安人"的要求，达成"安人"的最终目标。

资本主义和民生主义最大的不同，即在前者的思考层次，不及后者那样高远。我们以"利"代表经济层次，企业追求利润，不过完成了经济责任。以"乐"代表社会层次，企业善尽社会责任，意思是在赚取利润之外，尚能使社会大众乐于购买其产品或劳务；重视消费者的权益，不至于制造社会问题。以"和"代表政治层次，企业能造成和谐的效果，无论与同业、异业，都能够和气生财，不恶性竞争或垄断市场，也不到处惹是生非，引起环保、公害的问题，便是善尽政治责任。资本主义的思考层面，到此为止，不再向上提升。民生主义则在利、乐、和之后，必须再往上伸，达到安的境界。我们以"安"代表文化层次，企业一方面对内求安，使同人在安居乐业之际，同等重视安定与进步。不以进步而妨害安宁，也不因安定而逐渐腐化而导致不安。一方面对外求安，由己安推及众安，这样的企业家，不但不被大家指责为"金权"，也不被大家误解为"金牛"。前者泛指与政界勾结，后者则是用钱换取政治地位。内外俱能安宁，才是善尽文化责任（见图10-7）。

中国人主张"修身、齐家、治国、平天下"，不但不对外国施行军事侵略、外交侵略、经济侵略或政治侵略，而且要以"四海之内，皆兄弟也"的胸襟，来安天下的百姓。唯有以"安"为管理的最终目标，才符合中华文化的要求。中国式管理必须以安和乐利为参考标准，才算是善尽文化责任。换句话说，只要确实做到安和乐利，才是纯正的中国式管理。

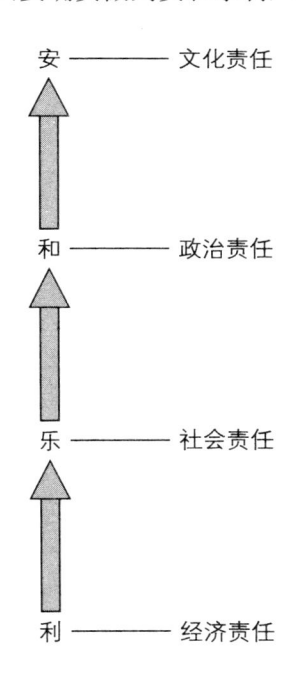

安 —— 文化责任

和 —— 政治责任

乐 —— 社会责任

利 —— 经济责任

图 10-7 不同层次代表不同责任

管理者是否达成这一个要求，可以从"是不是活在众人的心中"查核出来。"为自己活"是"个人主义"自绝于他人的主张，充其量不过

"独善其身"。"为别人活"是"集体主义"为他人自绝的想法，实在太委屈了自己。中国人擅长"兼顾"，既然能够"全方位"思考，当然可以一方面为自己活，一方面为别人活，走出一条"在群体中完成个体"的大道，不偏于己，也不偏于人。

一个人应该保有独特的风格，却应该活在他人的心中。己安人亦安，既拥有个人的自由，又契合团体的需求。这样的理想，可以说是安和乐利的具体效果。中国人主张"不忘本"，管理者必须把握自己文化的"根"，所以要冷静地检讨是否善尽文化责任，是不是"活在员工心中"，有没有确实做到安和乐利。

第四节
由安员工而安顾客

真正的激励效果，应该是安顾客。因为顾客能安，自然爱用我们的产品，时时不忘赞扬公司的声誉，形成良好的口碑，对公司有很大的助益。

但是，顾客安或不安，取决于顾客的满意度，满意度越高，自然越能安。

顾客的满意度，来自员工的满意度。员工越满意，便会更加努力工作，服务好顾客，顾客也就跟着十分满意。

由此可见，安顾客必先安员工。

面临"变化多端""日新月异"的变动时代，经营事业，必须拥有因应环境的策略，以制造有利的条件，有效达成预期的目标。

所谓"策略"，便是"达到目标所采取的行动途径"。中国式的经营策略，自古以来，即为"安内攘外"，一方面内修政事，一方面外攘夷狄。内外兼顾，才能够富国强兵。用今天的话来讲，叫作"内安员工，外安顾客",如何内外俱安,成为主要的经营策略。

对外以"顾客第一"为最高指导原则,所有措施,必须通过"安顾客"的测试标准,务求顾客满意。

对内以"员工第一"为最高考量标准,一切施为,莫不以"安员工"为准则,力求员工满意而以厂为家。

如果内外碰在一起,追问究竟谁才是第一,这时候拿"兼顾并重"做平衡的尺度,提出"顾客至上,员工第一",相信必定能内外皆大欢喜。

广义的顾客,必须扩大为客户、各级政府、民意代表、新闻界、社会领袖以及一般大众,才能够全面顾及而不致顾此失彼。安顾客的策略,主要有下列十大项目:

1. 合理承担社会责任,包括精神和物质双方面;
2. 实施有效的管理,以增进各界人士的信心;
3. 订立明确的社会目标,作为组织同人努力的方向;
4. 表现优良的组织形象,以获得各界的信任;
5. 扩大对社会的良性影响,以争取各界的欢迎;
6. 提供诚实的榜样,诚信地面对消费大众;
7. 预先宣示未来的变革,使大众得以顺势因应;
8. 善用有限资源,提高附加价值;
9. 促进社区正常发展,合理回馈所在的社区;
10. 发扬本土文化,使大众以中华文化为荣耀。

这十大项目统合起来,便是"正大光明"。以正大光明的经营策略,在不引人怀疑的大前提下,进行各种经营活动,便是大家心目当中的"做好事",当然普遍受到欢迎,不会引起顾客、各级政府、民意代表、新闻界、社会领袖以及社会大众的不安。

第十章 合理的激励方式

广义的员工，同样应该扩大及于股东、员工、供应厂商及销售人员，虽然立场各有不同，但是彼此利害攸关，都希望获得真实的友谊与支持，来巩固自己的地位，并且促进相关活动的有效施行，所以应该做到下述十大项目。

1. 建立合理的管理制度，确立人与人、事与事以及人与事之间的规范，使合适的人办理合理的事。

2. 采用人性化管理，依"情、理、法"的结构，先由情入理，不得已才翻脸无情，依法办理。

3. 以忠诚的服务来提高组织的信誉，使组织成员认定"这是一个同甘苦、共患难、荣誉分享、责任分担、共存共荣、互利互助的利益共同体"。

4. 用和平的态度来以让代争，从礼让为先，合理地当仁不让，以期让来让去，让给最合理的人，来办理合理的事。避免恶性竞争，造成不择手段的不良气氛。

5. 以维持彼此的安宁来增进大家的幸福，明辨是非，还要进一步顾及每一个人的面子；追求公平，也要乐于接受合理的不公平；相安无事，却能够日趋于亲密互助。温暖和睦的组织，才能够在安宁中获得幸福。

6. 用适宜的行动表达个人的好意，也就是动机良好，照样要讲求合理的方法。所采取的方法不适当，就会造成"不合理的好意"，必须极力加以避免。

7. 以合理的沟通达成有效的领导，在"思想会合"及"共同了解"的情况下，建立共识，以期组织成员群策群力，自动自发地向预定的目标积极迈进。

8. 善尽个人最低限度的义务，一是要自食其力，做好自己应该做的本分工作；二是必须小心警惕，不做伤及安宁的事，也不说伤害安宁的话；三是应该约束自己的言行，以免妨害组织的正常运作与发展；四是必须时常反省，有过失马上改正，同时坚持不重复发生错误；五是要把个人的欲望导入正途，不任其误入歧途；六是要力求充实自己的知识和技能，时时充电，以提升自我。

9. 以民主参与的原则，依集体的意见来做决定，这种"团体决定"，才能够集众智以为智，合群力以为力，提高同人的责任感、认同感和参与感。

10. 坚持壮士断腕的果断作风，对于"害群之马"的不良分子，若是屡经劝告无效，拒绝与组织妥协。组织就应该施展铁腕政策迫使其屈服，如果再无效时，也要更进一步壮士断腕，忍痛将其逐出团体。

以上十大项目综合起来，可以用"诚信和平"来加以总括。在不伤和气的大原则下明辨是非，才能够充分发挥"和为贵"的力量。

对外"做好事"，对内"和为贵"，成为内外兼顾的主要经营策略。根据这种策略，首先要进行组织体系的改革，包括新设、收买、合并、废止等，以求配合主要经营策略而脱胎换骨，焕然一新。

组织调整之后，必须分别从"事业""实力"和"成果"三方面来改造。"事业"是组织的生命，也就是提供顾客满意的产品或劳务；"实力"是组织的力量，包括人员和组织力；"成果"则是组织的血液，使组织体得以补给而生生不息。

有生命，还要有力量，才能够从事必需的活动。能活动，还需要持续不断的营养补给，才得以持久地运作。这三方面构成一个整体循环系统，在相互影响下不断地互动，产生若干变化。如果变化适宜，便是进步；若是变化得不得宜，即为退步。

互动的策略，不外乎"一方面调整过去做法，一方面适应未来的变化"，以求得合理改变。这种种改变，一方面带来若干机会；另一方面也免不了带来危险。当经营策略要付诸实施时，最好预先考虑：如何变化，才能切合时宜？什么时候变化，才是掌握良机？面对变化时，必须采取什么态度，才能够减少阻力而增加助力？因此，了解现况，仔细加以分析；预测未来，掌握可能的变化，充分沟通，以求密切合作，便成为经营策略有效实施的不二途径。

第五节

激励大家重视兼顾

激励的具体表现，莫过于实际上的升迁。

升官发财，在中国人心目当中，永远是连体婴，合在一起。

恭喜升官，是公开的明话。这下子发财了，则是不明言的暗话，大家心知肚明。

就个人的立场来说，应不应该升迁，是不是已经到达"无能级"？有没有"再造"的潜能，固然是上级的考量，而渴望获得升迁的机会，则纯属自己的心理需求。往往你看不应该，我却认为这是主观的看法，不公平。认为我的能力已经晋升到顶，再上去势将无能为力，不可能把工作做好，我也不以为然，因为没有尝试过，谁敢认定？给我机会，我自然好好表现。至于再造的潜能，既然称为"潜"，那就什么人也看不见，何况"先潜后现"，是中国人最擅长的本领之一，到时候令人震惊，才是真的具有潜能。

中国人对于升迁的态度，大致是这样的：我不会强求，然而应该给

第十章 合理的激励方式

我的，我可能当仁不让。我不来拜托，希望你能够主动想起。我可以谢绝，但是上级不能不考虑到我，否则多么没有面子。我不一定要升迁，可是面子不能不顾。我不在乎让给别人，至少要尊重我一下。如果连这些基本的动作都没有踪影，那未免欺人太甚，过分看不起我了。

升迁是可以"想"的，现代人喜欢做梦，内容以"发财"为第一优先，其次好像就是"升迁"。因为历史的记载以及现实的现象都告诉大家"官久自富"。平日一直喊着"清廉""清苦"，一旦申报财产，原来房屋有好几幢，不知道从哪里来的。使人不得不相信"升迁也是一种致富之道"，而乐于常做梦。

"想"了之后，若是期望"心想事成"，下面有三个要诀，是有效的途径（见图10-8）。

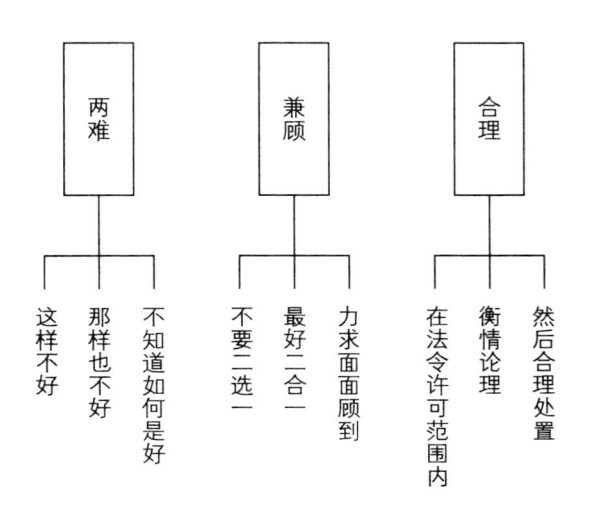

```
┌──────┐    ┌──────┐    ┌──────┐
│ 两难 │    │ 兼顾 │    │ 合理 │
└──┬───┘    └──┬───┘    └──┬───┘
   │           │           │
 ┌─┼─┐       ┌─┼─┐       ┌─┼─┐
这 那 不     不 最 力     在 衡 然
样 样 知     要 好 求     法 情 后
不 也 道     二 二 面     令 论 合
好 不 如     选 合 面     许 理 理
   好 何     一 一 俱     可       处
      是          到     范       置
      好                 围
                        内
```

图 10-8 中国式管理的六字真诀

第一，把自己的本分工作做好，还要找时间替上司分忧分劳。 一个人只能够把本分工作做好，根本没有多余的时间去探望上司，陪他聊天，替他分忧分劳。上司看在眼里，心里已经十分有数："这个人显然被现在的职务弄得精疲力竭,不可以再考虑让他升迁了。"

一个人若是本分工作没有做好,却一天到晚挤在上司身边,陪他聊天,常常问他:"有没有什么需要我帮忙的?"大家一定骂他"拍马屁",而上司也觉得奇怪:"不去做事情,老在这里转来转去干什么?我敢叫你帮忙,难道不担心你帮倒忙?"

工作做不好,还想替上司分忧分劳,是典型的小人行径,为君子所不齿。

工作做得好,却不知道替上司分忧分劳,是自绝于升迁的大道,不能责怪上司,必须自我检讨。

懂得"兼顾"的人,一方面把本分工作做好,让上司从"放心"到"赏识";另一方面会借着请示、报告、聊天的机会,为上司分忧分劳,暗示他不但有余力可以办事,而且对他忠诚、关心,值得信托。

上司在赏识之余,加上常常临时交办各种事宜,逐渐产生信赖感。彼此的关系越拉越紧,一旦出现升迁的机会,自然会优先考虑,甚至于极力推荐。

第二,善于体会上司旨意,帮助他达成正确决策。部属只知道凡事都向上级请示,上司就会觉得这个人不是不喜欢动脑筋,便是害怕负责任,用请示来把责任推给上司。而且请示时常表示自己的无能,因为不懂得怎样做的人,才会处处有问题。可见经常请示的部属,获得升迁的机会并不大。

相反地,自己很有把握,并且口口声声"自己负责"的人,其实最令上司担心害怕。首先他会觉得"这个人目中无人,自视太高,很容易出差错",其次则认为"擅自做主,表示心目中根本没有上司的存在;既然他看不起我,我又何必照顾他",同时"他要自己负责?真是天大的笑话!他也不自己照照镜子,他能够负什么责任?结果还不是我倒霉"。有能力的人常常失去上司的信任，表面上看，好像上司患有"妒才症"，实际上部属自己"功高震主"，当然死路一条。

中国人"兼顾"的智慧，表现在"自己有把握，却应该尊重上司的裁决权"。我必须自己负责，但是事先要获得上司的许可。

脑袋空空便跑去请示，是开自己的玩笑，让上司看不起。有了主意就擅自做主，是忽视了上司的决策权力，势必引起上司的不满和不安。如果动脑筋，想到好点子之后，带着腹案去请示。先把自己的想法说出来，提供上司思考的方向，供应上司判断的素材，并且尊重上司掌握的权力。这时候上司不费吹灰之力，便能够做出正确的决策。他很有面子，部属又容易执行，对大家都有很大的好处。这种人的升迁机会，当然比较大。

第三，在上司面前表现，也要让部属有机会充分发挥。一般人只注意在上司面前表现，不知道同时要把空间让出来，使自己的部属也有表现的机会。于是部属对自己产生很大的不满，背地里讥讽为"表面功夫"，专门卖弄给上面看，难道没有想到，我们从底下看上去，早就把他看穿了？

可是，在自己的上司面前，又让自己的部属表现，岂不是和自己过不去？会不会让上司有一种错觉，认为自己的部属更加能干？哪一天心血来潮，把部属提升起来取代我，对我有什么好处？

其实，这两种看似矛盾的情况，根本是可以"兼顾"的。一方面要让部属表现，让他有成就感，他才肯持续地表现下去；另一方面也要保留自己表现的机会，让上司体认自己的能力，才有机会再升迁上去。

最好的方式，是和部属建立默契，采取"区隔"的原则：上级不在场，尽量让部属表现，自己则扮演辅助者、评估者、激励者的角色；上司在场时，由自己来表现，希望部属提高忠诚度和配合度，全力证明主管的能力和魄力，才符合"养兵千日，用在一朝"的精神。平常时期，只要时间许可，尽量让部属去表现，从工作中增进部属的能力，加强他们的信心；一旦紧急，时间不许可，才挺身而出，身先士卒，做出有效的决定。

以上三要诀，主要在"兼顾"。不但要顾及上下之间的关系，而且要顾及左右之间的运作。上下左右面面顾到，助力多而阻力小，当然升迁有望，而且实至名归。

第六节

情境配合激励大家随机应变

中国式管理重视依理应变，要求也在时时变得合理。随机应变成为人人必须学习的主要项目，值得一辈子追求和练习。

要激励大家养成随机应变的好习惯，我们在升迁的时候，常常采取情境配合的方式。既不完全制度化，当然也不致自由到毫无章法。

我们常常把获得升迁的人，称为"国王的人马"，表面上有恭维的味道，意思是"自己人嘛，当然升得快些"。实际上相当不满，甚至于认为"升迁得毫无道理"！

为什么觉得没有道理呢？因为看不出任何原则，说不出升迁要项的所以然来。其实，这些都是随便说说的抱怨话。真实的感觉，来自"没有提名我，没有升我的官职，那就是不公平，当然毫无道理"。

请看，被批评、受指责的首长们，丝毫没有羞惭的表情，不但不承认什么国王的人马，而且认为自己对于升迁，费一番心思，动一些脑筋，有原则，更有要项，最起码是"一片公心，毫无一己之私"，大家还抱怨什么呢？好在身为首长，自然具有"羞辱、谩骂由他，好官我自为之"的修养，否则，怎么承担"公仆"的美称？民主时代官员挨骂，只不过是"化暗为明"罢了。

以上的描述，几乎是中国社会每一次新官上任、罢官下台时，那种"几家欢乐几家愁"的写照，看起来既腐化又落伍。然而，几千年来丝毫没有改变，可见其背后必有坚强的支撑理由，才能够历久常新，代代相传。

首先，升迁应该有原则，却不应该有固定的原则。董事长如果明确订立公司的升迁原则为内部升迁，马上引起自己人的自相残杀，最常见的情况是中上职员联合起来，把最好的同人逼走。因为不把最好的赶走，大家永远没有希望。若是明白表示以外聘为原则，那么公司内部就会团结起来拥戴自己的同人，联合抵抗外来的"空降部队"。因为，此时再不团结，真是"去此一步，便无葬身之地"了。中国人擅长"上有政策，下有对策"，所以不可以明确宣示原则或政策。

汉族的规矩是"传给长子"，偏重年资而不考虑能力。万一长子不贤明，朝政就一塌糊涂。清代采取相反的主张，"传给儿子中最有能力的人"，结果兄弟残杀，为了表示自己最有能力，当然要杀尽所有的兄弟。可见十全十美的原则实在难找。中国人重视"兼顾"，便是看到所有原则，几乎都有利有弊。

其次，升迁不应该有固定的原则，却又不能不订立一些原则。所有原则，都是不得已而设的。

升迁是"十目所视，十手所指"的事情，怎么能够"暗箱作业"，不透明化也不明确化呢？

不说原则，大家指称"根本没有原则，完全居于个人的喜好"。**虽然大家心里都很清楚：职位愈高，愈不敢开自己的玩笑，乱升迁、滥用**

自己人，不怕搬石头砸自己的脚？然而，我们宁愿取笑不说原则的人为没有原则，作为"没有获得升迁时"的"苦中作乐"，彼此都轻松一些，何乐不为？

一说出原则，大家就说它是"为某人量身定制的标准"。每当有原则或要项宣示时，当事人已经若隐若现，大家当然很不服气："这算什么原则？干脆指定人好了。"绑标、围标，也不过如此。

"说也死，不说也死"，再度获得证明。既然要担任首长，就要有勇气，够担当，所以硬着头皮说一些好听的原则，反正"说归说，做归做"，有什么了不起！

为什么一开始便抱持"说归说，做归做"的心态呢？因为"任何原则，初听起来，都有相当的道理。只是不能够太过强调，也就是不可以过分坚持，否则就会产生偏差，造成错误的结果"。

说到差不多的地步、做到差不多的程度，这才是良好的策略。好在中国文字和中国语言的弹性很大，正好配合这种需求。

首长所说的原则，受惠的人都认为够明确，而且坚持得很彻底，一点也不含糊。没有获得好处的人，则挖苦既然是度身定做的衣服，当然合身，还有什么话说？

严格评核起来，没有一个原则是百分之百贯彻到底的，这也是"说归说，做归做"的另一种无可奈何的命运。自古以来，为什么一直说"清者自清，浊者自浊"，便是很难客观地判明到底是清是浊。

第三，升迁的原则，是配合当时的情境，做通盘的考虑，以摆平的心情，自行拿捏其中的利害。

这种实实在在的原则，叫人怎么说得出口？又如何能够公开化、透明化？可做、不可说，就是这种状况。

中国人向来主张"妥当性大于真实性"。所以，升迁的原则，其实大家心知肚明，偏偏就是说不出来；因为它固然真实，却实在不能妥当地说清楚。

配合当时情境，当然很有必要。但是情境不但是变动的，而且是相当主观的。有时候能力比较重要，有时候可靠性更加要紧。有些人非酬谢他不可，有些人则不加以惩罚不可。这些事情，看法本来不一，怎么能够明言呢？职位越高，所牵涉的情境越复杂，越说不清楚。

做通盘考虑，也是首长居高位的一大难处。别人可以就此事论此事，首长则必须"把此事与那事一并思考"。职位越高，涵盖面就越广，和中间或基层人员的看法，当然不一样。因此其考虑的结果，也很难明白地沟通。

"为什么把我换掉？我做错了什么？"问这话的人，固然理直气壮，因为他的确兢兢业业，十分努力。

"做得好的人不一定不换，做不好的人不一定马上撤换。"首长能够说这种真实话吗？能够让部属明白这样才叫作通盘考量吗？

摆平心态，尤其重要。一旦摆不平，后遗症十分严重，再正确的升迁，也会带来不良的后果。然而，摆平的话一旦明说出来，就会引起更大的不平，这也是大家只肯放在心内，始终不愿意坦白承认的事情。

看来中国人一直把"利害"放在前面，"道义"二字，不过是说说罢了。其实不然。真正懂得利害的人，会根据中国人"安和乐利"的道统，把利害放在安和乐的下面，以能安的利害为诉求，摒弃可能不安的利害，那就利多于弊，近于合理了。

升迁的要项本来就不是单一、固定的，必须配合情境的需要，全盘的要求，以及摆平的局面。大家对首长的升迁作风，永远有褒有贬。要紧的是，主其事者必须立公心，站在"安人"的立场来考虑，经得起大家的考验。一阵子风风雨雨，终究会带来风和日丽的好日子。

随机应变 vs 投机取巧

中国式管理的变动性很大，配合中国人喜欢变来变去的性格，形成相当不一定的状态。凡事看情况、论关系、套交情，产生很多的变化，难怪很多人看不清楚，误认为中国人缺乏原则、没有制度、不守法，弄得自己也丧失了信誉。

中国人的应变力很强，几乎随时随地都在调整。由于经常在变，反而感觉不出变的存在。一直这样变来变去，好像没有什么变化似的，也就是感觉上好像没有变。

对中国人而言，变并不是问题，变或不变，要变或不要变，甚至于应该不应该变，基本上都不成问题，不必花时间、费心神去研讨。我们只要从根本上关心怎么变，就可以抓住重心。因为变不变不是问题，怎么变才是问题，这已经成为我们长久以来的共识。

怎么变呢？说起来只有两种不同的形态，那就是随机应变或是投机取巧，成为变得合理与否的关键。

中国人最好觉悟，我们只能够随机应变，千万不可以投机取巧。偏偏这两种形态，经常长得一模一样，几乎很难分辨。于是，很多中国人采取一种自以为是的态度来自我安慰：简单明了地把自己的所作所为，通通视为随机应变，而将他人的所作所为，都当作投机取巧来看待。

我们十分不赞成这种作风，却期待大家务必将随机应变和投机取巧分辨清楚，才有办法把中国式管理的精神，真正发挥出来。

最主要的因素，是为公而变，不害人利己，才是随机应变。

为私而变，害人利己的，即为投机取巧。

动机纯正与否，只有当事人自己知道，所以中国式管理以修己为起点。效果好不好，要看大家安不安。所以中国式管理，以安人为最终目的。

结语 Postscript

看过中国式管理的理想和内涵，相信有很多人会提出这样的疑问：为什么这样美好的设计，实际上并没有在中国被具体地实践？甚至于很多中国人说得头头是道，却在行为上表现不出来？是不是太理想化了，根本做不到？还是口是心非，说得好听，心里却不如是想？

不错，中国的历史，治少乱多。但是，深究其原因，并不是中国式管理窒碍难行，而是大家日用而不知，逐渐对原有的设计和用意不能深入体会，以致行之效果不佳，反而责怪古代中国圣哲所说的道理不够明确，也不切实际。唯有用心体认，真正了解中国固有的道理，才会明白"古圣先贤的话没有错，是用的人功夫不够，所以才做错了"。在所有古文化之中，中华文化能够源远流长，历久弥新，当然有它存在的原因，不容许轻易地加以诋毁。

20世纪70年代兴起的日本式管理，其实就是"用中国式管理的哲学来运用美国式管理的科学"所产生的一种管理方式。从唐朝以来，日本一直在学习中国式管理，后来又用心学习美国式管理，因而融合出举世瞩目的日本式管理。西方人由于日本在第二次世界大战失败的废墟中创造出惊人的经济奇迹，便推崇日本式管理的功效，也是一种相当一时性的见解，不久之后，就会发现事实并非如此。

日本式管理的三大特性，分别为终生雇佣、年资序列以及长时间工作。固然源于中国人的"长工""敬老"以及"勤劳"的方式，却很明显地失去中国原有的"变动性"而形成一致的"固定性"。

中国社会的长工，并未形成一种制度，也不是双方都不得违反的契约。除了极少数卖身为奴的案例之外，大多数长工都是在"合则留，不合则去"的自由意志下，自愿如此，而不是硬性规定必须要这样。年资序列不一定年资深的就优先升迁，仍旧要配合着其他多种因素做综合性的考量。至于勤劳固然是中国人的美德，也应该适当地调节，很少做到像日本职工那样，花费那么长的时间在工作职场上面。中国人做任何事情，都预留相当大的弹性空间，可以随意调整而求制宜，不像日本人那样，要求一致性，大家步调一样，谁也不能例外。

有趣的是，在美国人眼中，日本人很有弹性；而在日本人眼中，中国人更有弹性。因为美国人重法治、讲制度，大家明定游戏规则，然后一体遵行，共同来执行，却认为十分自由。日本人服从性很强，上级的命令重于法律的规定。就算决策错误，大家也会盲目地遵行。以美国人守法的观点来看，当然弹性比较大。中国人不是服从性够不够的问题，而是上级的命令合理与否比较重要。合理的命令，当然要遵从；不合理的指示，大多阳奉阴违，不加理会。中国人有时候服从，有时候不服从，站在日本人必定服从的立场来评估，当然弹性更大。

日本式管理，由于弹性很小，难以因应快速变迁的环境，所以在不久的将来即将消失。日本企业，眼看着人事成本日愈增加，已经由终生

结语

雇佣改为半终生雇佣，开始裁员解雇。年资序列也因为美国式管理"能力本位"的影响，逐渐减轻年资的考量成分，而提升能力的比重。长时间工作也因休闲越来越受重视而有退无进。只要终生雇佣、年资序列以及长时间工作遭受冲击而不再坚持，日本式管理就不见了。

日本式管理一旦扩张弹性，三大特性都开始动摇，做得不够彻底的时候，就十分接近中国式管理。

再看美国式管理，近年来不断推出权变理论、模糊理论，实际上已经看出过分没有弹性的科学管理或制度化管理，不足以因应内外环境的快速变迁。站在中国人的观点，很容易看出美国式管理正快速地向中国式管理修正。因为以权变、模糊的角度来看管理，即是中国式管理的精华所在。不同的是，美国人公开地求新求变，中国人暗地里求新求变，却在公开的场合，表示一切如旧，并没有改变。变到好像没有变一样，以减少抗拒和阻碍，是中国人更高一层的功夫。美国人的模糊，和中国人的模糊比较起来，还是清楚得多，因为美国人讲求公开、透明、台面化，使得模糊相当困难。中国人则公开到把不公开的部分掩盖起来，透明到看不见不透明的程度，而台面化仍然保留某些台面下的动作，当然比美国式管理，要灵活、方便得多。

依据上述，就管理的实务发展来看，日本式和美国式管理，都逐渐向中国式管理修正，是不是意味着21世纪即将成为中国式管理的世纪？当然，这并不表示西方的管理即将为中国式管理所取代，而是中国人开始以中国人的管理哲学来运用西方的管理科技，而西方的管理思想，也逐渐吸纳中国的管理智慧，使管理这一领域，在全球化和本土化的互相激荡中，获得良好的融合。

我们把中国式管理思想整理出版的用意，主要在全球化的趋势中，中国式管理已经不是中国人专有的文化财产。21世纪是世界大同的世纪，当然也不是专属于中国人的世纪。我们认为，任何人拥有中国人的管理智慧以及西方现代化的管理知识，便能够拥有21世纪，成为21世纪的主人。

首先，中国人以及散居世界各地的华人，必须正本清源，重新来了解自己的管理思想。就中国人而言，管理就是做人做事的道理。理论上做了这么长久的中国人，应该十分了解才对。殊不知正是做了这么久的华人，身在庐山，不识庐山真面目。当局者迷，反而不如旁观者清，经常迷失了自己。

其次，西方人在硬件统一全世界的今日，必须反思，为什么软件始终统一不了全世界，是不是由于包容性不足，没有那么宽广的包容空间。特别是美国，建国不过两百多年，有没有足够的融合力，能够把美国式的软件，推广到全世界？

最后，我们必须面对一种情势，那就是"适者生存"的力量，才能够决定以何种软件，来实现全球化。在人类历史上，中国最早提出统一的概念，也最早以平天下为奋斗的目标，两千多年来，累积了许多宝贵的统一经验，适逢大家热心追求全球化的时刻，提供给大家参考，也请大家平心静气地做一番思考，寻找出21世纪何去何从的途径。

后记 Afterword

中国式管理，其实就是合理化管理。管理必须合理化，原本是全世界共同追求的目标，但为什么会被称为中国式管理呢？我们提出三个理由，分别说明如下。

1. 全世界都追求管理合理化，但是各个地方所认定的合理标准并不一致。美国人发展出一套合理化的标准，运用在管理上，就成为美国式管理。日本人依据他们自己的一套合理化标准，构成了日本式管理。我们中国人，也有我们自己的合理标准，所以称为中国式管理。合理是共同的目标，而合理的标准又各自有所不同。

2. 中国人的"中"字，原本就含有合理的意思。自古以来，我们对"时中"便十分重视，希望能够时时刻刻都合理。中庸之道，更是以"无一事不合理"为努力的目标。可见全世界都讲求合理，中国人所下的功夫最多。从"有理走遍天下"，可以看出我们所倡导的合理标准，最合乎人性的需要，能够放诸四海而皆准。

3. 风水轮流转，中国即将继英国、美国之后，成为21世纪的世界中心。中华文化又将再度弘扬于国际，以中国式管理哲学来引领西方管理科学，平安地塑造有益人类的地球村。当全世界都搞不清楚中国人是怎样管理的时候，我们有义务把中国式管理好好地整理出来，供大家参考。一方面互相切磋，一方面也力求更加合理。

20世纪50年代，美国式管理风靡全世界。20世纪70年代，日本式管理号称世界第一，创造了举世震惊的经济奇迹。20世纪70年代，实际上中国式管理的优势已经相当明显地表现出来。请问海峡两岸的中国企业家，用的是什么式的管理？难道是美国式的，还是日本式的？如果凭良心说的话，那当然是中国式管理。

对此种情形，有人不肯承认，有人不敢承认，因为觉得没有面子。知其然，而不知其所以然，对自己的所作所为，说不出一个道理来，只好说几句洋文，来表示与众不同。

也有人看过中国式管理，却认为没有什么。殊不知就是因为没有什么，才会有什么。这正是中国人的高明之处，难怪西方人看不懂，只好说我们中国人鬼鬼祟祟。

中国人所擅长的，是管理哲学，而不是管理科学。中国式管理，本来就是以中国管理哲学来妥善运用西方所发展出来的管理科学。只要配合我们自己的风土人情，自然有更为良好的效果。没有什么，因为我们很熟悉；有什么，因为效果已经逐渐显现，全世界都在密切注视。

近百年来，我们一直要把自己的精华丢弃掉。现在，快要轮到我们中国人当家了，鉴于平天下的重责大任，更应该把中国式管理哲学这一宝贝发扬光大，使中国式管理早日成为平天下的宝典。我们永远是爱好和平的民族，修齐治平的大道，终究要靠我们来完成。愿普天下的中华同胞，共勉之。